| 高职高专新商科系列教材 |

跨境电商实务

黄强新　胡丽霞　主　编
李新龙　林鸿靖　周晓燕　副主编

清华大学出版社
北京

内 容 简 介

本书以工作任务导向的课程开发方法论为指导,参照现行教学标准,以一个高职毕业生小凌的跨境电商之路为主线,以跨境电商所涉及的职业岗位中的典型工作任务为内容进行教材的编写。本书以一个企业开展跨境电商项目为情境,将完整的跨境电商项目操作全过程分解呈现在读者面前。本书力求理论知识体系完整,覆盖目前跨境电商实操的各个环节。

本书可作为高等职业院校电子商务类、工商管理类专业的教材使用,也可供一般社会读者阅读参考。

本书封面贴有清华大学出版社防伪标签,无标签者不得销售。
版权所有,侵权必究。举报:010-62782989,beiqinquan@tup.tsinghua.edu.cn。

图书在版编目(CIP)数据

跨境电商实务/黄强新,胡丽霞主编. —北京:清华大学出版社,2021.11
高职高专新商科系列教材
ISBN 978-7-302-57630-3

Ⅰ. ①跨… Ⅱ. ①黄… ②胡… Ⅲ. ①电子商务—商业经营—高等职业教育—教材 Ⅳ. ①F713.365.2

中国版本图书馆 CIP 数据核字(2021)第 037424 号

责任编辑:刘士平
封面设计:傅瑞学
责任校对:刘 静
责任印制:刘海龙

出版发行:清华大学出版社
    网 址:http://www.tup.com.cn,http://www.wqbook.com
    地 址:北京清华大学学研大厦 A 座   邮 编:100084
    社 总 机:010-62770175   邮 购:010-62786544
    投稿与读者服务:010-62776969,c-service@tup.tsinghua.edu.cn
    质量反馈:010-62772015,zhiliang@tup.tsinghua.edu.cn
    课件下载:http://www.tup.com.cn,010-83470410
印 装 者:三河市龙大印装有限公司
经 销:全国新华书店
开 本:185mm×260mm   印 张:22.5   字 数:547 千字
版 次:2021 年 11 月第 1 版   印 次:2021 年 11 月第 1 次印刷
定 价:64.00 元

产品编号:088283-01

前言

本书以培养学生跨境电商的相关知识与技能为目标,面向普通高职学生编写。书中设计了与企业开展跨境电商业务相关的各个任务,学生通过任务的实施,可以系统地掌握跨境电商各环节的知识与技能,为今后从事跨境电商工作奠定坚实的理论与技能基础。

本书可作为高职跨境电商专业核心课、非跨境电商专业基础课、方向课、拓展课、选修课的教材。同时,本书也可作为跨境电商行业新手开展业务的指导书。

一、编写思路

本书坚持以工作任务导向的课程开发方法论为指导,参照现行高职教学标准,以一个高职毕业生小凌的跨境电商之路为主线,以跨境电商所涉及的职业岗位中的典型工作任务为内容进行教材的编写。本书力求理论知识体系完整,覆盖目前跨境电商实务操作的各个环节。

本书以一个企业开展跨境电商项目为情境,通过企业跨境电商业务的开展,将一个完整的跨境电商项目操作全过程分解呈现在读者面前。学生伴随企业一起开展跨境电商业务,历经走进跨境电商、跨境电商平台的选择、跨境电商B2B平台操作、跨境电商B2C平台操作、东南亚跨境电商平台操作、跨境电商视觉设计、跨境物流认知、客户服务与维护、跨境支付、知识产权10个项目,完成与之对应的各项任务,从而系统掌握跨境电商各环节的知识与技能,达到学习的目标。

二、主要特色

(1)本书以企业开展跨境电商项目为情境,以任务为主线,体现职业教育的特点。以一个高职毕业生的跨境电商之路将各任务串联,使读者伴随着小凌的业务展开而不断获得知识与技能的提升,主线鲜明、逻辑清晰。

(2)校企双方共同完成教材的编写,突出实操性。本书由学校与跨境电商企业共同完成,参与编写的人员既有院校的骨干教师,也有跨境电商企业一线的技术骨干。其中,实操部分主要由企业完成,总结了当前实战中的典型案例,从而极大地增强了本书的实用、实操性。

(3)理论知识以完成任务需要为度,遵循"适度、够用"的原则。本书根据高职学生的学习特点,理论知识部分遵循"适度、够用"的原则,不求理论知识的"高、大、全",强调与所要完成任务的需求相吻合,使学生易学、易懂。

三、教学建议

本书教学建议72学时完成,具体分配如下页表所示。

项　　　目	理论学时	实训学时	学时合计
项目一　走进跨境电商	2	4	6
项目二　跨境电商平台的选择	2	4	6
项目三　跨境电商B2B平台操作——阿里巴巴国际站	2	8	10
项目四　跨境电商B2C平台操作——亚马逊	2	8	10
项目五　东南亚跨境电商平台操作——Lazada	2	8	10
项目六　跨境电商视觉设计	2	6	8
项目七　跨境物流认知	2	4	6
项目八　客户服务与维护	2	4	6
项目九　跨境支付	2	2	4
项目十　知识产权	2	4	6
合　　　计	20	52	72

四、编写说明

本书由广西商业学校黄强新、北京财贸职业学院胡丽霞担任主编，厦门颜值立方信息科技有限公司李新龙、林鸿靖以及西安外事学院周晓燕担任副主编。宋佳、欧忠良、李新龙、劳永宝、刘应波、覃一平参编。项目一由胡丽霞编写，项目二由黄强新编写，项目三由宋佳编写，项目四由欧忠良编写，项目五由李新龙编写，项目六由林鸿靖编写，项目七由周晓燕编写，项目八由劳永宝编写，项目九由刘应波编写，项目十由覃一平编写；厦门颜值立方信息科技有限公司李润宏、陈文艳、丘建明、杨亚丽为本书的平台操作项目提供素材及案例资料。全书由黄强新、胡丽霞负责整体策划、构思及统稿。

本书在编写过程中得到了厦门颜值立方信息科技有限公司、深圳日利植绒工艺厂、柳州两面针股份有限公司等企业的大力支持，这些企业为本书的编写出谋划策，提供电子商务平台和资源，在此一并表示衷心的感谢。

由于编者水平有限，不足之处在所难免，欢迎有关专业人士和广大读者批评、指正。

编　者

2021年8月

目录

项目一　走进跨境电商 …………………………………………… 001
任务一　认识跨境电商 / 002
任务二　跨境电商的模式选择 / 009
任务三　跨境电商人才需求和岗位职责 / 012

项目二　跨境电商平台的选择 …………………………………… 017
任务一　B2B跨境电商平台选择 / 018
任务二　B2C跨境电商平台选择 / 030
任务三　新兴市场国家跨境电商平台选择 / 045

项目三　跨境电商B2B平台操作——阿里巴巴国际站 ……… 058
任务一　平台注册及开通 / 059
任务二　产品选择及发布 / 064
任务三　后台基础模块操作 / 075
任务四　维护与运营技巧 / 085

项目四　跨境电商B2C平台操作——亚马逊 ………………… 097
任务一　平台注册及开通店铺 / 098
任务二　产品选择及发布 / 108
任务三　产品及订单管理 / 130
任务四　店铺维护及运营技巧 / 134

项目五　东南亚跨境电商平台操作——Lazada ……………… 153
任务一　平台注册及开通店铺 / 154
任务二　产品选择及发布 / 159
任务三　店铺装修及基础设置 / 175
任务四　店铺运营 / 186

项目六　跨境电商视觉设计 ……………………………………… 216
任务一　视觉设计风格确定 / 217
任务二　文案策划 / 222
任务三　商品主图构建 / 229
任务四　店招及广告设计 / 236

项目七　跨境物流认知 …………………………………………… 244
任务一　跨境物流选择 / 245
任务二　三大平台物流操作 / 265
任务三　跨境物流运营技巧 / 272

项目八 客户服务与维护 276

  任务一 客户服务的原则与流程 / 277
  任务二 客户询盘分析与回复技巧 / 286
  任务三 纠纷处理技巧 / 296

项目九 跨境支付 303

  任务一 认识跨境支付 / 304
  任务二 跨境支付的方式 / 306
  任务三 跨境支付应注意的问题及风险防范 / 320

项目十 知识产权 325

  任务一 跨境知识产权保护 / 326
  任务二 跨境商标注册 / 341
  任务三 跨境侵权投诉的应对技巧 / 348

参考文献 354

项目一

走进跨境电商

📝 **学习目标**

知识目标

1. 了解跨境电子商务的发展状况;
2. 了解跨境电子商务的含义、分类与特点;
3. 探讨跨境电子商务与传统国际贸易的区别;
4. 了解跨境电子商务的发展趋势及未来存在的挑战;
5. 了解跨境电子商务的模式;
6. 熟悉跨境电子商务行业不同岗位的职责。

能力目标

1. 能够对跨境电子商务有基本认识;
2. 掌握跨境电子商务平台运营的各种模式;
3. 掌握跨境电子商务不同岗位的设置;
4. 了解企业开展跨境电商的好处。

素养目标

1. 培育和践行社会主义核心价值观;
2. 树立正确的人生观、价值观和世界观;
3. 具备对行业发展宏观研判的素养;
4. 具备可对行业发展数据进行严谨细致分析的素养。

 项目介绍

本项目包含了三个学习任务,具体如下。

任务一　认识跨境电商

任务二　跨境电商的模式选择

任务三　跨境电商人才需求和岗位职责

通过本项目的学习,可以了解跨境电商的基本概念及发展状况,跨境电商的特点,知晓跨境电子商务与传统国际贸易的区别,并能结合相关数据,描述企业开展跨境电商的好处,同时可以掌握目前我国跨境电商的模式,掌握跨境电子商务行业不同岗位的职责要求,并结合公司实际需求,进行模式选择。

任务一 认识跨境电商

情境导入

小凌在一家经营汽车配件产品的传统商贸企业从事销售工作,工作了一段时间之后,小凌对于本公司产品和服务的优劣势有了比较全面的了解。依据自己专业的知识和敏感的市场洞察能力,小凌认识到当前跨境电子商务的发展趋势非常好,萌生了劝说自己公司老板开展跨境电商业务的念头。于是,小凌着手收集跨境电商相关的资料,并制作成一份汇报PPT,结合相关数据向老板阐述了企业开展跨境电商的好处,力争说服老板同意他的建议。

任务分析

要做好汇报,小凌首先需要了解跨境电商的相关知识,提炼出开展跨境电商的好处,并能说明其未来的发展趋势,这样才有可能说服老板同意他的建议。

知识链接

一、跨境电商的内涵与特点

（一）跨境电商的基本含义

跨境电子商务(Cross Border Electronic Commerce),简称跨境电商,是互联网发展到一定阶段后产生的一种新型贸易形态。从交易方式和交易过程来看,跨境电商是指分属不同关境的交易主体,通过电子商务平台达成交易、进行支付结算,并通过跨境物流送达商品、完成交易的一种国际商业活动。[①] 从商业生态系统来看,跨境电商是指通过互联网达成进出口的2B/2C信息交换、交易等应用,以及与这些应用关联的各类服务和环境。跨境电商将贸易活动重组为跨境一体的电子商务生态。[②] 跨境电商的兴起和快速发展,化解了传统国际贸易所具有的地理因素限制,实现了无国界贸易,有利于企业在更广阔的市场空间寻找商业伙伴,实现全球商业供给和需求的高效、无缝对接,跨境电商成为推动全球贸易发展和刺激全球经济增长的新引擎。

（二）跨境电商的特点

跨境电商是基于互联网发展起来的新型贸易形态,其主要特点可以概括为以下5个方面。

1. 多边化

多边化的特点是指跨境电商贸易整个过程中相关的信息流、商流、物流、资金流等,已经

---

① 汤兵勇,熊励.中国跨境电子商务发展报告(2014—2015)[M].北京:化学工业出版社,2015.
② 阿里研究院.阿里商业评论[M].北京:机械工业出版社,2016.

由传统的双边逐步向多边的方向演进,并呈现网状结构。跨境电商可以通过 A 国的交易平台、B 国的支付结算平台、C 国的物流平台,实现国家间的直接贸易。

2. 直接化

直接化的特点是指跨境电商可以通过电子商务交易与服务平台,实现多国企业之间、企业与最终消费者之间的直接交易。与传统国际贸易相比,其进出口环节少、时间短、成本低、效率高。

3. 小批量

小批量的特点是指跨境电商相对于传统国际贸易,单笔订单大多是小批量,甚至是单件。这是由于跨境电商实现了单个企业之间或者单个企业与单个消费者之间的交易。

4. 高频度

高频度的特点是指跨境电商实现了单个企业或消费者能够即时按需采购或销售,因此,相对传统国际贸易,交易双方的交易频率大幅度提高。

5. 数字化

数字化的特点是指跨境电商借助电子化平台开展国际贸易,使各个贸易环节实现信息化和数字化发展。此外,随着信息网络技术的深化应用,数字化产品(软件、影视、游戏等)的品类和贸易量快速增长,并且通过跨境电商进行销售或者消费的趋势更加明显,而传统国际贸易主要存在于实物或者服务之间的交易。

二、跨境电商重构传统国际贸易产业链

(一) 传统国际贸易产业链

传统国际贸易产业链较长,一般而言,至少要经过图 1-1 所示 6 个环节,国内制造商或生产商的产品才会到达国外消费者的手中。

图 1-1 传统国际贸易产业链

(二) 跨境电商产业链

跨境电商有效地缩短了传统国际贸易产业链的长度,跨境电商 B2C 产业链只需要经过 3 个环节,国内制造商或生产商的产品就会送达国外消费者手中,如图 1-2 所示。

图 1-2 跨境电 B2C 产业链

跨境电商 B2B 产业链只需要经过 4 个环节,国内制造商或生产商的产品就会到达国外消费者的手中,如图 1-3 所示。

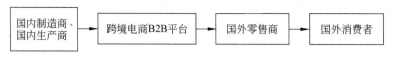

图 1-3 跨境电商 B2B 产业链

三、跨境电商与传统国际贸易的差异

跨境电商与传统国际贸易的差异主要体现在获取客户方式、客户群体特征、订单频率、付款方式、交易时间 5 个方面[①],具体内容如表 1-1 所示。

表 1-1 跨境电商与传统国际贸易的差异

模式	获取客户方式	客户群体特征	订单频率	付款方式	交易时间
传统国贸	国际展会、外贸黄页、邮件营销等	进口商、当地企业、批发商等大买家	大宗订单主导,出单率较低	T/T、银行信用卡等	完成交易时间 3~6 个月不等,交易期间手续烦琐
跨境电商	站内推广、站外推广等引流方式	全站消费者、批发商、零售商等大买家和小买家	以中小宗订单为主,出单频繁	平台支付等	即时付款、即时交易,完成交易时间 5~60 天不等,方式简单

四、跨境电商的发展现状分析

(一)全球跨境电商发展现状

1. 总体发展特征

自 1995 年 Amazon 和 eBay 在美国相继成立后,依托互联网进行商品和服务交易的新兴经济活动——电子商务,迅速引发全球零售业的变革。第三方数据机构 E-maketer 调查数据显示,2011—2016 年,全球网络零售交易额从 8600 亿美元增长至 19 200 亿美元,年平均增长率达 17.4%,市场发展前景巨大。2017—2022 年,随着全球智能手机的保有量不断增加、互联网使用率的持续提升、新兴经济的迅速崛起,全球网络零售仍保持着两位数的增长态势。

从区域结构上看,目前全球跨境电子商务市场主要分布在三大区域,即欧洲、北美地区、亚太地区,而欧洲与北美发达地区既是当前主要的消费市场,也是其他地区主要的货源地。但从未来发展潜力看,亚太地区将引领未来跨境电子商务的发展,具体数据如表 1-2 所示。

表 1-2 全球跨境电商市场规模概况

年份	项 目	亚太地区	北美地区	西欧地区	中东欧和中亚地区	拉美地区	中东和非洲地区	全球合计
2014 年	市场规模/亿美元	710	670	730	130	60	50	2350
	所占比例/%	30.2	28.5	31.1	5.5	2.6	2.1	100.0

---

① 陈江生.跨境电商理论与实务[M].北京:中国商业出版社,2016.

续表

年份	项　　目	亚太地区	北美地区	西欧地区	中东欧和中亚地区	拉美地区	中东和非洲地区	全球合计
2020年	市场规模/亿美元	4760	1760	2160	450	530	260	9920
	所占比例/%	48.0	17.7	21.8	4.5	5.3	2.6	100.0

2. 区域发展特征

全球跨境电商发展呈现区域性特征，主要包括以下几个方面。

（1）欧洲跨境电商市场规模最大

欧洲跨境电商市场分为北部成熟的市场、南部增长迅速的市场和东部新兴的市场。一旦资金和物流体系有所改善，东欧将会有很大改变。在欧洲，网络零售前三强国家分别为英国、德国、法国。其中，英国网络零售额位列第一名，75%的英国人有网上购物经历。

（2）北美跨境电商全球最发达

全球37%的跨境电商买家集中在北美地区。美国是跨境电子商务的积极推动者和倡导者。加拿大网络也非常发达，虽然加拿大人口不多，但是高达50%的网络零售额来自跨境网购。加拿大信用卡渗透率非常高，81%的在线支付都是信用卡，其次是PayPal，这些因素都促进了其跨境电商的快速发展。

（3）亚洲跨境电商全球最耀眼

亚洲是全球最大的电商市场。中国、日本、新加坡、韩国都是跨境网购非常发达的国家。中国拥有9亿多网民，互联网普及率达64.5%，2020年网络零售额超过11万亿元，这些都是非常惊人的数据。日本在线零售市场2018年的销售额为965亿美元，是亚洲第二大的电子商务市场。据相关数据显示，预计到2022年，日本的网络零售额将达到近1600亿美元，人均在线消费额将以12.7%的复合年增长率（CAGR）增长，人均消费额将达到2000美元，网上购物者热衷消费电子产品、服装和美容产品。新加坡有着完善的基础设施、富裕的人口、高达84%的互联网普及率，是东南亚最为成熟的电商市场。

（4）大洋洲跨境电商增长快速

澳大利亚、新西兰人民热衷于网购。超过80%的澳大利亚网购者有跨境网购经历，这个比率远高于欧洲国家平均水平，其主要跨境进口国家为美国、中国和英国。新西兰跨境网购额占网络零售总额的1/3，其主要跨境进口国为美国、英国和澳大利亚。

（5）拉丁美洲跨境电商潜力巨大

拉丁美洲人喜欢通过浏览网站比价，但不一定会完成购买。90%的买家会用智能手机浏览网页和通过社交媒体谈论价格与质量。根据E-bit的报告，2018年巴西电子商务销售额532亿雷亚尔（1美元约合4雷亚尔），同比增长12%。线上消费者人数5800万人，占巴西总人口的27%，消费者数量比上年增长6%。在线订单数量1.23亿，每单平均购买金额为434雷亚尔，订单通过移动终端完成的占42.8%。由于地理位置和共同的语言及文化，智利、阿根廷、乌拉圭之间的跨境电商也都非常有发展潜力。根据Forrester Research的预测，到2023年，阿根廷、巴西、智利、哥伦比亚、墨西哥和秘鲁的消费者将在网上消费1290亿美元，与2018年相比，复合年增长率为22.3%。

(二)我国跨境电商发展现状

1. 我国跨境电商的发展历程

目前,我国的跨境电商交易平台数量众多,已突破5000家。回顾我国跨境电商发展历程,大概可以分成3个阶段,也可以称为3个时代,此间实现了从信息服务、在线交易到全产业链服务的跨境电商产业转型,如图1-4所示。

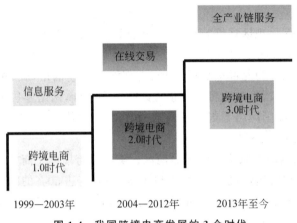

图1-4 我国跨境电商发展的3个时代

(1)第一阶段:跨境电商1.0时代(1999—2003年)

跨境电商1.0时代的主要特征是跨境电商B2B平台的出现,主要商业模式是网上展示、线下交易的外贸信息服务模式。这个阶段第三方平台主要的功能是为企业信息以及产品提供网络展示平台,并不在网络上进行任何交易。此时的盈利模式主要是向进行信息展示的企业收取会员费。代表企业有阿里巴巴、环球资源网等。

(2)第二阶段:跨境电商2.0时代(2004—2012年)

随着敦煌网的上线,我国进入跨境电商2.0时代。这个阶段,跨境电商平台开始摆脱信息黄页展示行为,线下交易、支付、物流等流程实现电子化,逐步实现在线交易。2.0时代更能体现电子商务的本质,利用网络有效打通上下游供应链,包括B2B和B2C两种平台模式,盈利模式实现从会员费到交易佣金。代表企业有敦煌网、速卖通等。

(3)第三阶段:跨境电商3.0时代(2013年至今)

3.0时代的特征主要包括大型工厂上线、B类买家成规模、中大额订单比例提升、大型服务商加入、移动用户量爆发5个方面的特征。平台模式由C2C、B2C向B2B、M2B模式转变,批发商买家的中大额交易成为平台的主要订单。这个时代的关键词是大平台、大用户、大订单、移动化等。

2. 发展总体特征

艾媒咨询(iiMedia Research)的数据显示,自2012年以来,我国跨境电商交易规模一直处于上升状态,2013—2018年,交易规模分别为2.9万亿元、3.9万亿元、5.1万亿元、6.3万亿元、7.6万亿元、9.1万亿元,增长幅度为34.5%、30.8%、23.5%、20.6%、19.7%,远超同期进出口总额的增长速度。艾媒咨询分析师认为,电商法和跨境电商系列新政的出台将进一步规范中国跨境电商市场,促进跨境电商行业健康发展,同时全球化趋势、消费升级将推动中国跨境电商交易规模持续增长。

3. 出口国家分布

中国电子商务研究中心监测数据显示,2018年中国出口跨境电商的主要目的国(地区)包括美国(16.5%)、欧洲(15.8%)、东南亚(11.4%)、日本(6.6%)、俄罗斯(4.2%)、韩国(3.5%)、巴西(2.2%)、印度(1.4%)、其他(38.4%)。由此可见,目前出口跨境电商国家分布主要集中在欧美等发达国家。具体数据如表1-3和图1-5所示。

表1-3 我国出口跨境电商主要目的国(地区)

国家(地区)	美国	欧洲	东南亚	日本	俄罗斯	韩国	巴西	印度	其他
占比/%	16.5	15.8	11.4	6.6	4.2	3.5	2.2	1.4	38.4

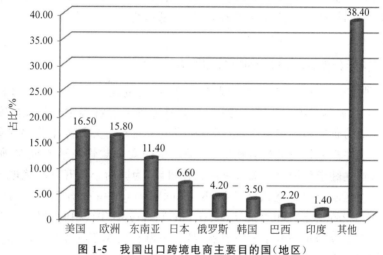

图1-5 我国出口跨境电商主要目的国(地区)

从表1-3和图1-5的数据规律可以看出,目前出口跨境电商主要面向美国、欧洲、东南亚、日本等发达市场,同时俄罗斯、巴西、印度等新兴市场也占有一定比例。其他国家还有38.4%的占比,这是一个亟待开发的潜在市场。

五、跨境电商发展趋势

(一)跨境电商市场规模继续扩大,跨境平台之间竞争加剧

未来,我国跨境电商进口和出口市场规模还会进一步扩大。在跨境电商进口市场方面,我国进口跨境电商零售业务发展迅速,但相对于国内电商渗透情况,中国海淘用户规模有待进一步提升,手机海淘应用的打开频率、使用时长及购买频率等均有进一步提升空间。此外,跨境电商平台间竞争将进一步加剧,平台领军地位争夺激烈,优势平台地位将逐渐确立。在垂直领域,自母婴领域后,相继产生面向男性、熟女等群体的进口跨境电商平台,未来平台类型或将进一步扩展。

(二)跨境电商平台商品品类进一步丰富,推动正品保障

目前平台商品类别多集中于美妆护肤、服饰箱包等产品,且以国内外爆款为主要销售对

象,用户选择面比较狭窄。未来将进一步丰富商品类别,为消费者提供多样化商品,更好地满足消费者需求,提升用户黏度和购买率。此外,消费者对于正品保障要求强烈,这需要严格采购流程,确保货源正宗,采用多种形式消除消费者疑惑,提升消费者满意度。

(三)优化跨境电商服务支撑体系,提升用户体验

根据以零散邮寄方式向境外邮寄货品的情况,为了便利结汇,国家外汇管理局2015年先在浙江和福建进行试点,允许以商业单据代替报关单作为结汇的依据,取得了比较好的效果。在经验的基础上,我国将建立起由海关、检验检疫、商务、工商、外汇等相关职能部门共同参与的良好协调沟通机制,大力推进体制机制改革和政策创新,继续优化通关、支付、物流、结汇等方面的服务支撑体系,进一步提高商检、清关、物流效率,降低跨境电商的运营成本。对于境外发货模式,除物流耗时较长的缺陷之外,难以进行物流追踪也是海淘用户的痛点,这需要平台进一步提升物流能力,优化物流信息沟通。同时,要健全跨境电商入境消费品检验检疫监管机制,提升检验检疫服务效能,降低跨境电商的质量安全风险,保护消费者权益。

(四)加强国际合作,提升跨境纠纷处理能力

我国跨境网络零售的庞大目标客户群都在海外,电商企业在跨境交易过程中容易遇到各种由跨境产生的实际问题。我国商务部、海关总署等部门将继续与相关国家推进跨境电子商务规则、条约的研究和制定工作,包括与跨境电子商务通关服务相关的配套管理制度和标准规范、邮件快件检验检疫的监管模式、产品质量的安全监管和溯源机制、邮件快件的管理制度等,争取建立健全跨境电子商务国际合作机制,为国内企业开展跨境电子商务创造必要条件。此外,在区域全面经济伙伴关系(Regional Comprehensive Economic Partnership,RCEP)、中美双边投资协定(Bilateral Investment Treaty,BIT)、中欧投资协定等双边、多边谈判中,要充分考虑我国跨境电子商务发展问题,积极利用WTO等相关国际组织的标准和协商体系,帮助国内企业处理跨境电子商务贸易纠纷。

任务实施

一、撰写汇报的提纲

从项目的必要性、可行性、项目效益等方面编写汇报的大纲。

二、收集资料,完善汇报内容

1. 项目的可行性

(1)跨境电商市场分析。
(2)跨境电商的发展趋势及相关数据分析。

2. 项目的必要性

(1)跨境电商的特点分析。
(2)跨境电商的优势分析。

3. 项目的效益

预估跨境电商可能带来的效益。

三、进行汇报,力求说服老板

(1) 形成项目实施方案,并制作汇报PPT。
(2) 进行汇报。

小提示:

在教学实施时,可分小组进行教学,实施角色扮演教学法。

各小组派1位同学扮演"老板",选1位同学扮演"小凌",再选2~3位同学扮演观察员。

小凌充当"说客",劝说"老板"开展跨境电商业务;观察员分别观察"老板"和"小凌"的表现,并进行评析。

最后,由老师扮演"老板",由其中一个小组充当"说客"来劝说,其他小组充当观察员,进行评析。

 同步实训

登录阿里巴巴国际站,体验实际生活中接触到的跨境电商平台是什么样的,分析其优势和劣势分别是什么,并提出相应的操作建议。

 习题

1. 跨境电商的内涵是什么?
2. 跨境电商的主要特点包括哪些?
3. 跨境电商与传统国际贸易的区别是什么?
4. 我国跨境电商发展历程可以分为几个阶段,主要特点是什么?

任务二 跨境电商的模式选择

 情境导入

小凌在进行了充分的市场调研后,从跨境电商发展的现状和趋势,以及开展跨境电商的好处等方面向老板进行了详细的报告。老板认同了小凌的想法,决定开展跨境电商业务。于是,老板让小凌就本公司适合实行哪种跨境电商模式进行进一步的调查分析,并向他作汇报。

 任务分析

小凌的下一个任务是对目前国内的跨境电商模式进行详细分析。

知识链接

按照进出口方向不同,跨境电商分为出口跨境电商和进口跨境电商。

一、出口跨境电商

(一)出口跨境电商的流程

出口跨境电商的流程如图1-6所示。

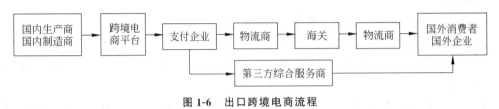

图1-6 出口跨境电商流程

首先,国内生产商或国内制造商将生产的商品在跨境电商平台上进行展示。

其次,在商品被选购下单并完成支付后,跨境电商企业将商品交付给物流企业进行国内物流投递。

再次,经过两次(出口国和进口国)海关通关商检运至国外。

最后,通过国外物流企业把商品送达消费者或企业手中。

有一些跨境电商企业会直接与第三方综合服务平台合作,让第三方综合服务平台代办物流、通关商检等一系列环节,从而简化自己的跨境电商交易的过程。

(二)出口跨境电商的模式

出口跨境电商服务模式包括B2B和B2C等。

1. B2B

出口企业与进口企业之间通过第三方跨境电商平台进行信息发布或信息搜索并完成交易。根据第三方平台的盈利方式,分为信息服务平台与交易服务平台。

(1)信息服务平台。信息服务平台通过第三方跨境电商平台进行信息发布或信息搜索完成交易撮合的服务,主要代表企业包括阿里巴巴国际站、环球资源网、中国制造网等。

(2)交易服务平台。在互联网环境下,交易服务平台基于服务器应用方式,实现买卖双方网上交易和在线电子支付,主要代表企业包括敦煌网、大龙网、易唐网等。

2. B2C

出口企业与海外最终消费者通过第三方跨境电商平台进行信息发布或信息搜索完成交易。根据平台运营方式,分为开放平台与自营平台。

(1)开放平台。除了开放买家和卖家的数据外,还包括开放商品、店铺、交易、物流、评价、仓储、营销推广等各环节的业务,实现应用和平台系统化对接,并围绕平台建立自身开发者生态系统,代表企业包括eBay、亚马逊、阿里巴巴速卖通、Wish等。

(2)自营平台。出口电商平台对其经营产品进行统一生产或采购、产品展示、在线交易,并通过物流配送将产品投放到最终消费群体,代表企业包括兰亭集势、环球贸易等。

二、进口跨境电商

(一)进口跨境电商的流程

进口跨境电商的流程如图 1-7 所示。

图 1-7 进口跨境电商流程

(二)进口跨境电商的模式

进口跨境电商服务模式包括 M2C、B2C、C2C、B2B2C 等。

1. M2C

这种模式主要指从厂商到消费者,平台负责招商。其主要优势是用户信任度高,商家有海外零售资质和授权,商品从海外直邮,并且可以提供本地退换货服务;其不足是价位高、品牌端管控力弱。主要代表企业包括天猫国际等。

2. B2C

这种模式主要指报税自营,自采销售。其主要优势是平台直接参与货源组织、物流仓储买卖流程,销售流转高,时效性好;其不足是品类受限,还是以爆品、标品为主,同时资金有压力。主要代表企业包括京东全球购、网易考拉、聚美、蜜芽等。

3. C2C

这种模式主要指海外买手。其主要优势是消费者主导化,对消费者个性需求和情感满足较好;其不足是对服务体验的掌控度不太好,也存在一定的法律政策风险。主要代表企业包括淘宝全球购、淘世界、洋码头扫货神器、海蜜等。

4. B2B2C

这种模式主要指跨境供应链服务商通过报税采取邮出模式,与跨境电商平台合作,平台提供用户订单后,由这些服务商直接发货给用户。其主要优势是便捷且无库存压力;其不足是借跨境电商名义行一般贸易之实,长远价值堪忧。主要代表企业包括速贸天下等。

任务实施

一、拟定汇报的提纲

分析目前我国现有的进口和出口跨境电商模式类型、基本特征、优劣势等。

二、进行汇报,解答老板心中疑惑

(1)制作汇报 PPT。
(2)进行汇报。

小提示:

在教学实施时,分小组进行教学,实施角色扮演教学法。

各小组派1位同学扮演"老板",选1位同学扮演"小凌",再选2～3位同学扮演观察员。"小凌"充当"说客",劝说"老板"开展跨境电商业务;观察员分别观察"老板"和"小凌"的表现,并对他们的表现进行评析。

最后,由老师扮演"老板",由其中一个小组充当"说客"来劝说,其他小组充当观察员进行评析。

 同步实训

登录速卖通平台,了解该平台的优劣势和主要特点。
登录亚马逊平台,了解该平台的优劣势和主要特点。

 习题

1. 请画出出口跨境电商流程图。
2. 请分析出口跨境电商的类别和特点。
3. 请画出进口跨境电商流程图。
4. 请分析进口跨境电商的类别和特点。

任务三 跨境电商人才需求和岗位职责

 情境导入

小凌清楚地向老板介绍了目前我国的进出口跨境电商模式,老板非常满意小凌前期的表现,决定让小凌担任本公司跨境电商业务的主要负责人,重建公司的组织结构,规定每个部门的主要工作职能,并招聘相关岗位的人才。所以,小凌要对跨境电商公司的组织结构和岗位职能等进行进一步的研究和分析。

 任务分析

小凌此次的主要任务包括了解跨境电商企业的组织结构,了解每个部门的主要职能和工作,了解跨境电商企业招聘员工的总体要求,以及具体岗位的要求。

 知识链接

一、跨境电商人才需求

近年来,我国的电子商务人才,尤其是跨境电商方面的人才,一直处于紧缺的状态,甚至还出现了"20万年薪抢跨境电商运营经理"的现象。市场上出现人才的供求矛盾:一方面,高校每年都会向市场输送"人才";另一方面,企业却又招不到合适的"人才"。阿里研究院发布的《中国跨境电商人才研究报告》数据显示,我国有17.6%的企业认为自己招不到合适的跨境电商方面的人才;有82.4%的企业虽然招到了员工,但是这些员工的素质和能力不能很好地满足企业的需求,并不是企业真正想要的人才。深究其主要原因就是2013年以来我国跨境电商发展迅猛,但是高等院校还没有培养出跨境电商的相关人才,中职和高职院校刚刚设置跨境电商专业方向,但是还没有相应的毕业生进入社会。相关社会培训力量也较为薄弱,一些社会组织和企业虽然已经推出了跨境电商从业人员考证培训业务或成立企业跨境电商学院,但是培训工作还不够成熟和完善。因此,深入调查研究我国跨境电商行业的发展特点、人才需求特征和岗位职责,培养企业真正需要的专业跨境电商人才,成为当前教育界亟须解决的一个问题。

二、跨境电商企业的组织结构

跨境电商企业一般设有产品部、销售部、客服部、采购及物流部等部门,具体如图1-8所示。

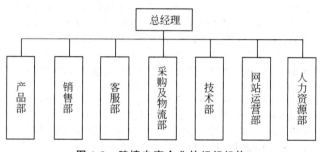

图1-8 跨境电商企业的组织机构

(一)产品部主要职能

产品部的主要职能包括分析各个种类的产品,确定网站主推产品名录,预测产品销售额;与采购部协商确定采购量,并根据销售情况不断调整;根据传统渠道价格、竞争对手价格、采购成本等各种因素确定网站产品销售价格;分析网站各种产品的销售情况,将产品分为若干等级,寻找并确定畅销品的品种。

(二)销售部主要职能

销售部的主要职能包括在网站上陈列展示产品,确定推广过程中的策略,确定搜索引擎关键词和描述,设计与执行促销活动。

(三)客服部主要职能

客服部的主要职能包括客服运营及客服质量的管理,核心是客服运营,主要指在线客服的咨询,包括产品咨询、订单处理、售后服务、客户主动咨询等。

(四)采购及物流部主要职能

采购及物流部的主要职能包括确定采购名单,根据名单筛选产品供应商,争取最低采购价格,负责物流运营商的选择,仓库的管理,订单商品的包装、运输、配送等。

(五)技术部主要职能

技术部的主要职能是负责网站建设和系统开发,包括网站的架构和技术的开发,客户管理系统、采购和仓储系统、订单管理系统等的策划、实施和调整,服务器和网络运营商的选择及管理等。

三、跨境电商职业总体要求

跨境电商从业人员一般是指在具备基本的计算机与网络应用知识的基础上,须具有了解电子商务基本业务流程、网络营销、电子支付、电子商务安全、国际贸易实务、国际结算、国际贸易单证、电子口岸、报关、报检等工作和知识的专业人员。跨境电商从业人员是整个跨境电商活动的具体承担者和执行者,是互联网交易体系不可或缺的专业人才。

总体来看,跨境电商人才应该具备的专业知识、职业能力、职业素养如表1-4所示。

表1-4 跨境电商职业总体要求

分 类	具 体 要 求
专业知识	1. 市场营销知识:市场分析、市场策略、市场营销组织等相关知识; 2. 电子商务知识:熟悉电商平台规则、网络营销等相关知识; 3. 物流管理知识:发货流程、仓库管理、采购管理等相关知识; 4. 国际贸易知识:外贸流程、商检、海关等相关知识; 5. 商品相关知识:主要商品的规格、性能、用途等,商品编码
职业能力	1. 市场分析能力:分析市场状况及竞争对手状况,制订销售计划; 2. 市场策划能力:策划促销活动、市场推广方案; 3. 外语沟通能力:运用外语与国外客户沟通、处理订单问题; 4. 计算机应用能力:使用软件上传产品信息、处理图片
职业素养	1. 良好的职业道德:遵纪守法、恪守信用,不售假货或伪劣商品,不侵犯知识产权; 2. 吃苦耐劳的精神:脚踏实地、埋头苦干、任劳任怨; 3. 服务客户的精神:客户至上,积极主动为客户提供优质服务

四、跨境电商具体岗位职责

目前,经理、运营主管、物流、支付、客服是我国跨境电商企业主要招聘的岗位,其具体岗位职责包括以下内容。

(一)经理岗位职责

(1)配合公司领导完成跨境电子商务战略规划、销售、运营和团队组建等工作。

(2)负责跨境电商平台的整体运营,负责统筹、组织平台建设、产品上线、网页优化、数据分析、营销推广等工作的实施。

(3)策划执行线上各类产品促销、引流等活动,关注并分析运营数据及用户反馈,不断调整优化运营工作。

(4)负责组织和建立运营团队,并对运营团队进行业务管理、培训、考核、团队制度建设等各方面工作的安排。

(二)运营主管岗位职责

(1)负责跨境电商平台的搭建、运营和维护,制订站点运营计划,组织小组人员落实各项工作。

(2) 管理店铺,研究平台各项政策与制度,控制产品风险,负责网店营销优化,保持账号健康稳定。

(3) 编辑和翻译产品信息,负责店铺产品的上传。

(4) 解答客户售前、售后咨询,处理客户投诉,及时发现产品销售中的问题并加以改正。

(5) 负责收集、分析市场情报,对提高平台销售业绩的相关要素能做出较精确的分析和判断,并能持续分析和改进销售方法。

(6) 分析及监控核心数据,定期完成数据分析报告等。

(三) 物流岗位职责

(1) 负责按日常发货计划合理安排物流运输,负责退货的安排和协调工作。

(2) 及时更新跨境电商头程物流渠道,熟悉各渠道的对应要求及价格变化,制订最优物流方案。

(3) 定期更新物流系统信息,与相关部门协调工作。

(4) 熟悉出口报关流程。

(5) 协调运营及仓储部门工作,及时给予信息反馈及建议。

(6) 日发货数据的记录和整理,核对整理出货账单并处理账单异常等。

(四) 支付岗位职责

(1) 负责公司跨境支付业务、跨境电子商务及跨境人民币业务的开展。

(2) 负责跨境支付业务的市场研究、需求分析,进行业务规划和执行。

(3) 负责产品规划,制订相关产品的设计、运营方案。

(4) 负责重点商户和标杆商户的拓展及维护,指导业务部门拓展市场。

(5) 协调技术相关部门制订线上跨境项目计划,跟踪推动项目进程。

(6) 跟踪产品上线后的运营情况,优化系统平台的支付结算及操作流程,完成迭代需求。

(五) 客服岗位职责

(1) 以邮件形式处理客户的售前、售中、售后相关问题。

(2) 上传订单物流信息,跟进货物状态,负责推动订单及时回款。

(3) 处理客户投诉及中差评,对客户的退换货及退款进行妥善处理。

(4) 通过与客户沟通,解决问题,建立良好的合作关系,完成再销售。

任务实施

(1) 策划公司招聘信息。

(2) 选择一家招聘网站,发布招聘信息。

(3) 组织招聘人员的面试工作。

小提示:

在教学实施时,可分小组进行教学,实施角色扮演教学法。

首先,把学生分成几个组,进行招聘信息的策划和发布等工作,评选最优的招聘信息策划组。

其次,每组选择部分学生扮演公司招聘人员,选择部分学生扮演应聘者,进行招聘的模拟训练,评选最优的招聘组织单位和最优的应聘者。

同步实训

登录招聘网站,查询跨境电商相关岗位的招聘信息,并进行分析。

习题

1. 请画出跨境电商企业的组织结构图。
2. 简述跨境电商各部门的主要职能。
3. 跨境电商职业总体要求包括哪些内容?
4. 跨境电商运营主管岗位的职责包括哪些内容?

项目二

跨境电商平台的选择

学习目标

知识目标

1. 了解各大跨境电商平台的发展状况;
2. 熟悉各大跨境电商平台提供的服务;
3. 说出各大跨境电商平台的盈利模式与特点;
4. 能比较各大跨境电商平台之间的区别。

能力目标

1. 掌握各大跨境电子商务的营运模式;
2. 掌握各大跨境电商平台的盈利模式;
3. 掌握选择跨境电商平台的方法。

素养目标

1. 进行爱国主义教育,培育爱国主义精神;
2. 培养团队合作精神及集体荣誉感;
3. 树立锲而不舍的调研精神。

项目介绍

本项目包含了三个学习任务,具体如下。

任务一　B2B跨境电商平台选择

任务二　B2C跨境电商平台选择

任务三　新兴市场国家跨境电商平台选择

通过本项目的学习,可以了解各大跨境电商平台的发展状况,掌握各大跨境电子商务平台的营运模式、盈利模式,同时知晓选择跨境电子商务平台时应考虑的因素,为跨境电商平台的选择奠定基础。

任务一　B2B 跨境电商平台选择

情境导入

小凌在征得老板同意后,组建了公司的跨境营运团队,在对跨境电商市场进行深入调研的基础上,决定立即开展跨境电商的运作。

小凌及其团队碰到的第一个问题就是选择哪一个平台来开展跨境电商业务,由于对各大跨境电商平台的运作模式及特点不是很熟悉,小凌决定按跨境电商的模式及范围进行分工,派团队中的小李分别对 B2B、B2C 及新兴市场跨境电商平台进行调研,要求他对所要调研的平台进行详细的对照比较,并把调研结果向团队汇报,以便于团队选择相应的跨境电商平台进行业务的运作。

小李在接受了调查任务之后,开始着手收集阿里巴巴国际站、环球资源网等 B2B 跨境电商平台的资料。

任务分析

要做好调研与汇报工作,小李需要详细了解目前市场上比较普及的各个 B2B 跨境电商平台面向的客户范围、运作模式及特点,然后比较各个平台的优势,以便团队做出决策。

知识链接

B2B 跨境电商平台所面对的最终客户为企业或集团客户,为客户提供企业、产品、服务等相关信息。目前,中国跨境电商市场中 B2B 跨境电商市场交易规模占总交易规模的 90% 以上。在跨境电商市场中,企业级市场始终处于主导地位。代表企业有阿里巴巴国际站、敦煌网、中国制造网、环球资源网等。

一、阿里巴巴国际站

(一)阿里巴巴国际站简介

阿里巴巴集团是阿里巴巴网络技术有限公司的简称,是一家主要提供电子商务在线交易平台的公司,于 1999 年在杭州创立。阿里巴巴集团经营的业务包括淘宝网、天猫、聚划算、全球速卖通、阿里巴巴国际交易市场、1688 阿里妈妈、阿里云、蚂蚁金服和菜鸟网络等。2016 年 4 月 6 日,阿里巴巴正式宣布其已成为全球最大的零售交易平台。2019 年 9 月 6 日,阿里巴巴集团以 20 亿美元全资收购网易旗下跨境电商平台考拉,从而进一步完善了其跨境电商平台的生态体系。

阿里巴巴国际站(https://www.alibaba.com)是阿里巴巴集团下的跨境 B2B 电子商务平台,是阿里巴巴集团的首个网站,也是中国最早出现的 B2B 跨境电商出口平台,如图 2-1 所示。阿里巴巴国际站的成立是为了帮助中小企业拓展国际贸易市场,为它们提供出口营销推广服务,是中国企业拓展海外市场首选的跨境电商平台。平台服务包含一站式的店铺装修、产品展示、营销推广、生意洽谈及店铺管理等,能够为卖家、买家提供便利的在线沟通工具、账户管理工具。平台具有信用卡直接支付功能、在线电汇支付交易和跨国转账功能以及在线安排海运、空运等功能,其宗旨在于最大限度地帮助企业降低成本,高效率地开拓国际市场。目前,阿里巴巴国际站是全球最大的跨境 B2B 贸易市场,曾被美国《福布斯》杂志连续 7 年评为全球最佳跨境 B2B 电子商务网站。

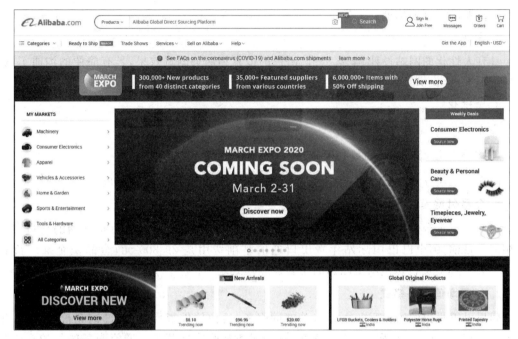

图 2-1　阿里巴巴国际站

(二) 阿里巴巴国际站的定位及发展规模

1. 市场定位

通过互联网为全球的中小企业寻求潜在贸易伙伴,促成彼此沟通和达成交易。

2. 服务面向

面向全球,主要用户集中在亚太、中东、欧洲、南美和北美,目前已覆盖全球 240 多个国家和地区。

3. 会员规模

注册会员 1.5 亿多个,注册企业超过 230 万个,平台上活跃的海外采购商有 2000 多万家。

4. 产品范围

包括 40 多个行业的 5900 多个产品类别。

5. 网站流量

根据 Alexa 网站流量查询,阿里巴巴国际站日均 1000 多万个 UV(独立访客),7000 多万次 PV(访问量)。

(三)阿里巴巴国际站的特点

1. 互动

有社区(Community)频道,促进会员之间的互动,加强彼此间的联系。

2. 可信

可获取第三方的认证。

3. 专业

具有人性化的网站设计、丰富类目、出色的搜索和网页浏览效果,具有简便的沟通工具、账号管理工具,提供专业化服务。

4. 全球化

服务面向全球,客户遍布全球。

(四)阿里巴巴国际站的盈利模式

阿里巴巴国际站按年收费,费用由会员服务费用和增值服务费用组成。

1. 会员付费模式

阿里巴巴平台的会员分为出口通和金品诚企会员两种,不同会员每年交纳的会员费也不相同。目前,阿里巴巴国际站年费出口通的基础费用是 29 800 元,金品诚企推广价是 80 000 元/年,会员付费是阿里巴巴的主要盈利模式之一。

2. 创新增值服务模式

阿里巴巴推出的增值服务主要有关键词服务、通信软件贸易通、关键词竞价服务、阿里认证、客户品牌推广展位服务、商业贷款、旺铺服务和橱窗推荐等。增值服务的目的在于吸引入驻企业主动付费,以扩大产品的销售机会。

(五)阿里巴巴国际站的优势与劣势

阿里巴巴跨境电子商务平台的主要优势如下。

(1) 是用户访问量最大的跨境 B2B 电商平台。

(2) 平台功能较完善且推广力度较大。

(3) 平台采购商主要集中在亚太地区,主营的轻工产品较有优势。

阿里巴巴跨境电子商务平台的主要劣势如下。

(1) 英文站访问量相对较少。在用户访问量中,平台中文站访问量占 80%以上,中国用户占 60%以上,国外买家访问量相对较少。

(2) 中国同行业企业竞争激烈,表现为同一种产品存在多页展示。

(3) 买家询盘多采用群发策略,没有太多的针对性。

(4) 平台英文站的采购商资质不一。作为全球领先的跨境 B2B 电子商务平台,卖家主要来自中国、印度、巴基斯坦、美国和日本,平台在欧洲有待进一步开拓。

二、敦煌网

(一)敦煌网简介

敦煌网(https://www.dhgate.com)由王树彤女士于 2004 年创立,是领先的 B2B 跨境电子商务交易平台,如图2-2所示。敦煌是中国古代丝绸之路上的辉煌驿站,是中国丰足的商品走出国门的重大节点之城。敦煌网以此命名,承载着其创始人兼CEO王树彤女士打造网上丝绸之路,帮助中小企业"买全球,卖全球"的梦想。

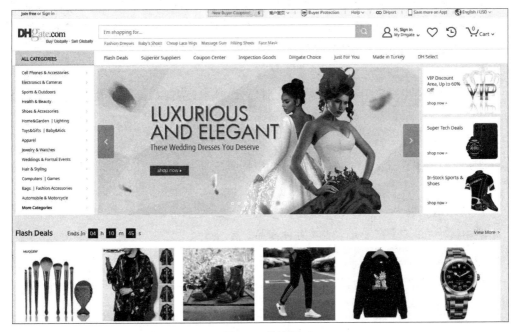

图2-2 敦煌网

区别于阿里巴巴、慧聪网、环球资源网的信息服务平台模式,敦煌网以交易服务为核心,在免费为买卖双方提供信息发布平台的基础上,提供物流、支付和翻译等服务,通过整合产业链,为买卖双方顺利完成在线交易提供支持。敦煌网摒弃了传统的卖家付费模式,有别于阿里巴巴开创的"按年收取会员费"模式,创新地推出买家按交易金额付费的动态佣金模式。模式上的创新降低了跨境贸易的交易成本,满足了中小买家的需求,从而开辟出一片蓝海。

作为中国B2B跨境电商领跑者,敦煌网自创办伊始就专注B to 小B赛道不动摇。通过整合传统外贸企业在关检、物流、支付、金融等领域的生态圈合作伙伴,敦煌网打造了集相关服务于一体的全平台、线上化外贸闭环模式,极大地降低了中小企业对接国际市场的门槛,不仅赋能国内中小企业,也惠及全球中小微零售商。

作为国际贸易领域B2B电子商务的创新者,敦煌网充分考虑了国际贸易的特殊性,融合了新兴的电子商务和传统的国际贸易,为国际贸易的操作提供专业有效的信息流、安全可靠的资金流以及快捷简便的物流,是国际贸易领域的一个重大的革新,掀开了中国国际贸易领域的新篇章。

目前,敦煌网是商务部重点推荐的中国对外贸易第三方电子商务平台之一,是国家发改委的"跨境电子商务交易技术国家工程实验室",科技部的"电子商务交易风险控制与防范"标准制定课题应用的示范单位,工信部的"全国电子商务指数监测重点联系企业",工信部电子商务机构管理认证中心已经将其列为示范推广单位。

（二）敦煌网的定位及发展规模

1. 市场定位

致力于帮助中国中小企业通过互联网将中国制造的商品销往世界各地，是国内首个聚集中国众多中小供应商的产品、为国外众多的中小采购商有效提供采购服务的全天候国际网上批发交易平台。定位为"中小企业在线交易和供应链服务平台"。

2. 服务面向

面向全球，主要用户集中在中国、美国、加拿大、日本及英国，目前已覆盖全球 222 个国家和地区。

3. 会员规模

注册会员 1.5 亿多个，平台上有 200 万个中国供应商与 2100 万个海外中小微零售商在线交易。

4. 产品范围

牵手中国 2000 多个产业带、2200 万种商品。

5. 网站流量

根据 Alexa 网站流量查询，敦煌网日均 100 多万个 UV，600 多万次 PV。

（三）敦煌网的特点

1. 扶持多

拥有在线翻译、物流、培训，多种卖家扶持计划。

2. 零风险

专业风控、纠纷小组帮助把控交易风险。

3. 服务专业

资深外贸专家全程指导。

4. 在线交易

在线下单，多订单，少询盘，缩短成单周期。

（四）敦煌网的盈利模式

敦煌网采用免费注册吸引企业入驻，通过提供信息服务、交易支付、物流及客户管理等给交易双方提供桥梁。其盈利模式以收取交易佣金为主，交易佣金由买家支付，而非卖家。

（五）敦煌网的优势与劣势

敦煌网"为成功付费"打破了传统电子商务"会员收费"的经营模式，既减少了企业风险，又节省了企业不必要的开支。PayPal 交易平台数据显示，敦煌网是在线外贸交易额中亚太排名第一、全球排名第六的电子商务网站。

敦煌网跨境电子商务平台的主要优势如下。

（1）区别于阿里巴巴、环球资源网等信息服务平台模式，敦煌网以交易服务为核心。

（2）平台创新推出买家按交易金额付费的动态佣金模式。

(3) 卖家在平台上可免费上传产品,平台还会帮助消费者和供应商商谈折扣。

敦煌网跨境电子商务平台的主要劣势是入驻的大规模企业数量较少。

三、环球资源网

(一) 环球资源网简介

环球资源成立于 1970 年,是业界领先的多渠道 B2B 媒体公司,致力于促进大中华地区的对外贸易,公司的核心业务是通过贸易展览会、环球资源网站、贸易杂志及手机应用程序,促进亚洲与全球各国的贸易往来,深受海外买家及供应商社群的信赖。

环球资源网(https://www.globalsources.com)通过网站、展会、杂志及其他多种外贸媒体服务于全球买家社群,即批量进口消费品及工业产品的专业买家,本质上是通过在线平台来运营买家社交群体。环球资源网根据"活跃买家"与"已核实买家"两种方式审核买家社群。其中,已核实买家是在环球资源网举办的展会现场经过面对面核实的活跃买家;活跃买家是指过去 12 个月内,注册使用以下几种环球资源网采购服务的买家。

(1) 出席环球资源网举办的采购交易会。
(2) 通过环球资源网向供应商发送查询。
(3) 通过订阅或下载,接收电子版或印刷版的环球资源网采购杂志。
(4) 通过订阅及双重订阅验证,按收产品资讯速递。

环球资源网的网站页面如图 2-3 所示。

图 2-3　环球资源网

(二) 环球资源网的定位及发展规模

1. 市场定位

市场定位旨在促进亚洲各国的出口贸易,成为联系全球供应商与买家的国际贸易网站。

走的是高端路线,服务的客户定位为高端人群。

2. 服务面向

服务面向全球,主要用户集中在欧美等西方发达国家,目前已覆盖全球240多个国家和地区。

3. 会员规模

网站活跃用户296万家,有150万优质买家和供应商,其中94家来自全球百强零售商。每年环球资源展有展位18 000个,中国制造业产业盛会有专业观众9万多人。拥有中国管理精英社群,其中有高端经理人500万个,社交媒体用户116万家。

4. 产品范围

产品范围是深耕电子、Lifestyle、五金、时尚等11个行业。

5. 网站流量

根据Alexa网站流量查询,环球资源网日均30多万个UV,70多万次PV。

(三)环球资源网的特点

1. 买卖双方高度信赖

环球资源网凭借40余年的国际贸易经验及17年成功办展的经验,深受买家及供应商青睐。

2. 整合O2O服务

深入了解买家采购习惯,为供应商提供O2O(线上/online+线下/offline)推广方案,线上获取买家关注,线下展会现场落实合作细节。

3. 行业垂直化

深耕11个行业,以精准的行业化采购资讯为供应商锁定对口买家。

(四)环球资源网的盈利模式

环球资源网操作模式是以展会、杂志和网站打包卖,门槛比较高。其盈利模式主要有以下几种。

1. 会员付费模式

环球资源网接纳的多为大型企业高端会员,会员费是平台的基本盈利保障。

2. 线下会展费

线下会展费是平台的特色盈利渠道。

3. 行业资讯推送服务费

行业资讯推送服务费也是环球资源网的特色盈利渠道。

4. 增值服务费

入驻企业通过付费可以获取平台提供的增值服务。

(五)环球资源网的优势与劣势

环球资源网旨在促进亚洲各国的出口贸易,是联系全球供应商与买家的国际贸易网站。

环球资源网跨境电子商务平台的主要优势如下。

(1) 采用网络、光盘等推广方式,将产品信息直接卖给采购商。

(2) 平台以杂志起家,在贸易杂志和展会推广方面比较专业。

(3) 平台经营的电子产品有较强优势。

环球资源网跨境电子商务平台的主要劣势如下。

(1) 平台与杂志风格类似,都具有信息载体的功能,二者的用户重复。

(2) 平台功能主要是供应商目录查询,且互动性不强。

(3) 平台经营的产品价格较高,主要针对高品质客户群体,虽然现已推出低价服务,但效果不佳。

(4) 采购商信息采集和分类不够精细。

(5) 跨境 B2B 行业在突飞猛进,环球资源网却停滞不前。

四、中国制造网

(一) 中国制造网简介

中国制造网(https://www.made-in-china.com)创建于 1998 年,由焦点科技股份有限公司开发和运营,是国内著名的 B2B 电子商务网站之一。中国制造网汇集中国企业产品,面向全球采购商,提供高效可靠的信息交流与贸易服务平台,为中国企业与全球采购商创造了无限商机,是国内中小企业通过互联网开展国际贸易的首选 B2B 网站之一。该网站已连续四年被《互联网周刊》评为中国最具商业价值的百强网站,是国际上有影响力的电子商务平台。

中国制造网的经营理念是"弘扬中国制造,服务中小企业,促进全球贸易",面向全球,以推广中国企业为己任,旨在利用互联网将中国制造的产品介绍给全球采购商。中国制造网努力营造良好的网络商业环境,搭建更为宽广的网上贸易平台,为国内贸易的繁荣开启了一扇方便的电子商务之门。

中国制造网关注中国企业特别是众多中小企业的发展,企业认为,只有在中小企业发展的基础上全球经济才能更健康地成长。凭借巨大而翔实的商业信息数据库,便捷而高效的功能和服务,中国制造网成功地帮助众多供应商和采购商建立了联系,提供了许多商业机会。2018 年,因在跨境电商领域的突出表现,中国制造网被中国服务贸易协会、中国电子商务协会等组织授予"中国最佳客户服务奖""中国最佳服务创新奖"等各类奖项。

中国制造网的网站页面如图 2-4 所示。

(二) 中国制造网的定位及发展规模

1. 市场定位

明确定位中国制造,只接受中国供应商,主攻中国产品的推广。同时,特别关注中国中小企业的发展,为中国中小企业发掘商机。

2. 服务面向

服务面向全球,主要用户集中在印度、美国、中国、巴基斯坦和尼日利亚等国,目前已覆盖全球 200 多个国家和地区。

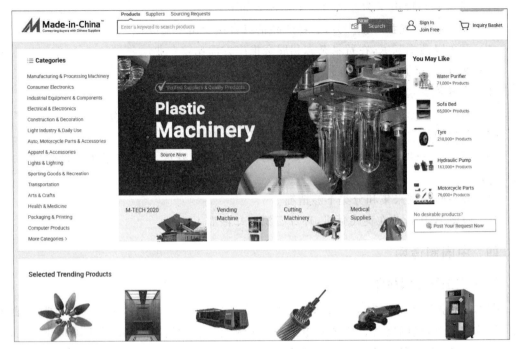

图 2-4　中国制造网

3．会员规模

截至 2019 年 12 月 31 日,中国制造网共有注册收费会员 18 789 位,较上年末增加了 1731 位。

4．产品范围

产品范围包含 27 个行业、3600 多个产品类别。重点行业是重工业大型机械,产品覆盖工业品、原材料和家居百货等。

5．网站流量

根据 Alexa 网站流量查询,中国制造网日均 100 多万个 UV,300 多万次 PV。

(三) 中国制造网的特点

1．直观形象的网址

中国制造网的网址中直接包含"Made-in-China",对访问者来说,具有直观、形象、定位明确的特点。

2．专注

专注于中国制造,专注于国内中小企业。

3．询盘质量高

中国制造网海外买家询盘均为一对一的高质量询盘,一个采购商只有单击查看供应商的具体产品信息后才能改善求购询盘给供应商,因此询盘质量高,成功率明显大于其他同类平台。

（四）中国制造网的盈利模式

中国制造网是国内著名的跨境 B2B 电子商务平台，经营产品覆盖工业品、原材料、家居百货和商务服务等，其盈利模式如下。

1. 会员收费模式

入驻企业只有通过付费获得高级会员资格后，方可获得平台定向配对的推荐采购商信息的机会。会员收费模式是平台盈利的基本保障。

2. 增值服务收费模式

平台提供的增值服务有搭建企业展厅、移动营销及深度推广等，需要企业付费使用。

3. 企业认证收费模式

平台只接受中国供应商，主攻中国产品的推广，是仅有的一家以推广中国产品为目标的大型 B2B 平台。入驻企业通过付费获得企业认证，可以提升企业信誉，赢得海外买家的信任。

中国制造网通过独有、直观形象的网址，明确定位中国制造，吸引了来自全球 200 多个国家和地区的数百万买家。

（五）中国制造网的优势与劣势

中国制造网明确定位中国制造，使"Made-in-China"成为世界上认知度最高的产品标签，为国内无数中小企业走出国门搭建了桥梁。

中国制造网跨境电子商务平台的主要优势如下。

（1）平台是一个专业的跨境 B2B 电子商务平台，产品供应信息全部来源于中国供应商。

（2）依据 Alexa 网站流量全球综合排名查询，平台的国外买家浏览率高达 75% 以上。

（3）平台提供的 TopRand 服务，会帮助卖家将产品信息排在前 10 名，并且将产品推荐给国外买家。

（4）平台询盘系统采用一对一发送方式，使询盘邮件具有很强的针对性。

（5）平台经营的产品价格适中，销售效果较好。

中国制造网跨境电子商务平台的主要劣势如下。

（1）平台的国内知名度不是很高。

（2）平台投放的广告还不是很多。

五、企业选择 B2B 跨境电商平台需要考虑的因素分析

对企业来说，选择符合自己企业产品特点的 B2B 跨境电商平台进行推广，是企业跨境营销成功的第一步，也是最为关键的一步。企业在进行 B2B 跨境电商平台选择时，应考虑以下因素。

（一）平台的市场定位及主推的产品类别

不同 B2B 跨境电商平台的市场定位不一样，主推的产品类别也不一样，如中国制造网主推的是重工业大型机械，而环球源网则主推电子、Lifestyle、五金、时尚等，企业要结合自己的企业类型及主打产品来选择适宜的跨境电商平台。

（二）平台的流量

互联网时代，流量为王，一个成功的网站需要具备有效流量和转化率，B2B 跨境电商平

台也不例外。简单地说,在转化率得到保证的前提下,有效流量越大,企业的机会越多。选择 B2B 跨境电商平台也是一个道理,流量越大,机会越多。网站的流量数据可以在 Alexa 数据查询站点上查询。如阿里巴巴国际站的日流量约为 1000 多万个 UV,7000 多万次 PV;中国制造日流量约为 100 多万个 UV,300 多万次 PV;而环球资源日流量约为 30 多万个 UV,70 多万次 PV。所以,从网站流量上来看,阿里巴巴的流量远远大于其他 B2B 跨境电商平台。

(三)平台主要销售国家及购买者

企业必须清楚自己目标用户的特点,以及把产品主要推广到哪个国家或者市场的计划,需要考虑该平台的主要销售国家及浏览人群是否与自己的目标用户相符。目前国内几大 B2B 跨境电商平台的访问客户,面向的国际市场都不尽相同,如环球资源网走的是高端路线,其主要消费群为高端人群,销售国家主要集中在欧美等西方发达国家;而敦煌网则为国外众多的中小采购商提供采购服务,主要销售国家在美国、加拿大、日本及英国等。选择适合自身产品主打市场及用户的优势性平台为明智之举。

(四)平台提供的各项服务和功能及专业性

B2B 跨境电商平台的模式并不复杂,一些成功的企业无非是最大限度地利用了平台提供的各项服务和功能,让各种资源得到充分利用。例如尽可能详细地提供产品信息,为顾客查询和了解产品提供方便;在精心布置店铺的基础上,争取获得平台的特别推广机会,从而为更多的潜在顾客所了解。

(五)平台的推广渠道及效果

B2B 跨境电商平台推广是带来询盘最为关键的一步,平台渠道推广的效果和策略影响到企业收到的询盘的质量以及订单的成功与否。因此,如果一个 B2B 跨境电商平台有着综合性、多元化的渠道推广,那对选择在这个 B2B 平台做推广的企业来说帮助也会有很多。

(六)平台的物流渠道

不同 B2B 跨境电商平台所提供的物流渠道也不尽相同,企业在选择 B2B 跨境电商平台时,要综合考虑自己产品所在地的物流与平台所提供的物流渠道的配套问题。

(七)平台的综合营销费用

不同的 B2B 跨境电商平台,收取的营销费用也不一样,有的平台是免费的,而有些则需要支付会员费,此外还有其他增值服务费等。企业要根据自身的经费预算来进行平台及服务的选择。

总之,根据自己的产品选择优势的平台很重要,合适的产品投入到正确的平台,才能起到事半功倍的效果。企业在 B2B 跨境电商平台选择的环节上,要结合平台及自身各因素综合权衡,从而寻找出相对合适的 B2B 跨境电商平台。

任务实施

一、拟订调研方案

确定调研时间、调研对象及调研内容,调研内容应包括平台简介、特点、盈利模式、优劣势等方面。

二、开展调研，着手收集资料

1. 平台简介

（1）各 B2B 跨境电商平台的简要情况。
（2）各 B2B 跨境电商平台的市场定位及特点。
（3）各 B2B 跨境电商平台的主要销售市场及主推产品类别。
（4）各 B2B 跨境电商平台的流量。

2. 平台的盈利模式及优劣势分析

（1）各 B2B 跨境电商平台的盈利模式。
（2）各 B2B 跨境电商平台的优劣势。

三、调研结果分析

对调研内容进行提炼，从平台的主要销售市场、主推产品类别、消费者、流量、营销模式、营销费用、优劣势等多方面进行比较分析，可使用列表的方法。

四、向团队进行汇报

（1）形成平台选择建议方案，并制作汇报 PPT。
（2）进行汇报。

小提示：

在教学实施时，可分小组进行教学，实施角色扮演教学法，每个小组都是一个平台选择团队。

各小组选 1 位同学扮演"小李"，团队中所有成员都是调研者，由"小李"分工布置调研任务，大家分头行动，查找资料，进行对比汇总，然后由"小李"在组里进行总体的汇报，汇报完后大家再各抒己见，最终由团队决定所选择的平台。

同步实训

登录速卖通，了解其主要销售区域、营销模式、销售费用及用户消费特点，并完成下表。

跨境电商平台	平台销售区域	营销模式	销售费用	用户消费特点
速卖通				

习题

1. 简述阿里巴巴国际站的优势与劣势。
2. 敦煌网的盈利模式是什么？与阿里巴巴国际站、环球资源网等有什么区别？
3. 简述环球资源网的特点。
4. 简述企业选择 B2B 跨境电商平台需要考虑的因素。

任务二　B2C 跨境电商平台选择

 情境导入

小李在完成 B2B 跨境电商平台的调研任务之后,继续进行 B2C 跨境电商平台的调研,由于有了上次调研的基础,小李首先订出自己的调研方案,确定针对目前比较热门的亚马逊、速卖通、eBay 及 Wish 这 4 个 B2C 跨境电商平台开展调研,收集这 4 个主流 B2C 跨境电商平台的相关资料,调研完成后形成调研报告,并将调研结果向小凌及团队成员汇报。

 任务分析

要做好 B2C 跨境电商平台的调研,小李同样需要详细了解目前市场上主流的 4 个 B2B 跨境电商平台的平台定位、主要销售区域、面向的客户范围、盈利模式及特点,然后比较各个平台的优劣势,这样才能便于团队做出决策。

 知识链接

B2B 跨境电商平台所面对的最终客户为个人消费者。针对最终客户以网上零售的方式,将产品售卖给个人消费者。其以销售个人消费品为主,物流方面主要采用航空小包、邮寄、快递等方式,代表企业有亚马逊、速卖通、eBay、Wish 等。

一、亚马逊

(一)亚马逊简介

亚马逊公司(Amazon)是美国最大的一家网络电子商务公司,创立于 1995 年,总部位于华盛顿州的西雅图,是最早开始经营电子商务的公司之一。亚马逊公司一开始只经营网络的书籍销售业务,现在则扩及了范围相当广的其他产品。在公司名下,还包括 AlexaInternet、a9、lab126 和互联网电影数据库(Internet Movie Database,IMDB)等子公司。

亚马逊(https://www.amazon.com)及其他销售商为客户提供数百万种独特的全新、翻新及二手商品,如图书、影视、音乐和游戏、数码下载、电子和计算机、家居园艺用品、玩具、婴幼儿用品、食品、服饰、鞋类和珠宝、健康和个人护理用品、体育及户外用品、玩具、汽车及工业产品等。

2004 年 8 月,亚马逊全资收购卓越网,将自身全球领先的网上零售专长与卓越网深厚的中国市场经验相结合,进一步提升客户体验,促进了中国电子商务的成长。

目前,亚马逊已成长为一家面向全世界的公司,拥有亚马逊美国、亚马逊日本、亚马逊英国等针对不同国家和市场的平台。作为全球用户最多的网络平台,亚马逊以优质的仓储物流系统和售后服务体系闻名世界。近年来,亚马逊发展迅速,已成为全球商品品种最多的网上零售商和全球第二大互联网公司。2018 年 7 月 19 日,《财富》世界 500 强排行榜发布,亚马逊位列第 18 位。12 月 18 日,世界品牌实验室编制的《2018 世界品牌 500 强》揭晓,亚马逊排名第 1 位。2019 年 7 月,亚马逊入选 2019《财富》世界 500 强,同年 10 月,位列 2019 福布斯全球数字经济 100 强榜第 6 位,还获评了 2019 年度全球最具价值 100 大品牌榜第 3 位。

亚马逊的网站页面如图 2-5 所示。

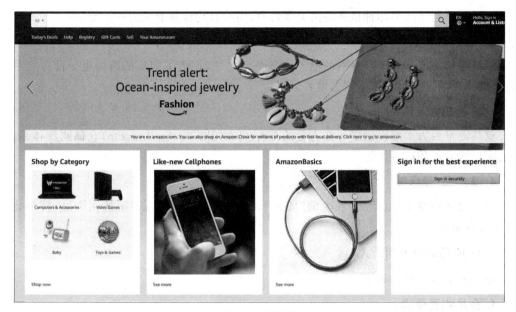

图 2-5　亚马逊

(二) 亚马逊的定位及发展规模

1. 市场定位

市场定位是从最初的网上书店转变成为综合网上零售商。从 2001 年起,把"成为最以客户为中心的企业"作为其发展目标。

2. 服务面向

服务面向全球,目前亚马逊在全球有包括中国在内的 14 个分站,分别是中国、美国、加拿大、巴西、墨西哥、英国、德国、法国、西班牙、意大利、荷兰、日本、印度、澳大利亚。

3. 会员规模

从 2018 年 2 月到 2019 年 1 月,访问亚马逊网站(包括桌面和移动)的总人数为 26.3 亿。仅 Amazon.com 就有超过 3 亿的活跃用户。仅在美国,亚马逊 Prime 会员数就超过了 1 亿。

4. 产品范围

产品多样化、全品类。亚马逊美国站有 270 万卖家,全球共有 800 万家。亚马逊目录拥有超过 1200 万种媒体、产品和服务。截至 2019 年 4 月,仅 Amazon.com 就有 119 928 851 种产品。亚马逊产品中占比最大的类别是图书,包含 4420 万种产品,电子产品是美国亚马逊用户最喜欢购买的产品类别。

5. 网站流量

根据 Alexa 网站流量查询,亚马逊日均 1.2 多亿个 UV,10 多亿次 PV。

(三)亚马逊的特点

1. 体量大、流量充足

亚马逊是全球商品品种最多的网上零售商,网站日均流量有 1.2 多亿次 UV。

2. 专业、服务高效

亚马逊作为最早基于互联网的电子商务平台之一,打造了完整的跨境电子商务交易生态链,以优质高效的服务体系闻名世界。

3. 完善的物流体系

亚马逊平台为卖家提供了非常完善的 FBA(Fulfillment by Amazon)仓储物流体系,解决卖家配送方面的后顾之忧。

4. 重产品,轻店铺

亚马逊平台基于"重产品、轻店铺"的经营理念,可使卖家具备"精品化选品、精细化经营"的经营策略。

(四)亚马逊的盈利模式

亚马逊的盈利模式如下。

1. 会员收费模式

平台会员收费即平台月租费。平台根据每月销售物品的种类、数量,将入驻企业划分为专业卖家或个人卖家,然后收取平台月租费。其中,个人卖家无须支付月租费。

2. 成交手续费

专业卖家无须缴纳商品成交手续费,个人卖家需按照每件商品成交价缴付商品成交手续费。

3. 物流费用

FBA 是亚马逊提供的代发货业务。入驻企业若采用 FBA 功能,则按照 FBA 相关标准支付费用。入驻企业若采用自主配送方式,则按照物品类别和运送方式向平台支付费用。

4. 可变结算费

对于诸如 DVD、音乐、软件和视频、游戏等媒体类商品,入驻企业需要为成功售出的每件商品支付 1.35 美元的可变结算费。

5. 大批量刊登费

平台规定卖家每月可发布 200 万美元的 SKU(库存量单位),一旦超出 200 万美元,就需要为超出的 SKU 支付大批量刊登费,超出部分每个 SKU 的费用为 0.0005 美元。

6. 退款手续费

由于卖家原因取消订单,卖家需要向平台支付一定的退款手续费。

（五）亚马逊的优势与劣势

作为全球最大的跨境电子商务企业，亚马逊跨境电商平台的主要优势如下。
（1）品牌的国际影响力强。
（2）流量大、交易快。
（3）优质的物流服务。
（4）完善的卖家服务体系。
（5）拥有完整的跨境电子商务交易生态链。

然而对企业而言，亚马逊准入门槛较高，有很大的开店风险。

二、速卖通

（一）速卖通简介

全球速卖通（https://www.aliexpress.com）是阿里巴巴旗下面向全球打造的在线交易平台，于2010年4月上线，旨在助力中小卖家及企业消除国际终端批发零售环节，小批量、多批次快速销售，以拓展利润空间，是融订单、支付和物流于一体的外贸在线交易平台，被广大卖家称为国际版"淘宝"。速卖通网站如图2-6所示。

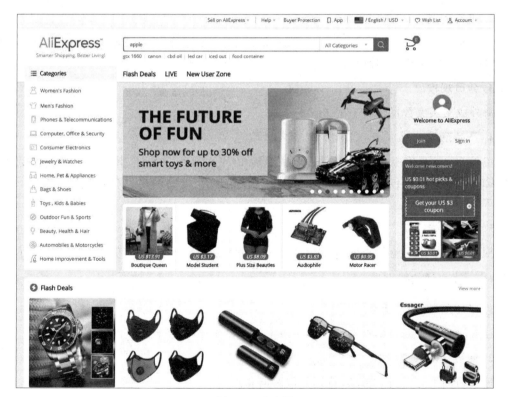

图2-6　速卖通

全球速卖通与C2C淘宝、B2B 1688批发网、B2C天猫商城以及B2B阿里巴巴国际站都隶属于阿里巴巴集团。全球速卖通面向海外买家，通过支付宝国际账户进行担保交易，并使用国际快递发货。全球速卖通以互联网为基础，通过缩短和优化外贸商品供应链，帮助中国商家开拓市场,获得更多的利润。经过多年的迅猛发展,全球速卖通覆盖230多个国家和地区的海外买家,涉及服装服饰、3C(信息家电)、家居和饰品等30个一级行业类目,在线商品数量达到亿级,每天海外买家数以万计。

在全球速卖通上有3类物流服务,分别是邮政大小包、速卖通合作物流以及商业快递,站内90%的交易使用的是邮政大小包。因而,全球速卖通平台比较适宜通过网络销售并通过航空快递运输的商品,这些商品一般符合以下条件。

(1) 体积较小,方便以快递方式运输。

(2) 附加值较高,价值低过运费的单件商品不适合单件销售,可以打包出售。

(3) 商品需要独具特色,不断刺激买家的购买。

(4) 价格较合理,在线交易价格若高于产品在当地的市场价,就无法吸引买家在线下单。

(二)速卖通的定位及发展规模

1. 市场定位

国际版"淘宝",助力中小卖家及企业消除国际终端批发零售环节,直接把商品卖给消费者。

2. 服务范围

服务面向全球,覆盖全球230个国家和地区,主要交易市场为俄罗斯、美国、西班牙、巴西、法国等,支持世界18种语言站点。

3. 会员规模

海外成交买家数量突破1.5亿。

4. 产品范围

覆盖3C(信息家电)、服装、家居、饰品等共30个一级行业类目,其中优势行业主要有服装服饰、手机通信、鞋包、美容健康、珠宝手表、消费电子、电脑网络、家居、汽车摩托车配件、灯具等。

5. 网站流量

根据Alexa网站流量查询,速卖通日均3400多万个UV,2.96多亿次PV。

(三)速卖通的特点

1. 操作简单,易于上手

速卖通整个页面简单整洁,中、英文版都便于操作非常适合新人上手。

2. 侧重于新兴市场

速卖通侧重点在新兴市场,特别是俄罗斯和巴西。

3. 低价策略,同质竞争严重

速卖通导入大量的淘宝卖家,对价格比较敏感,低价策略比较明显。

总体来说,速卖通适合跨境新人,尤其是产品特点符合新兴市场的卖家。

(四) 速卖通的盈利模式

1. 佣金

卖家就享受的信息技术服务按照其订单销售额的一定百分比缴纳佣金,各类目交易佣金标准不同。平台仅针对最终成交的订单金额收取佣金,如订单取消、卖家退款,佣金将按相应比例退还。

2. 保证金

2019年11月27日前,卖家按入驻类目缴纳技术服务年费;2019年11月27日后入驻,则无需向速卖通缴纳年费,但是应缴存保证金或提供履约担保,如有违规行为,则按标准扣除保证金。如卖家主动关闭店铺、账号,被速卖通清退,或出现其他平台规则规定的终止情形,且连续三个月内没有未完结的交易、未处理完毕的任何投诉、处罚或纠纷时,速卖通将在十个工作日内通知支付宝主体并将保证金余额归还至企业支付宝账户中。

(五) 速卖通的优势与劣势

速卖通跨境电子商务平台的主要优势如下。
(1) 进入门槛低,交易活跃。
(2) 交易流程手续简便。
(3) 平台交易手续费率低。
(4) 丰富的淘宝产品资源。

速卖通跨境电子商务平台的主要劣势如下。
(1) 国际信誉度低。
(2) 支付能力弱。
(3) 客户服务专业水平低。

三、eBay

(一) eBay简介

eBay(https://www.ebay.com)集团于1995年9月4日由Pierre Omidyar创立于加利福尼亚州圣荷西,是全球商务与支付行业的领跑者。eBay集团旗下有在线交易平台eBay、在线支付工具PayPal和为全球企业提供零售渠道的eBay Enterprise三大主要业务。其中,eBay在线交易平台为全球民众提供跨国电子商务交易服务,世界上几乎每个国家的民众均可通过eBay实现在线交易。2015年4月,PayPal和eBay正式拆分。2018年2月,eBay宣布终止与PayPal的合作关系,平台支付转由荷兰支付公司Adyen接手。PayPal在线支付工具使得世界各地的交易双方能够实现网上安全、快捷的电子支付,是全球最大的在线支付服务商。eBay Enterprise商务服务平台则为世界不同规模的企业提供多渠道商务、多渠道零售以及数字营销等优质服务。

eBay(中文简称易贝)是一个可让全球民众上网买卖物品的线上拍卖及购物网站,网站页面如图2-7所示,是全球最大的跨境电子商务平台之一,为个人用户和企业用户提供了交易安全、自动化的网络贸易交易平台。卖家拥有eBay账户,可在eBay平台上的全球49个站点销售产品,实现"卖向全世界,轻松赚美金"。

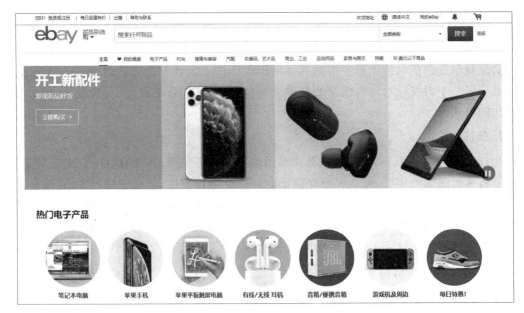

图 2-7　eBay 中国站

目前,eBay 已有 141 亿个注册用户,有来自全球 29 个国家和地区的卖家,每天都有涉及几千个分类的几百万件商品成功销售,是世界上最大的电子集市之一。2017 年 6 月 6 日,《2017 年 BrandZ 最具价值全球品牌 100 强》公布,eBay 名列第 86 位。2018 年 7 月 25 日,eBay 终止与长期支付伙伴 PayPal 的合作,宣布与后者的竞争对手苹果和 Square 达成新的伙伴关系。2018 年 12 月 20 日,2018 世界品牌 500 强排行榜发布,eBay 位列第 47 位。2019 年 10 月,2019 福布斯全球数字经济 100 强榜位列第 64 位。2019 年 10 月,Interbrand 发布的全球品牌百强榜中,eBay 排名第 44 位。

eBay 平台以其独特的销售方式在各跨境电商务平台的竞争中赢得了一席之地。eBay 平台共包含拍卖、一口价和"拍卖＋一口价"三种物品销售方式,分别介绍如下。

1. 拍卖

以"拍卖"方式刊登物品是 eBay 卖家常用的销售方式。卖家通过设定物品的起拍价及在线时间拍卖物品,并以下线时的最高竞拍金额卖出,出价最高的买家即为物品的中标者。在 eBay 上以低起拍价的方式拍卖物品,是激起买家兴趣、使其踊跃竞拍的最好途径。而且在搜索排序规则中,即将结束的拍卖物品还会在"Ending Soonest(即将结束)"排序结果中获得较高排名,得到更多的免费曝光机会。

拍卖的形式虽然好,但并不是所有的产品都适合拍卖,适合拍卖的产品主要有以下特点。

(1) 有特点的产品,明显区别于市场上常见的其他产品,并且是有市场需求的。

(2) 库存少的产品。

(3) 销售者非职业卖家,只是偶尔来销售产品。

(4) 无法判断产品的准确价值时,可以设置一个能接受的起拍价,由市场决定最终价格。

2. 一口价

以"一口价"方式销售的物品在线最长时间是 30 天,可以让产品有充分的展示时间。适合一口价方式的产品主要具有如下特点。

(1) 有大量库存的产品。

(2) 有丰富的 SKU,可以整合到一次刊登中。

(3) 需要长时间在线销售的产品。

(4) 卖家希望有固定可控的利润的产品。

3. "拍卖+一口价"组合形式

"拍卖+一口价"是指卖家采用拍卖形式销售产品,在选择"拍卖方式"设置起拍价的同时,再设置一个合理的"保底价",让买家可根据自己的需求灵活选择购买方式。其实,"保底价"就是"一口价"。"拍卖+一口价"的组合形式综合了二者的优势,能够给卖家带来更多的商机。

"拍卖+一口价"作为一种灵活的销售方式,适用于下列情况。

(1) 卖家销售的产品种类多,希望同时吸引那些想要通过竞拍达成交易的买家以及其他更倾向于选择方便的"一口价"交易的买家。

(2) 卖家希望尽可能扩大买家对库存商品的需求,并通过竞拍和"一口价"刊登方式来帮助竞拍者和买家了解卖家的其他产品或店铺。

采用"拍卖+一口价"销售方式的卖家需要注意,产品刊登后不能修改销售形式。特定情况下,卖家可以增加、编辑或移除拍卖的"一口价"功能。

目前,eBay 在全球 49 个国家与地区拥有分站点,不同的 eBay 站点,资费不同,入驻卖家需要选择适合自身的 eBay 站点。同时,为了更好地管理卖家,eBay 规定了平台卖家标准和卖家等级。卖家评级体系分为如下 4 个维度,简称为 DSR(Detail Seller Rating)。

(1) 物品描述与实物之间的差异(Item as Described)。

(2) 沟通质量及回应速度(Communication)。

(3) 物品运送时间的合理性(Shipping Time)。

(4) 运费及处理费的合理性(Shipping and Handing Charges)。

卖家服务评分是 5 分制,以 5 个星代表分数,5 分最高,1 分最低。交易成功后,买家可以选择给卖家打分。卖家服务评分以五角星的形式显示在卖家的信用评价档案里,星星后面的数字表示该项有效评价数,如图 2-8 所示。

DSR 评分有助于卖家了解店铺的服务表现,也是买家评判卖家产品质量和服务的参考依据,有助于提升买家的购物体验。eBay 会奖励提供优质服务的卖家,给予其更高的产品曝光度。对于 DSR 分值低的卖家,平台则会施予相应的惩罚。但是,卖家服务评级是选填项,由购物的买家决定是否进行评级。

对于评分高的卖家,DSR 评分体系会提升买家购买率;对于评分低的卖家,则会造成买家流失。为了帮助卖家专注于提升那些真正影响顾客满意度的重要因素,也为了进一步维护网络平台交易的公平、公正,eBay 于 2014 年推出新的卖家表现衡量方法 Defect Rate。Defect Rate 即不良交易率,是指卖家不良交易占卖家所有成功交易的比例,旨在对卖家表现进行更为公平、公正、合理的打分。

图 2-8　卖家服务评分

不良交易的发生显然会减少买家购买甚至导致买家流失。不良交易主要表现为 Item as Described、Shipping Time、留言评级、退货、取消交易和纠纷等方面。其中，Item as Described 是指物品与描述相符，若买家对该项给予 1 分、2 分或 3 分的评级，则该项属于不良交易；Shipping Time 是指运送时间，若买家在该项给予 1 分评级，则该项属于不良交易；若买家的留言评级为中评或差评，则该项属于不良交易；若买家由于 Item as Described 原因退货，则该项属于不良交易；若由于卖家过失而导致交易取消，则该项属于不良交易；若买家通过 eBay 买家保障或 PayPal 购物保障开启了"物品未收到"或 Item as Described 的纠纷，则该项属于不良交易。

一般来说，不良交易率越低，卖家物品刊登在最佳匹配搜索结果中的排名就越靠前。与 DSR 评分一样，不良交易率也会影响 eBay 平台对不同卖家的奖惩。若卖家保持较低的不良交易率，eBay 会奖励卖家在最佳匹配搜索结果中获得更加有利的排名，优质的服务记录可以带来更高的曝光率，增加潜在销量。与 DSR 评分不同的是，买家不会看到卖家的不良交易率。

自 eBay 推出 Defect Rate 方法后，平台对卖家规定了以下最低标准。

(1) 在考核期内，卖家不良交易率不得超过 5%。

(2) 在考核期内，卖家的未解决纠纷率不得超过 0.3%。

eBay 平台对卖家的评估周期规定如下。

(1) 卖家过去 3 个月交易不低于 400 笔时，评估期为过去 3 个月。

(2) 卖家过去 3 个月交易不足 400 笔时，评估期为过去 1 年。

卖家须知，只有当评估期内的不良交易来自至少 5 位不同买家时，才会影响账号的优秀卖家评估；只有当评估期内的不良交易来自至少 8 位不同买家时，才会影响账号的合格卖家评估。

任何一个跨境电子商务平台都有其独特的搜索排名机制，eBay 采用的是最佳匹配搜索排名，称为 Best Match。Best Match 作为 eBay 平台默认的商品搜索排序标准，可帮助买家找到真正需要的商品，可助力卖家将商品展示在买家面前。

卖家在 Best Match 的排名是由其提供的产品和服务质量共同决定的，涉及的考量因素如下。

(1) 最近销售记录。定价类商品的最近销售记录是衡量卖家一条列示清单中,有多少商品为不同的买家所购买。商品近期销售记录越多,越能取得曝光度。

(2) 即将结束时间。即将结束时间是指距离拍卖类商品下架所剩的时间。

(3) 卖家评级。DSR 包括商品描述、沟通、货运时间和运费。优秀评级卖家的商品一般排名较为靠前。

此外,还有买家满意度、商品标题相关度、商品价格及运费等因素。

(二) eBay 的定位及发展规模

1. 市场定位

专注于与卖家展开深入的合作,致力于做一个专业的交易市场。通过打造快速、移动和安全的产品体验,为买家和卖家建立更紧密的联系。

2. 服务面向

服务面向全球,在全球 49 个国家和地区拥有分站点,比较重要的站点位于美国、加拿大、英国、德国和澳大利亚。

3. 会员规模

拥有来自全球 190 个国家和地区的 141 亿注册用户,1.77 亿个稳定买家。

4. 产品范围

全品类,比较热门的品类有电子产品类、时尚类、汽车、摩托车配件类、家居及园艺类、商业和工业品类,有 11 亿个在线产品链接。

5. 网站流量

根据 Alexa 网站流量查询,eBay 网站日均 3200 多万个 UV,2.26 多亿次 PV。

(三) eBay 的特点

1. 低门槛

相较于在亚马逊开店来说,eBay 开店的门槛较低。

2. 销售方式独特

eBay 的销售方式多样,商家可以有更多的选择。

3. 完善的卖家评级体系

eBay 的卖家评级体系全面、完善,排名相对公平、公正。

4. 专业客服服务

对卖家来说,eBay 具有专门的客服,可通过电话或者是网络会话的形式进行沟通交流。

(四) eBay 的盈利模式

eBay 是世界上最大的拍卖网站,也是跨境 B2C 电子商务平台的典型代表。其具体盈利方式如下。

1. 刊登费

入驻企业刊登产品,需要向平台支付产品刊登费,刊登费因产品类别不同而不同。

2. 成交手续费

刊登物品成功售出后,需要按照成交价的一定比例向平台交付相应的费用。

3. 特色功能费

入驻企业刊登产品时,可以通过付费获取平台提供的特色功能。

4. 店铺费

入驻企业开设店铺需向平台支付店铺费。店铺的月租费和平台站点、店铺级别有关。

(五) eBay 的优势与劣势

eBay 跨境电子商务平台的主要优势如下。

(1) 品牌的国际影响力强。

(2) 入驻平台门槛低、买家多。

(3) 交易便利、利润高。

(4) 优质的商家服务与保护体系。

eBay 平台的主要劣势如下。

(1) 收费相对较高。

(2) 经营的产品品牌相对较杂。

(3) 物流与供应链服务有待提高。

四、Wish

(一) Wish 简介

2011 年 9 月,硅谷的两位技术精英 Peter Szulczewski 和 Danny hang 以其前沿的技术创意和敏锐的商业嗅觉,创办了移动跨境电子商务平台 Wish。

Wish 最大的优点是将全球价廉、物美、质优的产品以精准推荐的方式展示在用户的移动端,让用户利用碎片化的时间快速浏览和订购产品,由此创造了一种深受欧美大众特别是欧美年轻人喜爱的产品消费文化。

Wish 鲜明且脍炙人口的口号 Shopping Made Fun 所倡导的微发型消费理念,深深地吸引了大批消费者,其应用的下载量和产品交易量出现了爆发性增长。2013 年 Wish 加入产品交易系统,正式进入跨境电子商务领域,2014 年在中国成立全资子公司,2015 年上线多款垂直购物应用软件,获得高达 5 亿美元的融资。截至 2016 年年底,Wish 继续保持北美最大移动电子商务平台的市场地位,并且跻身为全球第六大电子商务平台。

Wish App 面向安卓和苹果移动通信设备,主要分为 Wish 综合购物 App、Mama 母婴类购物 App、Cute 彩妆类购物 App、Home 家居类购物 App 和 Geek 电子产品类购物 App 等。

Wish 的战略目标是力争成为全球第二或第三家销售额突破万亿美元的公司,争取超越阿里巴巴并与亚马逊展开争夺。同时,Wish 通过 Geek、Mama 和 Cute 等垂直应用的上线,展开对新生移动跨境电子商务平台的防御,意图成为面向欧美国家销售优廉商品的领先者。

Wish 的营销策略是通过采用降低网站门槛、免费注册店铺的创新模式吸引大量卖家注册用户成为会员,汇聚商流,活跃市场,创造商机。Wish 对平台消费者采用"宽松容忍"的原则,只要消费者提出退款,基本都能通过。因此,Wish 平台吸引了大量的用户注册。

对于有意向加入 Wish 平台的卖家,在选品方面需要注意以下几点。

(1) Wish 平台严格把控产品发货的时效性,卖家应选择拥有稳定货源的商品。

(2) 卖家可以参考热门收藏品。

(3) 卖家需要明确公司或店铺的定位,选择相应的商品。

(4) 卖家需要了解目标客户群的需要,做到有的放矢。

Wish 平台的境外买家呈现以下特点。

(1) 高达一半以上的用户分布在美国和加拿大地区。

(2) 用户年龄主要为 15～30 岁的年轻人。

(3) 潜在买家的经济能力主要表现为年收入 8 万美元以上,且常在沃尔玛购物。

(4) 潜在买家的男女性别比例大约为 1∶4。

(5) 潜在实家对商品的侧重点在于商品是否物美价廉,适合使用。

对于目前入驻 Wish 平台的卖家情况,主要总结为以下两点。

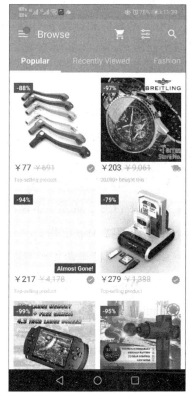

(1) Wish 平台的入驻卖家多为中小规模的卖家,极少有大型品牌商。

(2) 一半以上的卖家来自中国,主要分布在深圳、广州、金华、义乌、上海、杭州、宁波、青岛、温州、东莞及北京等城市。

目前,Wish 的物流方式主要有以下四种。

(1) E 邮宝。E 邮宝是中国邮政与支付宝最新打造的一款国内经济型速递业务,专为中国个人电子商务所设计,采用全程陆运模式,其价格较普通 EMS 有大幅度下降,大致为 EMS 的一半,但其享有的中转环境和服务与 EMS 几乎完全相同。Wish 采用的 E 邮宝,主要针对美国地区。

(2) 瑞士/荷兰邮政。主要针对欧洲大部分地区。

(3) 顺丰小包。顺丰速运是目前中国速递行业中投递速度最快的快递公司之一。Wish 采用顺丰小包,覆盖美国和加拿大在内的 28 个国家和地区。

(4) Wish 邮。Wish 邮是 Wish 与上海邮政联合推出的全新跨境物流模式。

图 2-9　Wish App 首页

Wish App 首页如图 2-9 所示。

(二) Wish 的定位及发展规模

1. 市场定位

专注于移动购物的跨境 B2C 电商平台,将社交、娱乐与交易融于一体。

2. 服务面向

面向全球,主要用户集中在美国、加拿大。

3. 会员规模

有3亿多移动用户,日活跃用户达1000多万人。用户年龄主要为15~30岁的年轻人。

4. 产品范围

主要销售类目是服装服饰,包括女装、男装、美妆、配饰。

5. 交易量

日均订单达200多万单。

(三) Wish 的特点

1. 专注产品展示与个性化推荐

Wish平台通过机器系统自动检测和人工审核两种方式,对所有上传的商品进行逐一审核。

Wish平台的独特性表现在:Wish淡化了品类浏览和搜索,去掉促销,专注于关联推荐;针对不同国家,Wish采用本地语言进行本土化网站的建设,简单、可读且具有亲和力。另外,Wish的物流体系和配送体系也越来越完善,提供了各种服务,使得用户更加信任该平台。

2. 无障碍连接用户和内容

这个特点是Wish平台的核心价值,对于大小品牌一视同仁,品牌对于Wish而言相当于一个属性。

3. 根据用户喜好进行产品推送

Wish平台的产品大多不是品牌,因此价格相对较低,通过低价获得大量年轻人的青睐。

4. 移动购物 App 应用

App的应用使得购买者可以利用大量的碎片时间,随时随地进行购物。

(四) Wish 的盈利模式

Wish的主要收入来自卖家佣金,即卖家在出售商品之后,Wish平台收取这件商品收入的15%作为佣金。商家入驻Wish不收取平台费,也不需要缴纳保证金、押金,更不用交推广费用。商家上传商品后,Wish App会根据卖家的商品进行定向推送。如果商品未售出,则Wish不会产生佣金。"不收平台费,按交易额收佣金"的策略,将平台和卖家的利益绑定在一起,有效地消除了卖家对推荐算法的不信任。

平台入驻企业在交易成功后,需要向平台缴纳佣金。通常,Wish根据销售额收取10%~15%的佣金。

(五) Wish 的优势与劣势

Wish作为移动跨境电子商务平台的领先者,采用智能推送技术,改变了游戏规则,引领了未来移动商务的潮流,其主要优势如下。

(1) 采用智能推送技术,专注于产品展示与个性化推荐,极大地增强了用户黏性。

(2) 针对不同国家,平台采用当地语言进行网站的本土化建设,具有亲和力。

(3) 与其他平台相比,其移动电商的优势明显。

(4) 成单率高,利润也高于传统电商平台。

Wish跨境电子商务平台的主要劣势如下。

(1) 进入市场晚,品牌影响力不大。

(2) 客户服务体系有待健全。

(3) 对消费者采用"宽松容忍"原则,却无法相应保证卖家的利益。

五、企业选择B2C跨境电商平台的策略

企业尤其是刚刚准备进入跨境电商行业的中小企业来说,对B2C跨境电商平台的选择应该是贵在"精"而不在"多",要选择适合的平台,而不是撒网式地全面铺货。很多企业根本无力同时顾及多家平台的注册、铺货、咨询、物流等业务,因此,建议走以专补缺、以小补大、专精致胜的平台选择之路。企业可以结合自身优势,考虑各平台上千变万化的消费需求,以一个平台为突破口,先找一个能发挥企业自身优势的细分市场来经营,在有了固定的收益和流量后,再开拓新的B2C跨境电商平台,从而循序渐进地获得成功。企业选择B2C跨境电商平台的策略主要有以下三点。

(一) 根据企业自身优势选择平台

企业首先要明确自身优势,再根据自身优势选择相匹配的平台,没有最好的平台,只有最适合的平台,企业需要通过自身优势与B2C跨境电商平台优势的互补才能成功。如果中小零售企业的商品具有价格优势,可以首选全球速卖通;如果中小零售企业的商品质量好、供应链具有优势,可以选择亚马逊;如果中小零售企业的商品"鹤立鸡群、别具一格"可以选择eBay;如果中小零售企业的商品主要适合在移动网络上推举,则可重点考虑Wish。

(二) 根据企业产品定位选择平台

平台各有优劣,企业各有千秋,若企业产品质量高端,针对欧美等高消费群体,则可考虑亚马逊或eBay;若企业物美价廉,具有批次多批量小的特点,针对新兴市场,则可考虑全球速卖通;若企业科技含量高,产品新颖,针对青年消费群体,则可考虑Wish。中小零售企业只有确定了产品定位,才能有的放矢地选择B2C跨境电商平台,才能拥有忠实的客户群体。

(三) 根据企业所需的服务选择平台

电商平台各有千秋,对入驻的中小零售企业的服务项目和服务标准也各不相同。比如,全球速卖通对新入驻的跨境新人有扶持,而eBay较为倾向买家,如果发生不良交易,则有被关店的危险。再如,全球速卖通和亚马逊都具有物流体系,可以减少中小零售企业的差评风险,而Wish则对新产品会大力扶持,不但给新产品更多流量倾斜,而且会给业绩好的产品加钻。

总之,企业在选择B2C跨境电商平台时,可以从企业自身优势、企业产品定位、企业所需的服务三个方面入手,找到合适的平台,再加上适宜的营销策略,才能在当前这个竞争激烈的国际市场中占据一席之地。

任务实施

一、拟订调研方案

确定调研时间、调研对象及调研内容,调研内容应包括平台简介、特点、盈利模式、优劣

势等方面。

二、开展调研，着手收集资料

1. 平台简介

（1）各 B2C 跨境电商平台的简要情况。
（2）各 B2C 跨境电商平台的市场定位及特点。
（3）各 B2C 跨境电商平台的主要销售市场及主推产品类别。
（4）各 B2C 跨境电商平台的流量。

2. 平台的盈利模式及优劣势分析

（1）各 B2C 跨境电商平台的盈利模式。
（2）各 B2C 跨境电商平台的优劣势。

三、调研结果分析

对调研内容进行提炼，从平台的主要销售市场、主推产品类别、消费者、流量、营销模式、营销费用、优劣势等多方面进行比较分析，可使用列表的方法。

四、向团队进行汇报

（1）形成平台选择建议方案，并制作汇报 PPT。
（2）进行汇报。

小提示：

在进行 B2C 跨境电商平台的费用比较时，除了要考虑平台费用、营销费用外，还要重点考虑物流成本，因为跨境电商新手大多没有海外仓，多采用自发货的形式，无论是采用邮政小包或是 E 邮宝等，物流成本都会是比较大的费用。

同步实训

请比较亚马逊、速卖通、eBay、Wish 四个 B2C 跨境电商平台的主要销售区域、营销模式、销售费用及用户消费特点，并完成下表。

跨境电商平台	平台销售区域	营销模式	销售费用	用户消费特点
亚马逊				
速卖通				
eBay				
Wish				

习题

1. 简述亚马逊的盈利模式。
2. 商品需符合什么条件才适合在速卖通跨境电商平台上销售？
3. 什么样的商品适合采用拍卖的形式在 eBay 上销售？
4. 简述 Wish 在商品浏览与推荐方面与其他跨境电商平台的不同之处。

任务三　新兴市场国家跨境电商平台选择

情境导入

在完成B2B、B2C两大主流跨境电商平台的调研任务之后，小李发现，随着我国"一带一路"建设的推进，"丝路电商"助推电商国际合作深入发展，在北美、欧洲等传统市场之外，一些针对新兴市场的跨境电商平台也应运而生。这些针对新兴市场国家的跨境电商平台目前经营状况如何？是否可以作为公司下一步发展的目标？带着这些疑问，小李踏上了调研新兴市场国家跨境电商平台调研之旅。

任务分析

区别于主流跨境电商平台面向全球的战略布局，新兴市场国家跨境电商平台一般定位于某个重点区域或国家，因此，要做好新兴市场国家跨境电商平台的调研，小李除了要详细了解跨境电商平台的相关情况，还要了解其所面向的区域或国家的风土人情、消费习惯等。

知识链接

近年来，伴随跨境电商的发展，在亚马逊、eBay、Wish等主流跨境电商平台之外，也出现了一些专门针对新兴市场国家的跨境电商平台，这些新兴的跨境电商平台绝大多数主攻东南亚、俄罗斯、非洲等地的新兴市场，电商发展潜力巨大。

一、东南亚

东南亚市场是继中国、印度之后最具潜力的电商市场之一。根据统计数据，整个东南亚各国的GDP之和约为中国的1/4，人口数量是中国的1/2，人均消费水平是中国的1/2，平均经济增长率超过6.5%。随着智能手机的普及，东南亚的互联网渗透率与日俱增，网购的需求量也日趋增大。很多中国产品在东南亚市场备受欢迎，比如服饰、首饰、家居产品和数码产品等。

泰国消费者的社交活跃度较高，喜欢分享，喜欢参与互联网活动，同时也喜欢网购。泰国是热带国家，所以泰国人非常喜爱夏威夷风的服饰，喜欢太阳镜、配饰、沙滩鞋和短裤。

新加坡是发达的工业国家，国民素质高且平均收入水平高，主力消费群体在24～35岁。新加坡的互联网渗透率极高，所以网购的潜力巨大。

马来西亚是现代和传统并存的国家，马来西亚人很喜欢使用智能手机，马来西亚是东南亚智能手机普及率最高的国家，马来西亚人很喜欢网购，也很喜欢购物分享，所以社交电商未来在马来西亚的发展空间很大。

印度尼西亚手机覆盖率达124.3%，仅次于中国、美国、印度，是全球第四大移动市场。印度尼西亚的移动支付和信用卡支付都很便利，而且其互联网用户相对年轻，接受新鲜事物较快。

目前,东南亚电子商务交易额仅占社会零售总额的约2%,而中、美已经达到约20%。东南亚电商存在着巨大的增长空间。

东南亚最具代表性的电商平台是Lazada和Shopee。根据Iprice发布的2019年第4季度东南亚电商平台的相关数据,这两个平台在东南亚各国中的排名基本处于前两名,具体情况如表2-1所示。

表2-1 Lazada和Shopee在东南亚主要国家的排名情况表

国　　家	平　　台	平台月访问量/万次	排　　名
马来西亚	Lazada	1894	2
	Shopee	2892	1
新加坡	Lazada	987.33	1
	Shopee	592.33	3
泰国	Lazada	4136.33	1
	Shopee	2928.33	2
菲律宾	Lazada	3873.33	1
	Shopee	2536.67	2
印度尼西亚	Lazada	2838.33	4
	Shopee	7297.33	1
越南	Lazada	2703	3
	Shopee	3798.33	1

（一）Lazada（来赞达）

Lazada于2012年3月诞生,总部设在新加坡,仅用了3年时间便发展成为东南亚最大的跨境电子商务平台,在印度尼西亚、马来西亚、菲律宾、新加坡、泰国以及越南六大主要经济体均设有分支机构。

Lazada平台上拥有大量的产品,种类涵盖电子产品、家庭用品以及时装。东南亚地区是世界上最大的智能手机市场之一,移动客户端交易额占全球电子商务交易总额的40%,这是东南亚地区电子商务发展的一个关键优势。有着"东南亚亚马逊"之称的Lazada,可以看作是亚马逊与移动电商Wish的创新结合体,它同时拥有PC端和移动端的Lazada平台,正在席卷全球的移动互联网浪潮,吸引了众多商家入驻。2014年,Lazada平台销售额超过3.5亿美元,2015年突破13亿美元。2016年4月16日,中国互联网巨头阿里巴巴宣布收购Lazada的控股权,这项收购花费约10亿美元。

就入驻Lazada平台的3万商家而言,入驻商家之间的竞争程度相对较低。若国内入驻Lazada的商家能够悉心培养,未来将会获得巨大收益。一般情况下,新入驻商家只能在马来西亚站开店,而越南站不对中国商家开放。

2015年,Lazada携手全球电商解决方案领导者ESG,共同发力东南亚市场,旨在帮助中国跨境电子商务更快速、更精准地切入东南亚这片待挖掘的跨境蓝海。ESG集团是电子商务解决方案的领导者,提供全球开店、物流仓储、支付收款、ERP 管理系统、平台培训、平台运营、促销引流、品牌出海等一站式跨境电子商务服务。

消费者可以实现随时随地访问 Lazada 平台,访问方式既可以是 PC 端,也可以是移动端。

Lazada 拥有 6 个分站,其马来西亚站首页如图 2-10 所示。

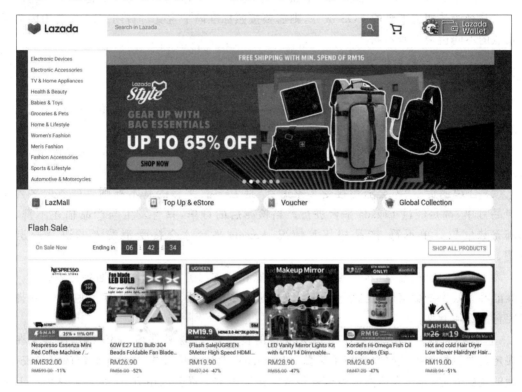

图 2-10　Lazada 马来西亚站首页

1. Lazada 的定位及发展规模

(1) 市场定位。东南亚最大的区域性电商交易平台,同时拥有 PC 端和移动端。

(2) 服务面向。面向印度尼西亚、马来西亚、菲律宾、新加坡、泰国以及越南 6 个东南亚国家,并分别设有分站点。

(3) 会员规模。5.5 亿个注册用户,日均用户访问量高达 600 万人,拥有超过 3 万个商家。

(4) 产品范围。Lazada 主要经营 3C 电子产品、家居用品、玩具、时尚服饰、运动器材等。

2. Lazada 的特点

(1) 专注。Lazada 专注于东南亚市场,重点是印度尼西亚、马来西亚、菲律宾、新加坡、泰国以及越南 6 个东南亚国家。

(2) 保障卖家权益。Lazada 平台通过"合理罚款""合理退货"等相关规定,为卖家提供了完善的保障制度。

3. Lazada 的盈利模式

Lazada 的盈利模式如下。

（1）佣金。Lazada 平台根据经营产品类目的不同，设置了交易佣金的比例。

（2）成交手续费。只要有商品成交，企业就需要向平台缴纳 2% 的成交手续费。

（3）物流费用。LGS 是 Lazada Global Shipping 的简称，是 Lazada 平台指定的物流平台。入驻企业若使用平台的 LGS 服务，则需要按照标准向平台支付费用。LGS 费用因为平台站点的不同也会有所不同。

4. Lazada 的优势与劣势

Lazada 平台旺盛的生命力来源于以下几点优势。

（1）合理罚款。与国内部分跨境电子商务平台不同，Lazada 平台采用"不会任意罚款"的原则，不会"唯顾客至上"，不会让商家接受"任意罚款"。

对于违反平台规定操作的商家，Lazada 平台的罚款措施是降低其产品订单的数量，或者暂停店铺，通过让其接受培训的方式来规范销售行为。

（2）合理退货。"不会随意接受买家退货"是 Lazada 平台的基本准则。Lazada 平台中的产品订单，都是经过 Lazada 平台进行严格检测后的订单，只有发生与产品描述不符、产品邮寄数量与订单不符、产品损坏等情况，Lazada 平台才会接受消费者的退货或退款申请。

为了保证卖家权益，Lazada 平台在收到买家在线支付的货款后，才会通知卖家发货。这样既能够有效保护卖家面临的资金风险，又能进一步提升顾客索赔的严谨力度，为卖家提供了完善的保障制度。

（3）及时付款。Lazada 平台与 Payoneer 的良好合作，能够保障卖家权益，使卖家在平台规定的付款周期内及时收到订单货款。Payoneer 是主流跨境电子商务平台认可的安全、快速的收款通道，为卖家提供提款到银行或实体卡等多个资金取用方式，是企业从海外 B2C 平台轻松高效收款的选择。

在 Lazada 平台上，一旦平台系统及专业人员追踪到订单已经被签收，货款就会在次周周五之前直接打入卖家的 Payoneer 账户。卖家可以将货款从 Payoneer 账户直接提取到私人账户。此外，Lazada 平台还提供了货到付款等多种付款方式。

Lazada 跨境电子商务平台的主要劣势表现为物流程序相对比较烦琐、退货成本较高。

（二）Shopee（虾皮）

Shopee 于 2015 年在新加坡成立并设立总部，随后拓展至马来西亚、泰国、菲律宾、印度尼西亚、越南及中国台湾地区，共 7 大市场，是东南亚与中国台湾地区领航电商平台。Shopee 社群媒体粉丝数量超过 3000 万人，拥有 700 万个活跃卖家，员工超 8000 人，遍布东南亚及中国，是东南亚发展最快的电商平台，也是国货出口东南亚的首选平台。

Shopee 隶属于母公司 Sea。Sea 由华人创业家 Forrest Li 于 2009 年创立于新加坡，覆盖新加坡、马来西亚、菲律宾、越南、印度尼西亚、泰国和中国台湾地区几大市场，旗下包括网络游戏品牌 Garena、电商平台 Shopee 与数字支付服务 AirPay。Sea 于 2017 年 10 月在纽约证券交易所上市，是首间于纽交所上市的东南亚互联网企业。

Shopee 自成立起，一直保持成长。2018 年，Shopee GMV 达到 103 亿美元，同比增长

149.9%。2019年第一季度，Shopee季度GMV同比增长81.8%，总订单数同比增长82.7%，App下载量超过2亿次。

App Annie发布的《2019移动市场报告》显示，2018年Shopee在全球C2C购物类App中下载量排名第一；iPrice Group与App Annie合作调查的2019年第一季度东南亚电商报告显示，Shopee凭借PC端和移动端共1.84亿次的访问量，成为2019年第一季度东南亚地区访问量最大，且唯一流量呈正增长的电商平台。

Shopee于2016年1月在中国深圳和中国香港地区设立办公室，开展跨境业务，为中国跨境卖家打造一站式跨境解决方案，提供流量、物流、孵化、语言、支付和ERP支持。2017年7月设上海办公室，服务华东市场。2018年11月，Shopee与义乌市达成战略合作，在新加坡站点开设"义乌馆"，于App首页设立义乌专区入口，为卖家提供流量支持，并在义乌建立"Shopee跨境物流集货仓"，与义乌工商学院开展校企合作，联合设立"Shopee跨境电商学院"，培养东南亚跨境电商人才。2019年4月，Shopee与厦门市达成战略合作，于厦门成立全国首个Shopee跨境孵化中心，设立专属海西经济区的SLS福建转运仓（Shopee Logistics Service，Shopee自建物流），将海西经济区正式纳入2019年战略版图。2019年6月，Shopee与杭州市达成战略合作，与杭州跨境电子商务综合试验区建设领导小组办公室联手，S在杭州落地Shopee杭州孵化中心，合作共建Shopee杭州物流中心，落地"双帆计划"推动人才培养，并于新加坡设立"杭州馆"提供流量扶持，共建数字丝路"新杭线"。

Shopee拥有7个分站，其新加坡站首页如图2-11所示。

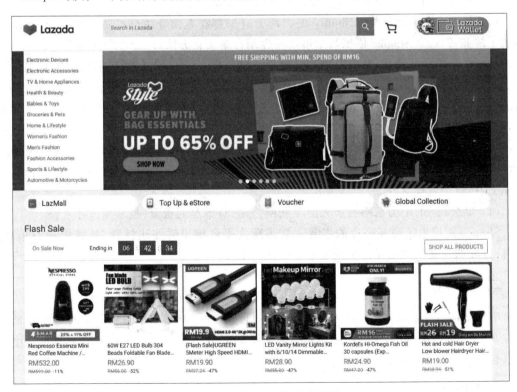

图2-11　Shopee新加坡站首页

1. Shopee 的定位及发展规模

（1）市场定位。以社交为先、移动为中心的电商交易平台,主要目标渠道是移动端。

（2）服务面向。覆盖新加坡、马来西亚、菲律宾、越南、印度尼西亚、泰国和中国台湾地区市场,并分别设有 7 个分站点。

（3）会员规模。Shopee 社群媒体粉丝数量超过 3000 万人,拥有 700 万个活跃卖家。

（4）产品范围。包括电子消费品、家居、美容保健、母婴、服饰及健身器材等。

2. Shopee 的特点

（1）高度的社交性。Shopee 的应用程序内带有即时聊天功能,用户可以方便地购物和交流,具有高度的社交性。在这里,卖家会特别关注商店的声誉并积累粉丝,这为购买者带来了极好的购物体验。

（2）免费开店。在 Shopee 上开店,卖家无须支付任何开店费、入驻服务费、年费及上架费,仅需通过官方招商渠道提供符合要求的资料即可。

（3）高成长性。作为一个新兴电商平台,Shopee 具有巨大的增长潜力。

3. Shopee 的盈利模式

Shopee 跨境平台对新卖家前 3 个月全免佣金,3 个月后收取 3%～5%的佣金。

4. Shopee 的优势与劣势

Shopee 跨境电子商务平台的主要优势有以下四点。

（1）具有土化策略优势。Shopee 绝大部分高层都在东南亚生活了数十年,对东南亚市场的了解非常深刻,Shopee 依据每个市场特性制订本土化方案,以迎合当地消费者需求。

（2）专注移动端市场,顺应东南亚电商移动化趋势。Shopee 从移动端切入,推出简洁干净、易于使用的交互页面,使消费者顺畅使用 App 每个功能,可以在 30 秒内完成选择并购买商品,同时,Shopee 优化移动端体验,如推出 Shopee Shake 摇金币游戏契合移动端碎片化场景,增加了用户黏性。

（3）实施全方位的一站式跨境解决方案,并给卖家享受平台优惠的政策扶持。Shopee 跨境业务团队专为中国跨境卖家打造一站式跨境解决方案,提供流量、物流、孵化、语言、支付和 ERP 等全流程支持。

（4）母公司 SEA 为东南亚最大的互联网公司,有雄厚的资金、技术及人才支持。

Shopee 跨境电子商务平台的主要劣势表现为平台推出时间比较晚,品牌影响力稍弱。同时,过低的入驻门槛也让这里的卖家有些良莠不齐。

二、俄罗斯

中国是俄罗斯非常重要的合作伙伴,在电商行业亦是如此。目前,俄罗斯跨境网购的商品有 90%来自中国,有一半左右的跨境电商交易额都由中国占据。俄罗斯的主要跨境电商平台有 Joom 和 MyMall。

（一）Joom

Joom 平台是俄罗斯知名的电商平台,成立于 2016 年 6 月,随即得到爆发式发展,成为全球发展速度最快的电商平台。平台定位为移动端购物平台,目标市场主要针对俄罗斯境内。成立当年11月,Joom平台对中国卖家开放,之后便进入高速发展阶段,成为中国跨境卖家热衷的平台之一。

Joom平台在2017年开始开拓境外市场,7月进入欧洲市场,主要以法国、英国和北欧地区为第一阶段开拓地,紧接着8月就在爱尔兰、澳大利亚、非洲、美国和加拿大开通平台。Joom仅2017年11月单月的销售额就是2016年全年销售额的53倍,市场从俄罗斯发展到全球20多个国家,单日的订单量在2017年10月就已经超过30万单,可见其发展速度之快。

据数据统计显示,2018年3月较2017年同期相比,平台上的GMV(商品交易总额)增长达到25倍,日均近百万单。

Joom平台对于客户而言有如下几个优势。

(1)免运费服务。

(2)平台的界面与Wish有点类似,用户只会看到自己偏好的产品。

(3)应用推送功能强大,通过弹出式的通知吸引客户返回应用。

(4)平台商品品类多。

(5)7×24小时客户服务。

(6)折扣和优惠力度大。

(7)自动促销广告,卖家只需要制定产品的价格平台会自动进行促销。

(8)商品退货保障,平台承诺75天内买家没有收到商品或者商品损坏可以无条件退款。

Joom平台2016年11月开通了中国卖家入驻,中国卖家入驻需要准备的材料如下。

(1)企业营业执照。

(2)企业法人身份证。

(3)企业法人手持身份证照片。

(4)银行账号或者Payoneer账号。

(5)需要有开店经验,提供店铺或企业销量前三位产品的每日订单量和交易总额。

(6)企业在速卖通、Wish、亚马逊、eBay等平台的店铺销量前三位产品的店铺链接。

(二)MyMALL

MyMALL跨境电商平台于2017年10月上线,是俄罗斯本土互联网巨头Mail.Ru Group集团国际项目(My.com)的重点发展对象。MyMALL区别于常规意义上的跨境电商平台,其最大优势和不同是整合利用集团的业务资源,建设新型的、多渠道销售的跨境电商平台。

卖家通过MyMALL这一个接口,即可对接到集团旗下的多个渠道,实现产品的有针对性展示和多渠道的流量获取,具体渠道有Pandao和OK.ru。

(1)Pandao。MyMALL的旗舰App,长期占领应用排行的第一名,用户数增长迅猛。

(2)OK.ru。俄罗斯第二大社交网,开创社交购物新模式。

MyMALL招商方向主要包括手机及其配件、计算机及其配件、消费类电子及配件、家居、服饰配饰、鞋包类、健康美容、户外运动、汽车配件、母婴。招商分为普通招商和品牌招商,卖家可以根据自身情况选择入驻方式。

MyMALL 的入驻条件分为普通卖家与品牌卖家,具体要求如下。

1. 品牌卖家

（1）在俄罗斯市场有一定的知名度或是亚马逊/速卖通品牌。

（2）应提供商标注册证或商品注册申请书、授权书、品类资质等信息,至少一项。

（3）产品类目包括但不限于3C智能类产品、服装、运动产品、鞋类等。

2. 普通卖家

（1）以公司为主体。

（2）库存保有量2万以上,或月度营业额60万美元以上。

MyMALL 每月只收取较低的服务费,卖家需要在收款时,支付11%的佣金。

三、非洲

非洲拥有13亿人口,仅次于亚洲,有70%左右的年轻人口,具有旺盛的消费需求,是备受关注的新蓝海大陆。从国际政治环境来看,中非外交关系长期友好,各项政策纷纷利好;从经济贸易来看,非洲本土约90%的商品都是中国制造,相对于欧美市场,非洲消费者对中国商品的认可度和依赖度更高,有良好的产品形象和口碑基础,这为中国的跨境电商提供了更多便利。

近年来,随着全球资本的注入,非洲跨境电商市场也表现出了惊人的发展速度,其中表现最突出的跨境平台有Jumia和Kilimall等。

（一）Jumia

Jumia成立于2012年,总部位于尼日利亚,隶属于欧洲的互联网孵化器公司Rocket Internet,是非洲第一大电商平台。该电商平台提供不同的服务,包含有酒店、租车、物流、旅游、生鲜、安保等诸多产业链。Jumia Maketplace足迹遍布23个非洲国家,是除了亚马逊、京东之外,全世界第三家拥有自己末端物流派送的电商企业。

Jumia是非洲首家电商"独角兽",被称为"非洲亚马逊"。其业务模式与Amazon很相似,经营范围广泛,产品类型丰富,目前覆盖了肯尼亚、尼日利亚、埃及、巴基斯坦等十多个国家。2012年,Jumia开始自建本地派送团队,独立完成从购买到配送的闭环,主要城市区域派送时间为1～2天。2014年,Jumia在肯尼亚市场销售额同比增长900%,同年获得1.5亿美元的投资,市值为5.55亿美元。Jumia于2015年年底开始在中国展开招商工作。

作为非洲资金最为雄厚的电商初创公司,Jumia的目标是打造本土的"亚马逊",主打电子产品、时尚、家居生活、健康与美容等类别。除了尼日利亚,它在摩洛哥、埃及等其他国家也都非常活跃。据悉,非洲8.2亿人的网购群体中有80%都是Jumia的用户,消费群体十分庞大。

物流和支付一直是影响非洲电商的关键因素,而在Jumia就完全不必担心这两个问题,平台拥有类似于FBA的物流仓储模式FBJ,并且在中国设立了4个中转仓。它还推出与支付宝功能相仿的工具——Jumia Pay,在买家收货前,资金由Jumia Pay代为保管,若发生资金欺诈,Jumia Pay将第一时间垫付赔款。

Jumia 官方网站如图 2-12 所示。

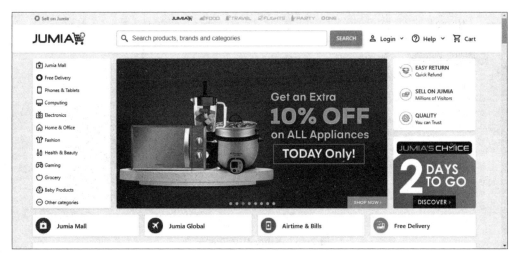

图 2-12　Jumia 官方网站

（二）Kilimall

Kilimall 创立于 2014 年，总部设在肯尼亚，创始人是中国人，由前华为员工创办，创业的目标就是要做跨境电商，把中国品牌引进非洲。Kilimall 虽然起步晚，但是发展得非常快，如今已经是非洲市场第二大电商平台。"Kilimall"取名来自非洲最高的山脉 Kilimanjaro，意思是要打造非洲最大的电商平台，Kilimall 也正在一步步实现这个愿望。

Kilimall 从成立之初就给自己制定了非常明确的发展路线，致力于本土化运营策略，打造出了一个集多国订单、交易、支付、配送等功能于一体的一站式国际线上交易服务平台，买卖流程中几乎不用卖家操心，大概一周左右就能出单。为攻克物流难题，它还采取了自营物流加第三方的形式建构配送体系，卖家只要将产品运到非洲仓库，就能实现用户下单后 2~3 天收货。为了提高物流配送效率，Kilimall 还建立了自身适用的 IT 订单管理系统和物流配送系统，并制定了配送考核机制，非常重视平台的用户体验。

Kilimall 以供应手机、计算机和零配件等电子产品，以及出售三星、华为、联想和飞利浦等品牌产品而闻名。该平台还提供家用电器、服装、书籍、保健品和美容产品等。目前，该平台日单量 700 单左右，月销售额近 1000 万元人民币，约有 1000 家商户入驻。然而，因 Kilimall 起步较晚，目前仅覆盖肯尼亚全境和乌干达部分地区，为了避免与非洲第一大电商 Jumia 正面竞争，Kilimall 打算从与中国关系紧密的卢旺达、坦桑尼亚等东非六国入手打开市场。

值得一提的是，Kilimall 的创始人之前在华为是做支付技术出身的，所以 Kilimall 的支付是强项，非洲线上支付困难，而 Kilimall 已经成为整个非洲在线支付率最高的电商平台之一，这对非洲电商的发展有极大的促进作用。

Kilimall 官方网站如图 2-13 所示。

图 2-13　Kilimall 官方网站

四、其他

(一) Jollychic(执御)

Jollychic 成立于 2012 年,是隶属浙江执御信息技术有限公司的一个 B2B2C 移动端购物平台,专注中东市场。Jollychic 的受众群体以 25~40 岁的女性为主,主营女性服饰类产品。该平台支持多种语言,包括阿拉伯语、英语、波兰语、土耳其语、繁体中文,同时还支持多币种结算,包括 AED、BHD、QAR、SAR、KWD、USD、EUR、TRY、PLN。

目前有超过 2000 万个海外用户注册并下载 App,其范围覆盖了 80% 的中东地区,在中东地区的购物 App 排行中,Jollychic 常年位居前 10。

1. Jollychic 平台优势

(1) 市场地位高。中东排名第一,产品覆盖全品类,覆盖 80% 中东市场,拥有超 5 000 个以上的合作供应商,GMV 呈 3~5 倍的速度增长。

(2) 成本风险低。无佣金和扣点,无运营和推广费,免翻译和客服费,免国内和国际运费,操作简单,1 人即可。

(3) 见效回本快。用户购买力旺盛,竞争小,客单价极高,新品出单快,件单数多,用户基数大,黏度高,商家利润高,回本快。

2. Jollychic 合作模式

Jollychic 采用跨境 B2B2C 模式,供应商以供货方形式入驻平台,只需负责商品上传和根据订单及时发货至平台集货仓即可,无须任何运营推广,尤其适合优质的传统厂商及电商企业无障碍快速转型跨境出口。

3. Jollychic 主要经营品类

全品类经营,主要品类包括男/女服装、鞋包、配饰、家居文具、母婴童玩、美体护肤、3C 电子、智能产品等。供应商入驻后,Jollychic 的专员或买手会提出专业的选品建议,协助选品。

4. Jollychic 入驻要求介绍

（1）企业资质。公司成立满一年，注册资金≥50万元人民币。

（2）进出口资质。暂无进出口资质，需在入驻1个月内提供。

（3）货源稳定。自由或合作工厂，偏欧美风的商品。

（4）发货及时。满足平台发货时效，符合商品包装规范。

（二）Souq

Souq 成立于 2005 年，总部在迪拜，是中东最大的电商平台，有"中东的亚马逊"之称。2017 年 3 月 28 日，亚马逊公司确认将以 5.8 亿美元的价格收购 Souq。2019 年 5 月 1 日，Souq.com 阿联酋被称为 Amazon.ae。现在，Souq 网站上已经明确标出，它是一个亚马逊公司，还有专门的亚马逊全球商店（Amazon Global Store）入口。在亚马逊全球商店里，中东用户可以买到来自亚马逊其他网站的产品。

Souq 在中东市场深耕 10 年，对于中东电商行业的发展有着极大的促进作用，也培养了中东消费者的购物习惯。Souq 的快速成长和其非常高的利润不可分割，很多卖家加入 Souq 就是因为其较高的利润率、相对简单的营销方式及较快的出单速度，所以 Souq 是进军中东市场一定要参考的平台。

1. Souq 站点优势

（1）Souq 是中东市场最大的电商。Souq 月浏览量超过 7000 万次，为买家提供超过 1000 万种选品。

（2）依托中东地区节日众多的特点，一年内造就多个流量高峰，线上消费量大。

（3）2018 年"白色星期五"，创造出 1300 万访客、销售 60 万件商品的销售记录。

2. Souq 的国家站点

Souq 有阿联酋站、埃及站、沙特站、科威特站 4 个站点，如今只开放了阿联酋和沙特站点的入驻招商。

3. Souq 平台注册条件

在 Souq 平台上注册账号需要的资料包括公司营业执照、法人代表身份证、手机号、邮箱号、银行收款账户信息、主营产品类目、产品 SKU 数量。

4. Souq 平台佣金费用

在 Souq 开店是免费的，卖家可以从网站直接申请开店。但是 Souq 是有平台佣金的，佣金费用包含订单手续费及物流配送费，其中物流配送费指的是 FBS（Fulfilled By Souq）配送费，FBS 类似于要亚马逊的 FBA，卖家可以通过空运和陆运的方式将货物运到 Souq 的仓库，货物抵达之后，Souq 将会根据订单来发货。

（三）Meesho

Meesho 是印度的第一大社交电商平台，由德里印度理工学院的毕业生 Vidit Aatrey 和 Sanjeev Barnwal 于 2015 年 12 月创建，使小型企业和个人可以通过 WhatsApp、Facebook、Instagram 等社交渠道开设在线商店。Meesho 于 2018 年 6 月获得 Facebook 在印度的首次财务投资，在这之前已获得由顺为、红杉等投资的三轮融资。目前平台注册分销商达 1000

万户,月活跃分销商达50万户,日订单量15万单。Meesho作为印度领先社交电商,瞄准电商增量市场,迎合印度零售现状,更注重本土化运营。2019年5月,Meesho又获得Facebook战略投资,进一步赋能在线分销商,在Facebook生态上(Facebook、WhatsApp、Twitter和Instagram)进行产品展示和传播。

1. Meesho平台优势

平台不预收任何费用,零成本入驻、免押金、免服务费、免销售佣金、免推广费,卖家仅需把货物供给Meesho平台,无须支付印度关税、印度消费税及包括中国国内段、国际段和印度段在内的任何物流费。Meesho模式极大降低了中国卖家进军印度市场的门槛。

2. Meesho目标受众

追求物美价廉,以批发为主的消费群体。

3. Meesho平台产品类目的具体要求

(1) 服装。女装、男装,不包含儿童服饰。

(2) 时尚配饰。时尚配饰包含鞋帽箱包、项链、眼镜、手表、戒指、围巾等。

(3) 儿童周边。包含玩具、文具、儿童时尚配饰。

(4) 厨房家具。仅限体积小、重量轻的物品。

(5) 美妆。仅彩妆工具。

(6) 电子品类。仅不带电、非蓝牙。

4. Meesho平台入驻条件

(1) 营业执照。

(2) 签字盖章的银行账户信息,包括银行名、账号、持有人、SWIFT CODE、银行地址。

5. Meesho平台费用

入驻零成本,免押金、免推广费、零退货、免销售佣金,仅需供货,可提供独特产品及价格的卖家优先。

任务实施

一、拟订调研方案

确定调研时间、调研对象及调研内容,调研内容应包括平台简介、入驻条件、运营模式、盈利模式等方面。

二、开展调研,着手收集资料

1. 平台简介

(1) 东南亚跨境电商平台的简要情况说明。

(2) 俄罗斯跨境电商平台的简要情况说明。

(3) 非洲跨境电商平台的简要情况说明。

(4) 中东、印度跨境电商平台的简要情况说明。

2. 平台的运营模式及盈利模式分析

（1）各跨境电商平台的运营模式。

（2）各跨境电商平台的盈利模式。

3. 平台所在地区风土人情、风俗习惯等方面的情况

简要列出东南亚、俄罗斯、非洲、中东、印度等主要市场国家的风土人情、风俗习惯等。

三、调研结果分析

对调研内容进行提炼，从平台的运营模式、盈利模式、入驻条件要求等多方面列表进行比较分析。

四、向团队进行汇报

（1）制作汇报 PPT。

（2）进行汇报。

小提示：

由于大部分新兴市场国家跨境电商平台的目标市场定位都专注于某一个特定的区域或国家，因此调研时，不仅要了解平台的基本情况、运营模式、盈利模式，还要了解各平台所面向的主要市场区域或国家的风土人情、风俗习惯，这样才有利于企业做出正确的决策。如东南亚的马来西亚和印度尼西亚等国家有庞大的穆斯林群体，规定食品入关时一定要具备清真认证。因而，如果企业向这些国家销售食品，需要申请清真认证。

 同步实训

请比较东南亚跨境电商两大巨头 Lazada 和 Shopee 在市场、运营模式、入驻条件及平台费用方面的差异，并完成下表。

跨境电商平台	市场	运营模式	入驻条件	平台费用
Lazada				
Shopee				

 习题

1. 简述 Lazada 平台在哪些方面的规定体现了对卖家权益的保障。
2. 简述 Joom 平台有哪些方面的优势。
3. Jollychic 平台的合作模式是什么？与其他平台有什么不一样？
4. 简述 Meesho 平台入驻条件。

项目二

跨境电商B2B平台操作——阿里巴巴国际站

学习目标

知识目标

1. 了解阿里巴巴国际站的相关知识和运营模式；
2. 熟悉阿里巴巴国际站注册和开通方法；
3. 探索阿里巴巴国际站产品选择和发布；
4. 掌握阿里巴巴国际站后台基础模块操作；
5. 探讨阿里巴巴国际站维护及运营技巧。

能力目标

1. 能够对阿里巴巴国际站有基本认识；
2. 掌握阿里巴巴国际站的注册和开通；
3. 掌握阿里巴巴国际站的选品和发布；
4. 掌握阿里巴巴国际站后台操作和运营技巧。

素养目标

1. 培养语言的运用能力和沟通能力；
2. 树立遵纪守法、诚实守信的价值观；
3. 具备勤奋执着、敢于拼搏的精神；
4. 具备丰富的跨境电商专业知识；
5. 具备对阿里巴巴国际站操作运用能力。

项目介绍

本项目包含了四个学习任务，具体如下。

任务一　平台注册及开通

任务二　产品选择及发布

任务三　后台基础模块操作

任务四　维护与运营技巧

通过本项目的学习，可以了解阿里巴巴国际站的发展现状及运营模式，知晓阿里巴巴国际站在跨境电子商务中的优势，并能结合实际需要，掌握阿里巴巴国际站的平台注册及开通、产品选择及发布、后台基础模块操作和维护及运营技巧等相关操作。

任务一 平台注册及开通

情境导入

小凌对本公司产品和服务进行全面的了解后,也掌握了跨境电子商务的运营,为了扩大汽车配件产品的推广和销售,小凌通过朋友推荐,想在阿里巴巴国际站这个跨境电子商务平台开展公司业务运营。于是小凌开始了解阿里巴巴国际站平台,并对注册和流程做了准备和学习,尽快为公司开通阿里巴巴国际站平台。

任务分析

小凌首先了解阿里巴巴国际站的相关知识,然后提炼出在此平台开展跨境电商业务的好处,经过公司老板同意后,着手在阿里巴巴国际站进行注册和开通。

知识链接

一、平台注册

(一) 阿里巴巴国际站概述

阿里巴巴国际站成立于 1999 年 9 月,是中国最早的互联网公司,也是目前全球最大的跨境 B2B 交易平台。阿里巴巴国际站为中小企业拓展国际贸易提供出口营销推广服务,通过向海外买家展示、推广供应商的企业和产品,进而获得贸易商机和订单,是出口企业拓展国际贸易的首选网络平台之一。

阿里巴巴国际站的业务走过了三个阶段。第一阶段,国际站的定位是"365 天永不落幕的广交会",为大宗贸易做产品信息的展示;第二阶段,国际站收购一达通为商家提供通关等方面的便利化服务,并开始沉淀数据;第三个阶段,将此前沉淀的数据形成闭环,进行数字化重构跨境贸易。

阿里巴巴国际站能够为入驻企业提供店铺装修、产品展示、产品营销及推广、生意洽谈等一站式线上服务,不仅可以帮助企业降低成本,而且可以提升国际贸易市场拓展的效率。阿里巴巴国际站还便于海外购买方发布采购信息、搜索卖家并实现产品对比,为卖家、买家提供便利的在线沟通工具、账户管理工具、平台信息用卡直接支付功能、在线电汇支付交易和跨国转账、在线安排海运、空运等功能,这些在促成交易成功方面发挥了重要的作用。

(二) 平台注册

(1) 进入阿里巴巴国际站首页 http://www.alibaba.com,如图 3-1 所示。

(2) 单击阿里巴巴国际站首页中的 Join Free 进行免费注册,如图 3-2 所示。

(3) 进入注册界面,填写已经申请好的邮箱,并且滑动滑块到最右边,如图 3-3 所示。

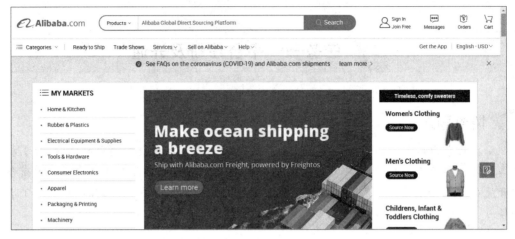

图 3-1 阿里巴巴国际站首页

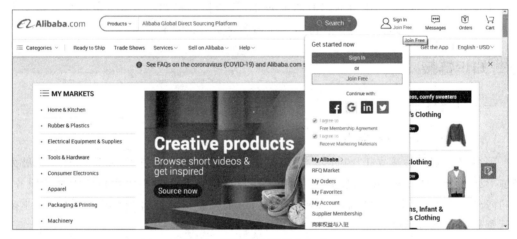

图 3-2 首页右上方的 Join Free

图 3-3 填写电子邮箱地址

(4)单击"下一步"按钮,进入邮箱验证阶段,登入邮箱验证,如图 3-4 所示。

图 3-4　邮箱验证

(5)邮箱验证成功,填写资料,设置登录密码、手机号码、公司名、座机号码、地址等信息后,手机会收到登录的验证码,录入后则完成注册,如图 3-5 所示。

图 3-5　填写相关资料

(6)成功注册为平台会员的企业,单击 Sign In 按钮进行登录,在页面中正确输入企业账户及密码即可实现账户登录,如图 3-6 所示。

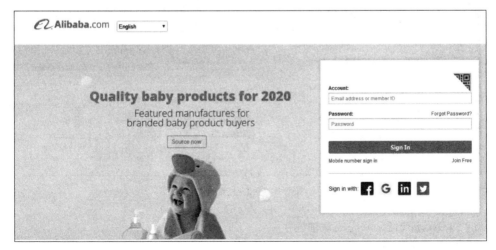

图 3-6　Sign In 登录界面

二、店铺开通

(一) 加入条件

需要由经中国大陆工商部门注册的实体产品的生产型或贸易型企业（注：若公司从事如物流、检测认证、管理服务等企业暂不能加入，另外离岸公司和个人也无法办理）收取一定费用办理。

(二) 办理费用

(1) 具体费用需联系客户经理咨询，可通过该链接提交企业信息，3个工作日内客户经理会联系企业，链接为 https://supplier.alibaba.com/apply/m.htm?code=82004。

(2) 注册套餐费用如图3-7所示。目前套餐C暂不支持自助办理，套餐A和套餐B可直接线上支付，支付后3个工作日内会有客户经理联系该企业。

套餐A		套餐B		套餐C	
出口通	29800	出口通	29800	金品诚企	80000
P4P充值	10000	P4P充值	20000	P4P充值	20000
P4P赠送	1000	P4P赠送	2000	P4P赠送	2000
无忧起航	3500	无忧起航	3500	无忧起航	3500
折后价	39800		49800		100000

图3-7 注册套餐费用

(三) 开通流程

若作为新签客户，已确认合同并款项到账，应用主账号根据后台首页完成以下3项内容，如图3-8所示。

图3-8 资料上传界面

(1) 提交认证信息，并完成认证。
(2) 提交公司信息，并审核通过。
(3) 至少发布一款产品，且审核通过。

完成以上三项后,经过 2~3 小时同步时间,需要完成国际站规则考试,如图 3-9 所示,通过考试后即可选择网站开通时间。开通时间一旦确认将无法修改,需谨慎选择。

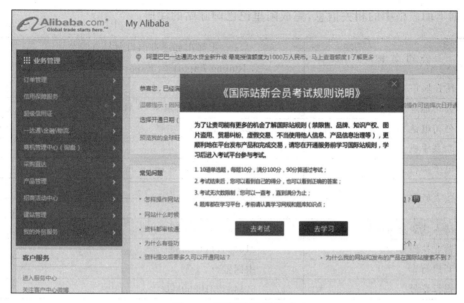

图 3-9　国际站规则考试

任务实施

一、掌握阿里巴巴国际站平台相关知识

掌握阿里巴巴国际站的概念及平台注册、开通方法。

二、在阿里巴巴国际站平台进行注册

(1) 进入首页。
(2) 免费注册。
(3) 填写邮箱。
(4) 邮箱验证。
(5) 完善资料。
(6) 账户登录。

三、在阿里巴巴国际站进行店铺开通

(1) 加入条件。
(2) 办理费用。
(3) 开通流程。
① 提交信息,完成认证。
② 公司信息,审核通过。
③ 发布产品,审核通过。
④ 完成国际站规则考试。

 **同步实训**

根据下面表格中的相关信息,完成阿里巴巴国际站的注册。

公司名称	上海市如通进出口贸易有限公司
	Rutong Import & Export Trading Co., Ltd.
所在城市	上海市
公司地址	上海市黄浦区山东路18号
公司电话	021-53215026
联系手机	19876543210
电子邮箱	Rutongcompany@163.com
法人姓名	马丽
	Mary
法人代表身份证号	310101199004057000
营业执照号	310000111132563
开户行	中国银行
银行账号	6214830210369850
发货港口	上海港
	Shanghai

 习题

1. 在阿里巴巴国际站开展跨境电商的优势是什么?
2. 阿里巴巴国际站的运营模式是什么?
3. 如何在阿里巴巴国际站进行注册?
4. 如何在阿里巴巴国际站进行开通?

任务二 产品选择及发布

 情境导入

小凌在一家经营汽车周边配件产品的传统商贸企业从事销售工作,对于本公司产品和服务的优劣势有比较全面的了解。公司老板同意在阿里巴巴国际站上开展跨境电商业务,于是小凌着手在阿里巴巴国际站平台进行了公司的注册和开通,收集好相关的资料后,开始进行选品和发布。

 任务分析

进行产品选择首先需要了解品类的相关知识,然后提炼出选品原则和理念,从而学会在阿里巴巴国际站上进行产品选择和发布。

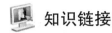
知识链接

一、产品选品

(一) 品类的概述

1. 品类的含义

品类(Category),是指目标顾客购买某种商品的单一利益点(Single Benefit Point, SBP)。每个单一利益点都由物质利益(功能利益)和情感利益双面构成。还有一种理解是,品类即商品种类,一个品类是指在顾客眼中一组相关联的和(或)可相互替代的商品和(或)服务。

2. 品类的结构

一般情况下品类分为四个品类角色,即目标性品类、常规性品类、季节性品类和便利性品类。不同的品类角色意味着不同的品类策略和品类目标。

(二) 选品原则与理念

1. 选品的原则

(1) 从兴趣出发。选品要从感兴趣的产品入手,这样才会积极花费更多的时间去了解产品的品质、特点和用途,才会投入更多的精力去研究产品的优势、价值和目标消费群体。只有在对产品有充分的认识后,才能切实解答客户对产品的疑问,提升客户对产品的信任。

(2) 从市场需求出发。选品要从市场需求出发,市场需求量大的产品能带来可观的销量和利润。

(3) 从平台特性出发。掌握不同跨境电商平台的特点和商业理念,知道哪些品类在该平台上是热销品,哪些品类是该平台大力扶持的,哪些品类更容易获得该平台的推荐等,这样才能形成店铺的竞争力。

2. 选品的理念

(1) 广泛性。对跨境电商的卖家来说,选品的第一步是要有一个大范围、多类目的选品视野。选品初期,必须拓展自己的思路,才能选到最合适的产品作为经营方向。

(2) 专业性。通过对比分析,卖家找到了感兴趣、有货源且销量和利润都较好的类目,但要想在透明的市场状态下,超过竞争对手,必须提高自己对产品的专业认知度。

(3) 持续性。选品是一个长期的过程,贯穿于店铺运营的始终。卖家应该长期坚持做选品活动,让自己在拥有热卖爆款的同时,也能不间断地开发有潜力的新款。

(4) 重复性。坚持的过程就是一个重复的过程。当选品变成一个无趣的过程时,很多人就失去了斗志,工作停滞不前,最终在商场上消失。为了保证经营的长期性,卖家要始终保持对选品工作的热情。

(三) 阿里巴巴国际站选品分析

(1) 目标客户来源。整体来看,国际站里美国流量较多,其他国家的流量比较分散,但美国的反倾销政策会对很多行业产生影响,如果产品受到反倾销的影响不能出口到美国,那么会产生很多无效流量。

(2) 产品热度。产品热度决定了一个产品的潜在买家数量,如果产品搜索热度太低,说明在这个平台里没有足够多的客户支撑企业的业务,因此在开通前最好先查询关键词热度,避免太过冷门的产品。

(3) 产品丰富程度。丰富的产品无论是关键词布局还是客户下单选择都对卖家有利。如果产品比较单一,那么海外顾客很有可能会选择产品丰富的公司直接合作。

(4) 关键词丰富程度。在国际站,客户触及产品的主要方式是通过关键词搜索,因此若要免费增加曝光的机会,就要多布局关键词,虽然平台一再三令五申,杜绝重复产品,但从一些成功的产品营销案例中依然能发现,丰富的产品关键词是获取访客和询盘的最有效方法。

(5) 产品定价。国际站的定位是B2B,大多数海外顾客是来这里买便宜货的,因此产品要尽可能亲民,不要走高端路线。对这里的买家来说,影响采购决策的主要因素就是价格。

(6) 产品起定量。在国际站的客户中,中小买家占据了85%,若想在国际站赚钱,就要尽可能地赚这部分人的钱,因此起定量不能设得太高,最好是个位数的起定量。如果产品无法做到较低的起定量,那么前期开发客户会遇到很大问题。

(7) 产品运输成本。如果产品体积或者重量较大,会导致国际运输的成本很高,大多数客户的订单金额在2000美元以内,因此主要靠国际快递发货,如果产品物流成本过高,将会导致客户无法接受价格从而放弃合作。

二、产品发布

产品发布是跨境B2B电商平台操作的重要环节。在阿里巴巴国际站后台,利用产品发布模块可以将企业经营的产品发布到平台上进行展示,发布流程如图3-10所示。

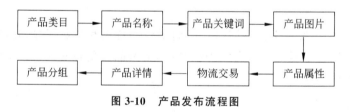

图3-10 产品发布流程图

入驻平台的会员在登录页面上输入合法的账户信息,成功登录后单击My Alibaba超链接,进入阿里巴巴国际站的后台,界面如图3-11所示。文中后续将入驻平台会员统一简称为卖家。

卖家初次进入阿里巴巴国际站后台,系统会自动跳出"免费建站,让你的店铺走向全世界"的提示,单击"我知道了"按钮后,会依次显示"商机获取""邮箱""卖家成长""信用保障"等系列提示。在卖家后台的首页里,单击页面左侧导航菜单中的"建站管理",显示如图3-12所示。卖家可以参照"用户案例"进行"公司信息"的修改、公司"贸易记录"的查看等操作。卖家单击页面左侧导航菜单中的"产品管理",显示如图3-13所示。

(一) **产品类目**

卖家单击"发布产品"可以进行产品发布,如图3-14所示。

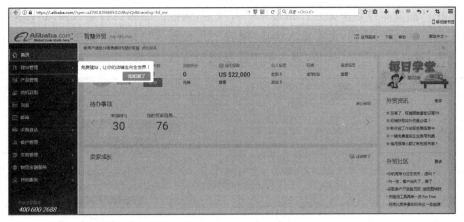

图 3-11　阿里巴巴国际站的后台界面

图 3-12　建站管理界面

图 3-13　产品管理界面

图 3-14　产品类目

卖家在产品发布过程中必须严格遵守平台规定，确定产品所属行业，选择正确的产品类目。如图 3-15 所示的示例，卖家依次选择"服装""儿童服装""儿童连衣裙"后，单击"我已阅读如下规则，现在发布产品"按钮，进入基本信息填写页面。

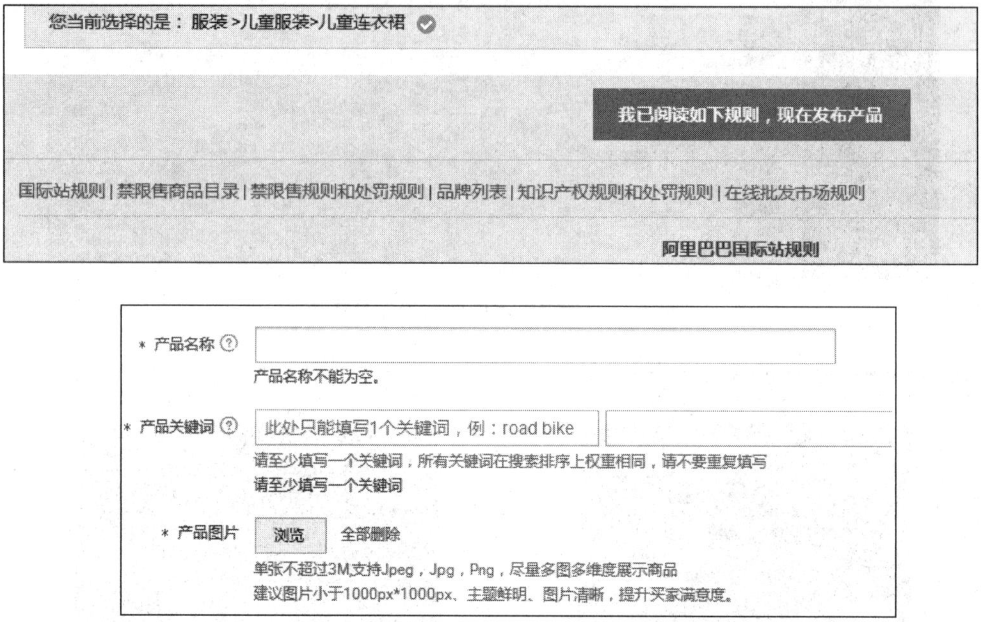

图 3-15　产品基本信息界面

（二）产品名称

产品名称是影响买家搜索并单击进入商品详情页面的重要因素。产品名称的字数不应太多，尽量准确、完整、简洁。一个好的标题中应包含产品的名称、核心词和重要属性，其编写是产品发布的重要环节。产品名称一经定义，将会显示在平台的各个角落。通常，产品名称的定义应该遵循以下几点。

（1）做好产品名称和买家搜索词的相关性。

（2）使用 for/with 突出产品用途和属性。

（3）产品名称长度适当且突出产品特性。

（4）忌将多个关键词在名称中罗列堆砌。

（5）慎用特殊符号。

（三）产品关键词

产品关键词是对产品名称的校正，便于机器快速识别、准确抓取匹配，和卖家产品排名没有关系。若产品名称有多种叫法，可以采用关键词进行补充说明，比如"手机"可以定义关键词为 cellphone 或 mobile phone 等。可为产品添加多个关键词，提高被搜索到的概率。产品关键词的填写有如下注意事项。

（1）不能与产品名称冲突。

（2）添加产品型号。

（3）切忌铺词。

（4）使用热门关键词。

（5）使用短关键词。

（6）3个关键词不必填满。

（7）3个关键词勿相同。

（8）关键词不区大小写。

（四）产品图片

精美清晰的产品图片，会提升买家的购物体验，激发买家的购买欲望。平台提供了产品图片上传功能，允许卖家上传产品图片进行多维展示。在选择产品图片时，最多可以展示6张图片，以全方位、多角度展示商品，让买家直观地了解产品的功能，拉近买家与产品之间的距离，大大提高买家对商品的兴趣。

（五）产品属性

产品属性是对产品特征及参数的标准化提炼，便于买家在属性筛选时快速找到卖家的产品。这里特别需要注意，自定义属性最多可以添加10个。产品属性界面如图3-16和图3-17所示。

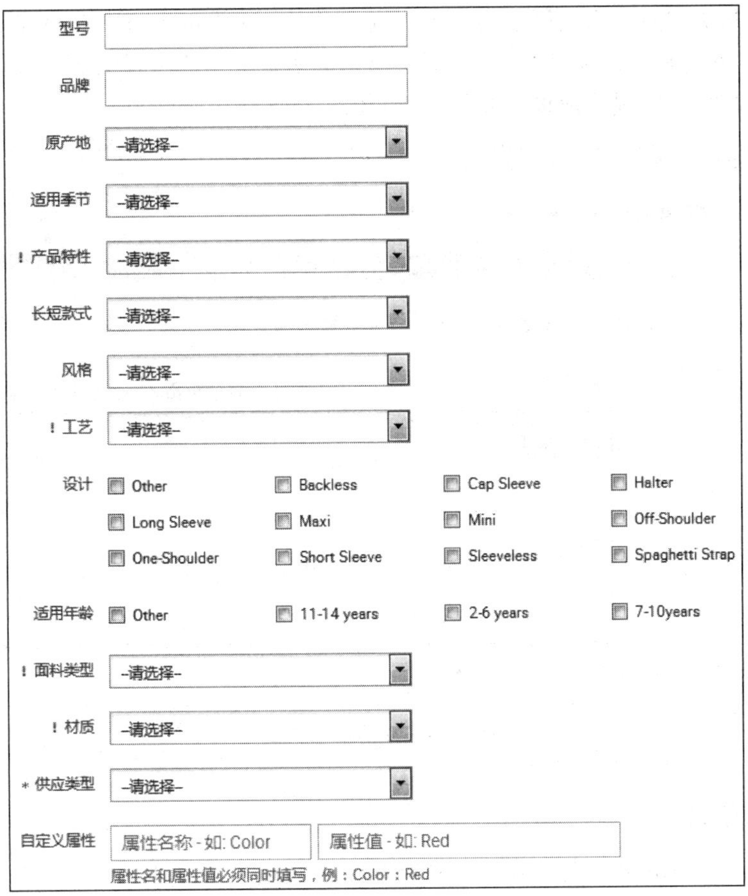

图 3-16　产品属性界面

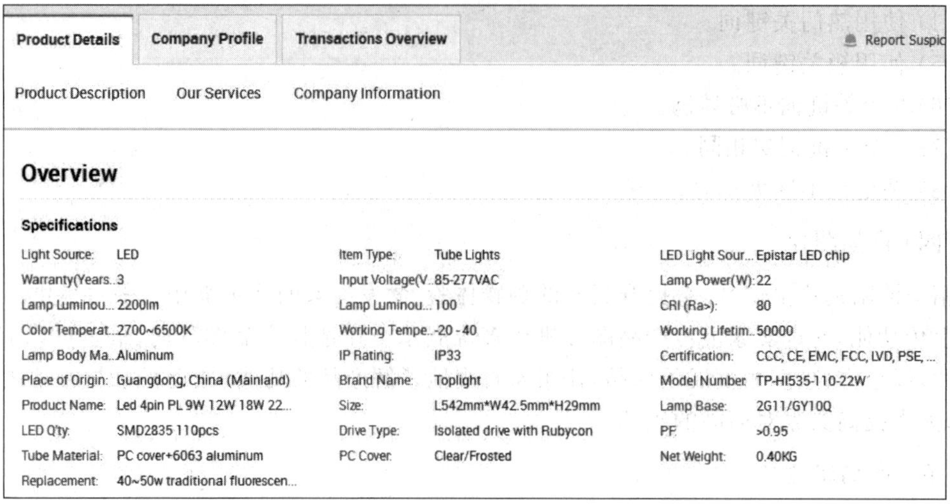

图 3-17 最终效果示例

（六）交易信息

交易信息是买家对卖家进行能力评价的重要参考，主要包含最小起订量、产品价格、供货能力等信息，交易信息的完善，便于买家做出采购决定。为了方便买家对卖家产品进行快速了解，卖家需要主动、规范地设置交易细节，如图 3-18 所示。

图 3-18 交易信息界面

（七）物流信息

物流信息也是影响买家在线购买海外商品中的重要因素。买方与卖方完成在线交易，卖家收到买家付款信息后，就进入了备货及物流环节。其中，供货商的供应能力是买方最为重视的衡量指标。物流信息界面如图 3-19 所示。

图 3-19　物流信息界面

（八）产品详情

若买家对产品搜索结果中的某产品感兴趣，通常会详细深入地了解该产品，这就进入了需要精心设置的产品详情环节。卖家应尽量简洁清晰地介绍商品的主要优点和特点，但不要将产品标题复制到简要描述中，其填写界面如图 3-20 所示。优秀的产品描述能增强买家的购买欲望，加快买家下单速度。一个好的详细描述主要包含以下几个方面。

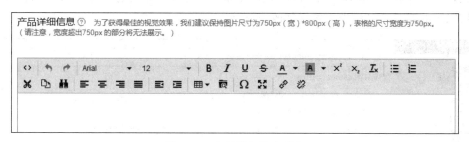

图 3-20　产品详细信息界面

（1）商品重要的指标参数和功能，例如，服装的尺码表、电子产品的型号及配置参数。
（2）5 张及以上详细描述图片。
（3）售后服务条款。

（九）产品分组

产品组是卖家公开展示产品的一个集合，卖家可以根据企业自身和产品情况设置多个产品组，将同类产品放在一个产品组里面，方便自己管理，也方便买家查看。产品分组旨在对经营产品进行分类，卖家单击"产品分组"下拉列表框时，平台自动弹出产品类目供卖家选择，如图 3-21 所示。

三、产品管理

卖家在产品发布后，应尽快在前台以顾客身份进行产品浏览，以检查是否存在不妥的地方。一旦发现存在不妥，需要进行修改，这就需要使用产品管理模块。

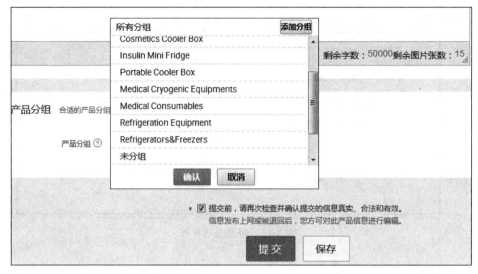

图 3-21　产品分组界面

（一）管理产品

卖家单击"管理产品"，在众多产品列表中选定需要操作的产品条目，进行编辑或删除操作，如图 3-22 所示。卖家需要注意，产品处于审核状态时，无法进行修改或删除操作，只有已审核完毕的产品才可以进行编辑修改或删除。

图 3-22　管理产品界面

（二）产品分组与排序

产品分组后，每个产品组中的产品次序可以进行调整，如图 3-23 所示，但只有管理员账号和制作员账号才有权限操作。产品分组与排序分为手动排序和系统自动排序两种。其中，手动排序的操作步骤如下。

（1）单击产品管理导航栏的"产品分组与排序"。

（2）单击"产品管理与排序"按钮，显示产品列表。

（3）选择要排序的产品，单击图片前面的序号文本框，输入产品序号实现排序。

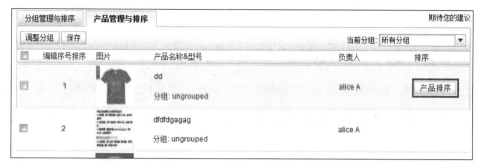

图 3-23 产品管理与排序示例

(三) 橱窗产品管理

橱窗是橱窗展示位的简称,是一种营销推广工具。卖家添加到橱窗的产品,在同等条件下享有搜索优先排名权益。同时,卖家还可以在自己的全球旺铺中做专题展示。一般情况下,卖家根据企业推广需求进行橱窗产品的选择,如新品、主打产品、推广效果好的产品,其效果如图 3-24 所示。

图 3-24 橱窗效果示例

(四) 回收站

与传统计算机的回收站作用类似,电商平台上回收站中的内容包括卖家决定删除的产品和由于误操作删除的产品两种。在回收站中既可以清空想要删除的产品,又可以对误删除的产品进行恢复。

需要注意的是,恢复电商平台上的误删产品有 24 小时的时间限制,同时产品被恢复后仍然需要重新进行产品审核环节,即使误删之前已经被审核通过。

任务实施

一、掌握阿里巴巴国际站选品的原则和理念

根据所学内容,查找相关资料,掌握阿里巴巴国际站选品的原则和理念。

二、在阿里巴巴国际站进行产品发布

(1) 产品类目。
(2) 产品名称。
(3) 产品关键词。
(4) 产品图片。
(5) 产品属性。
(6) 交易信息。
(7) 物流信息。
(8) 产品详情。
(9) 产品分组。

三、在阿里巴巴国际站进行产品管理

(1) 管理产品。
(2) 产品分组与排序。
(3) 橱窗产品管理。
(4) 回收站。

同步实训

根据以下相关信息,在阿里巴巴国际站中进行产品发布。

类　别	详细信息
中文名称	车载免提耳机
英文名称	Hands-free car headphones
中文单位	件/个
英文单位	piece/piece
包装类别	纸盒
规格型号	X6
毛重/净重	0.1000/0.0800kg
包装体积	5.00cm×10.00cm×5.00cm
产品热度	★★★★★
H.S.编码	85183000
适合的运输方式	海运
适合的国际站销售分类	专用耳机 PSP配件 游戏机及其附件 消费电子

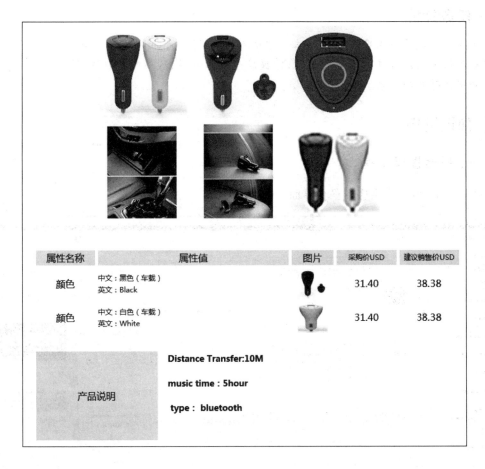

习题

1. 品类的含义和结构是什么？
2. 如何在阿里巴巴国际站上选品？
3. 产品发布的流程有哪些？
4. 如何进行产品管理的操作？

 任务三　后台基础模块操作

 情境导入

小凌在一家经营汽车周边配件产品的传统商贸企业从事销售工作，对于本公司产品和服务的优劣势有比较全面的了解。公司老板同意在阿里巴巴国际站上开展跨境电商业务，于是小凌在阿里巴巴国际站平台完成了公司的注册和开通，甄选产品并进行发布和管理后，还要进行后台基础模块的相关操作。

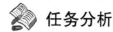 任务分析

小凌在完成了阿里巴巴国际站注册和开通后,确定了产品选择和产品发布,接下来需要进行更深层次的后台基础模块的操作,掌握后台操作流程,从而学会在阿里巴巴国际站上进行产品交易管理的方法。

 知识链接

一、后台操作流程

如图 3-25 所示为供应商平台界面。

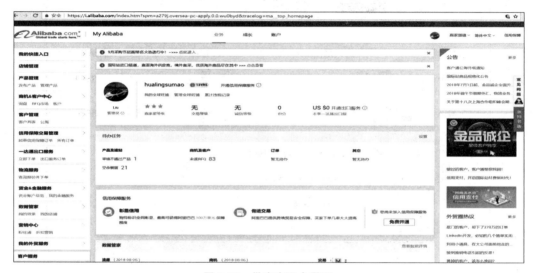

图 3-25　供应商平台界面

(一)店铺管理

店铺管理(见图 3-26 和图 3-27)。

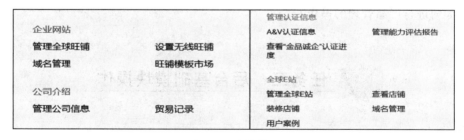

图 3-26　店铺管理

(二)产品管理

产品管理(见图 3-28)。

Dongxian
Foshan Sanshui Dongxian Rubber&Plastic Products Co., Ltd.

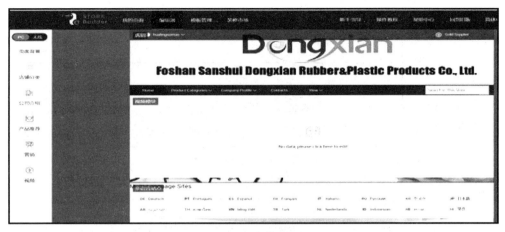

图 3-27 店铺装修

管理产品
发布产品
管理产品
产品分组与排序
管理橱窗产品
管理认证产品
管理优商专区
关联一达通出口产品
回收站
工具中心
管理图片银行
管理视频银行
管理智能编辑详情导航模版
全文搜索工具
管理行业商机
管理标签
搜索诊断
搜索诊断首页
供应商诊断优化
关键词诊断优化
产品诊断优化
排名查询工具
学习中心
多语言市场
多语言市场首页

图 3-28 产品管理

（三）商机 & 客户中心

商机 & 客户中心（见图 3-29）。

商机管理中心（询盘）
询盘
邮箱
设置
采购直达
企业信息验证
RFQ市场
报价管理
商机订阅
样品单管理
我的权益
购买权益
我的买家
发布采购需求
我的采购
客户
客户
索要名片的请求
商业信息确认请求
收到的名片
发出的名片

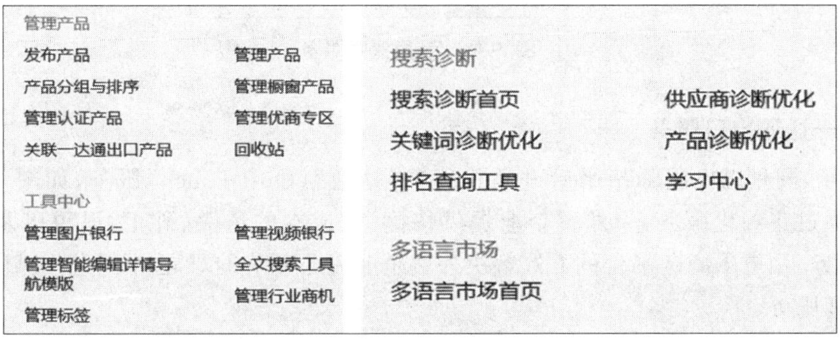

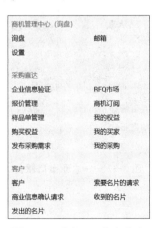

图 3-29 商机 & 客户中心

(四)信用保障交易管理

信用保障交易管理及服务(见图 3-30 和图 3-31)。

图 3-30　信用保障交易管理

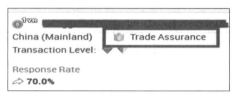

图 3-31　信用保障服务

(五)一达通出口服务

2014 年,阿里巴巴国际站平台开始推行"一达通"(One Touch)服务,如图 3-32 所示。"一达通"通过集约化服务,为外贸企业提供快捷、低成本的通关、外汇、退税以及配套的金融、物流服务,用电子商务平台的方式解决外贸企业流通环节的难题,让企业回归到本质,专注于产品和服务。

图 3-32　一达通出口服务

(六)数据管家

数据管家如图 3-33 所示。

(1)"知行情"模块为卖家提供买家采购市场的最新商机,助卖家及时获取商机,帮卖家洞察买家行为和行业趋势,进一步把握商机,如图 3-34 所示。

图 3-33 数据管家

图 3-34 "知行情"模块

（2）"知买家"模块会帮助卖家展示访客的地域信息、浏览量、停留总时长，筛选卖家感兴趣的访客信息，通过分析买家的行为，来指导卖家的旺铺及产品完善，如图 3-35 所示。

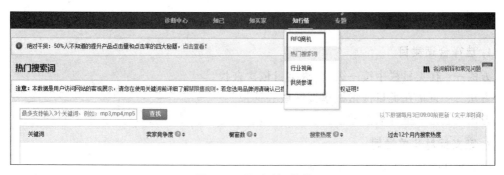

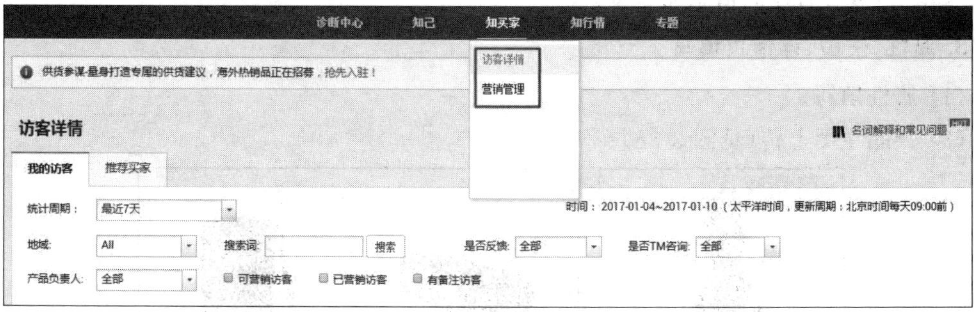

图 3-35 "知买家"模块

（3）"知己"模块能从卖家的产品、关键词、全球旺铺、综合效果等方面，为卖家多维度呈现推广效果数据，如图 3-36 所示。

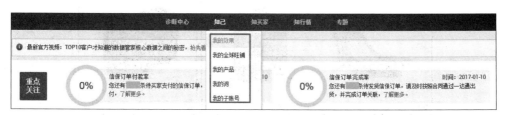

图 3-36 "知己"模块

（七）营销中心

营销中心如图 3-37 所示。

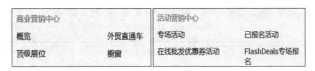

图 3-37　营销中心

二、交易管理

（一）产品发布管理

1. 选择合适类目

方法一：在类目栏中按一级、二级类目依次查找。
方法二：直接在类目搜索栏里搜索核心词。
方法三：在阿里首页搜索。

2. 定义标题和关键词

（1）产品名称：产品名＋关键词。
（2）产品关键词：主关键词＋副关键词 1＋副关键词 2。
（3）产品图片：主图 1＋细节图 6 张。

6 张图应全部放满，相对应的产品细节图放置越完整，客户体验度越高。每一处信息都要填写完整，参考右边的信息完整度。

3. 属性、主图、详情页填写

（1）属性填写。
（2）产品主图上传（见图 3-38）。

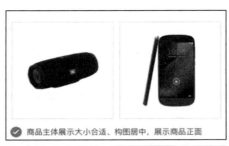

图 3-38　产品主图示例

(3) 主图视频上传(见图 3-39)。

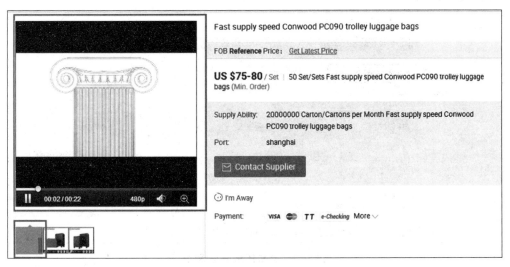

图 3-39　主图视频上传界面

(4) 产品详情页编辑(见图 3-40)。

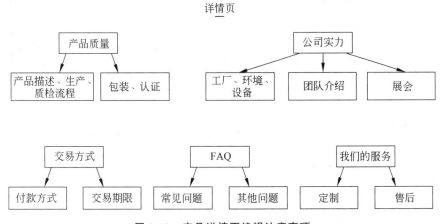

图 3-40　产品详情页编辑注意事项

4. 交易信息

交易信息填写界面如图 3-41 所示。

5. 物流信息

物流及包装填写界面如图 3-42 所示。

(二) 订单物流管理

1. 物流方案选择

(1) 整柜运输。

(2) 海运拼箱(仓到仓)。

(3) 上门提货。

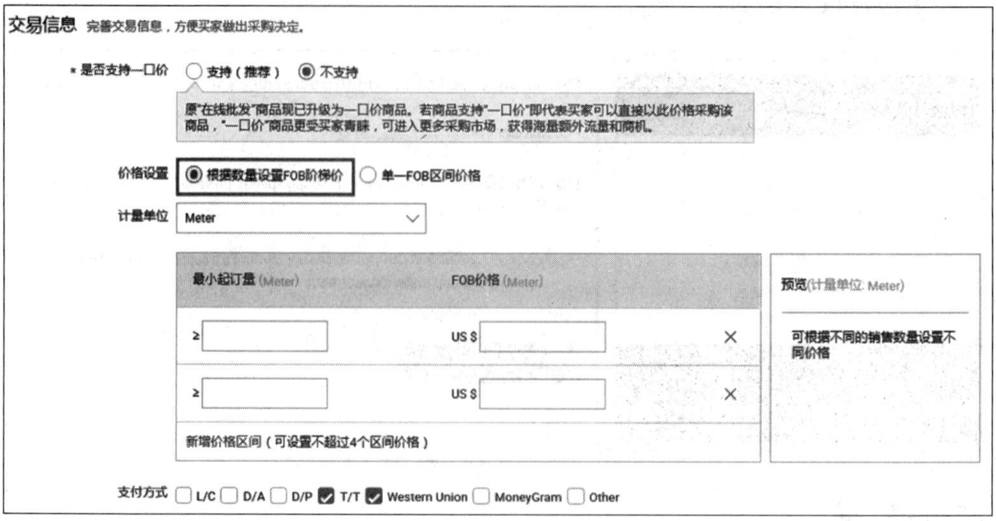

图 3-41　交易信息填写界面

图 3-42　物流及包装填写界面

2. 创建与提交物流订单

（1）预订船期并填写订单信息。

（2）填写收/发货人、通知人、委托人及其他信息，并提交订单。

（3）等待订单审核结果。

（4）订单审核通过。

(5)仓库出货后安排报关出运并提供费用账单。

(6)货物跟踪。

（三）信息沟通管理

信息及沟通模块旨在为买卖双方建立联系并促成最终交易。平台将潜在交易信息分为询盘和采购直达两个重要部分。

1. 询盘

询盘是指交易的一方为了购买或出售某种商品，向潜在的供货人或买主探寻该商品的成交条件或交易可能性的业务行为，不具有法律上的约束力。

卖家可在后台 My Alibaba 的商机管理中心，单击"询盘"查看账号收到的所有询盘信息，如图 3-43 所示。

图 3-43　卖家询盘信息示例

2. RFQ

RFQ 是 Request For Quotation 的简称，中文为采购直达，指买家因对卖家的产品或服务非常感兴趣而发起的一次针对索取该产品或服务的价格的行为。

RFQ 服务流程是依次为买家需求发布、需求审核、卖家报价、报价审核、买家查看、双方沟通，即买家主动填写并发布采购信息，然后委托阿里巴巴平台寻找合适卖家，供应商可查看采购需求，根据买家要求及时报价。对卖家而言，卖家可以自主挑选合适的买家进行报价。

卖家可在后台的业务管理模块中，单击"采购直达-管理 RFQ"，查看和管理所有 RFQ 信息，如图 3-44 所示。

（四）数据支持管理

数据管家是阿里巴巴国际站的数据类产品，会呈现卖家在平台上操作及推广效果的平台沉淀的数据，如图 3-45 所示。数据管家通过多维度的数据统计分析及诊断，让卖家不仅能了解自身的推广状况，对薄弱点进行有针对性的效果优化，而且能为卖家洞察买家行为和行业趋势，从而进一步把握商机，以提升店铺整体推广效果。

图 3-44　RFQ 模块示例

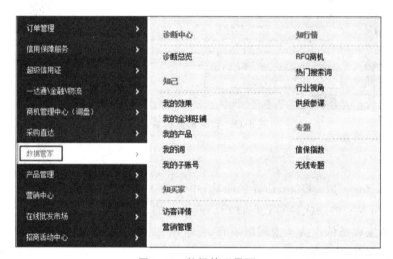

图 3-45　数据管理界面

任务实施

一、了解后台操作流程

（1）店铺管理。
（2）产品管理。
（3）商机 & 客户中心。
（4）信用保障交易管理。

（5）一达通出口服务。
（6）数据管家。
（7）营销中心。

二、掌握后台交易管理

（1）产品发布管理。
（2）订单物流管理。
（3）信息沟通管理。
（4）数据支持管理。

登录阿里巴巴国际站，对现有店铺进行相关后台操作，并分析后台交易管理模块有哪些，提出相应的操作建议。

习题

1. 阿里巴巴国际站后台操作流程有哪些？
2. 如何在阿里巴巴国际站上进行后台交易管理？

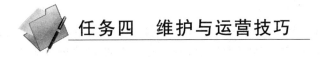

任务四　维护与运营技巧

情境导入

小凌在一家经营汽车周边配件产品的传统商贸企业从事销售工作，对于本公司产品和服务的优劣势有比较全面的了解。公司老板同意在阿里巴巴国际站上开展跨境电商业务，于是小凌在阿里巴巴国际站平台完成了公司的注册和开通，甄选产品并进行发布和管理，熟悉后台操作流程和后台交易管理后，小凌进一步提升在平台的运营技巧。

任务分析

小凌在完成了阿里巴巴国际站注册和开通后，确定了产品选择和产品发布，熟悉了后台的相关管理操作，接下来要进行产品推广，提炼出外贸直通车的技巧，从而学会在阿里巴巴国际站上开展产品营销活动。

知识链接

一、提升产品排名

（一）排名规则

为了让客户在最短时间内搜索到感兴趣和满足需求的产品，电商平台对同类产品有一个系统的排名规则,如图 3-46 所示。

图 3-46　2020 年国际站排名规则

(二) 影响排名的因素

影响排名的因素如图 3-47 所示。其中产品排名是指用户输入一个关键字后,包含关键字在内的对应产品会在搜索列表中显示,所有显示在搜索结果列表中的产品被称为排名产品。

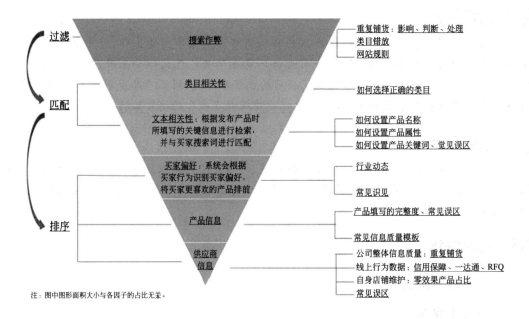

图 3-47　影响排名因素图

在阿里巴巴国际站上,指定关键字进行产品搜索的排序规则依次为顶级展位、外贸直通车产品、橱窗产品、自然排名产品。其中,顶级展位是阿里巴巴国际站提供的付费推广资源位。

(三) 提升产品排名

1. 企业类型

不管是贸易型还是生产型企业,买家都会因为企业类型直接忽略产品。要想知道哪种企业类型在阿里巴巴国际站平台上更受买家的喜欢,有一个简单而直观的办法,可以去查看和对比同行前十名的店铺,以完善的数据支持自己的决策。

2. 主营产品的深度与广度

主营产品类目宽泛,获得的资源少,而主营类目狭窄,又无法获得足够的流量。因此,在深度和广度之间需要寻找一个平衡点。产品类目作为广度,产品的数量和覆盖的关键词数就是产品的深度。就目前的数据看来,最好的覆盖关键词数与产品数比值大于10是最佳状态。

3. 问题产品诊断

打开阿里巴巴国际站后台,找到产品管理,进入"产品诊断优化",解决所有问题产品,否则将严重影响产品排名。

4. 橱窗数量与问题橱窗产品诊断

打开阿里巴巴国际站后台,找到"数据管家",进入"我的产品",选中"橱窗产品"选项,查找60天内零效果的橱窗产品,如果存在,将该类产品进行优化或换其他产品推橱窗。

5. RFQ问题诊断

RFQ是企业赶超同行的一个利器,精心回复RFQ的企业,往往能获得很好的收益。RFQ本身等于询盘,发出去时会为平台加分,而买家回复RFQ的时候,则得到了一个询盘,又为自己加了一次分。如果有了往返几次交流,还可以继续加分。另外,买家回复RFQ的比例是升级RFQ级别的关键。

6. 诊断侵权信息

如果因侵权被扣12分以上,又没有其他很好的排名资源支撑,店铺几乎被判死刑。

7. 及时回复率

这一条极大地影响买家投票行为,从而影响后期排名。

8. 诊断直通车情况

90%的企业普遍认为流量大就会销量多,但很多企业都是盲目开直通车。

9. 多语言产品诊断

如果产品图片是自己拍摄的,文案是原创型的,被搜索引擎搜录的机会将大大增加,从而获得更多的站外流量。除此,阿里在俄罗斯、南美、西班牙等地大力推广小语种,因为推广的人少,推广成本低,竞争相对少,从而会获得更多流量,成交转化的概率大于英语。

10. 联系方式

应确保客户能随时随地联系到卖家,因此在开始推广之前,应确保页面内容有可用的邮件地址和电话。

11. 求助专业的第三方

视觉营销,让旺铺吸引客户下单,必须由专业的团队进行策划、设计、运营,展现企业品牌形象及产品卖点。

12. 持之以恒的态度

要每天坚持发布产品,检查产品排名变化,根据需要进行适当优化,学会分析,及时总结阿里巴巴国际站排名规则和技巧。

二、外贸直通车基础操作

(一)外贸直通车概述

P4P 是 Pay for Performance 的简称,是一种付款方式,是阿里巴巴国际站提供推广资源位,让卖家自行设置产品的多维度关键字后付费展示产品信息,通过大量曝光产品来吸引潜在买家,并按照单击数量进行付费的全新网络推广方式。简单来说,直通车是为产品购买 VIP 服务,方便产品在排名时能够直接进入前五名。P4P 是一种 CPC(Cost Per Click)竞价推广模式。

在平台产品评级体系中,参与推广的产品都会被系统给出相应的"星级",级别范围为一星到五星,以五星产品为最高,如表 3-1 所示。产品评级系统给推广产品评级的主要依据有以下几点。

表 3-1 产品"五星"评级体系

星级	产品与词的相关度	产品的买家喜好度(转化率)
★	低	低
★★	低	较高
★★★	高	低
★★★★	高	较高
★★★★★	高	高

(1)产品的信息质量,即产品信息的完整度。

(2)关键词和推广产品的匹配程度,主要通过产品类目、产品名称、产品属性,产品详情等得以体现。

(3)买家的喜好度,主要包含买家的成交信息、单击信息及反馈等行为。

(二)外贸直通车业务流程

要想做好 P4P 推广,卖家要熟悉外贸直通车的业务流程。P4P 推广的业务流程是"先选品、再选词、后出价"。

1. 选品

指卖家确定显示在外贸直通车中的推广产品,只有 P4P 产品才可以加入外贸直通车的推广。产品成为 P4P 产品的前提是这个产品必须已经通过审核,并且能在网站上被正常地展示出来。

外贸直通车推广产品展示在买家面前,需要具备如下基本要求。

(1) 账户状态正常且当前账户的余额大于 0,余额包含现金和红包。

(2) 账户当日的实际花费在每日投放预算额之内。

(3) 产品对应的关键词的出价小于每日投放预算的余额。

(4) 推广产品本身以及产品所属推广计划为"已激活"状态。

(5) 供应商的推广信息满足推广评分要求,即推广评分至少达到"良"以上。

(6) 买家搜索了卖家选择的推广关键词,或者浏览了含有卖家选定为外贸直通车产品的相关类目。

(7) 推广产品配有图片。

(8) 推广的产品数量越多,被买家搜索到的概率就越大。

2. 选词

指针对外贸直通车里的推广产品,卖家应该选择关键词来做产品推广。默认情况下,平台会根据卖家的所有产品和推广产品,自动推荐适合卖家产品的关键词。卖家也可以根据如下的选词维度和选词技巧获得相应的关键词,然后批量添加。

(1) "选词"的维度有搜索热度、推广评分、产品即时排名、平均单击花费。

(2) "选词"的技巧有相关度、性价比、海量加词。

3. 出价

出价是指关键词确定后,卖家需要根据自己对产品排名的预期和对花费的估算对关键词进行出价,需要知道底价、出价和扣费的相关概念。

(1) 扣费≤出价。

(2) 排名=推广评分×出价。

(3) 扣费公式中包含下家出价×下家的推广评分,在某种意义上是在为同行省钱,设定大概出价范围即可,重点提升推广评分。扣费公式如下。

- 出价≠实际扣费
- 实际扣费 = $\dfrac{\text{下家出价} \times \text{下家的推广评分}}{\text{您自身的推广评分}} + 0.1$

(4) 推广评分星级内也有区别,同为五星产品(假设五星为 80~100 分,可能 A 产品打分为 85 分,B 产品打分为 95 分)展示位置可能不同,可分为第一页顶级展位后前五位(Sponsored Listing)、右侧 10 个展示区和下方 4 个展示区。

产品信息质量越全面、产品与推广的关键词越匹配、买家喜好度越高,卖家的推广评分就越高,其每次单击扣费就会越低。

(三) 外贸直通车基本操作

进入外贸直通车(见图 3-48~图 3-52)。

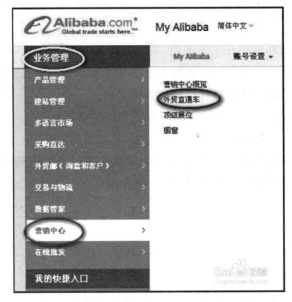

图 3-48 营销中心界面

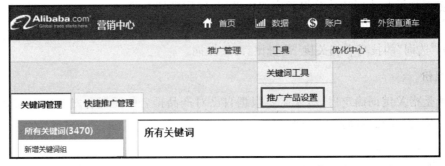

图 3-49 推广产品设置菜单

图 3-50 推广产品设置

三、外贸直通车相关技巧

(一) 账户设置

账户设置界面如图 3-53 所示。

(二) 拓展匹配功能

拓展匹配设置如图 3-54 和图 3-55 所示。

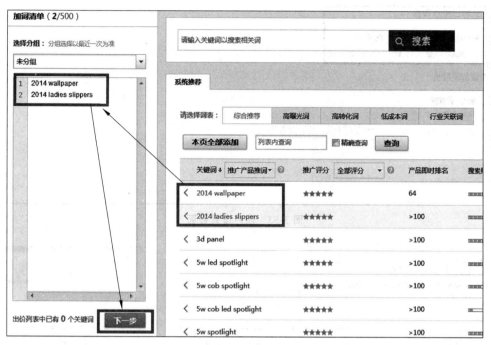

图 3-51 添加推广产品

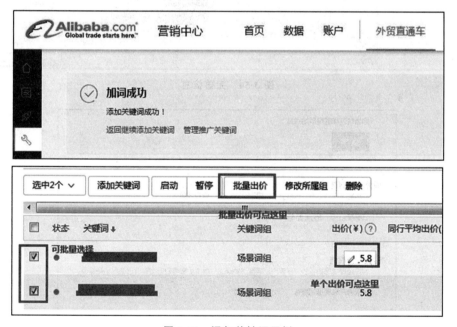

图 3-52 添加关键词示例

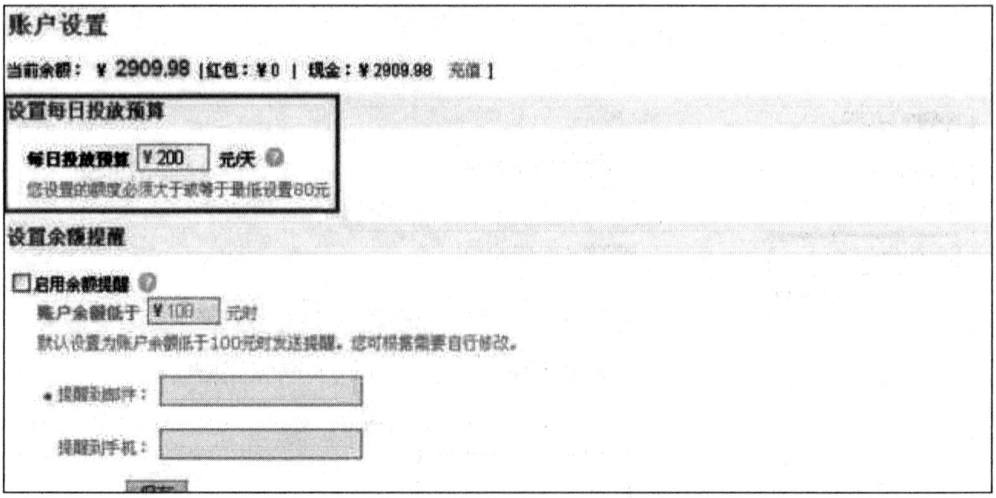

图 3-53 账户设置界面

图 3-54 完善信息

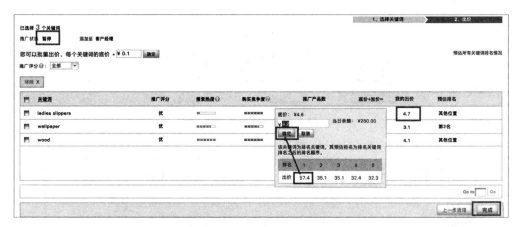

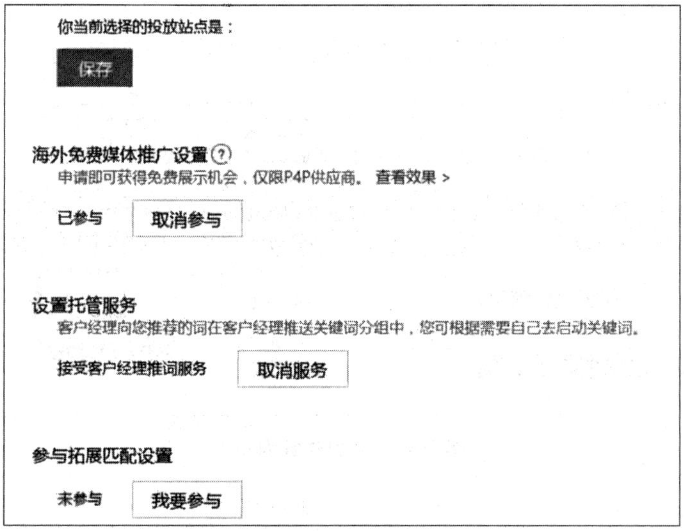

图 3-55 参与拓展匹配设置

P4P 前期可打开，后期关键词稳定掌控后关闭，即使需要推广相关词也可手动添加指定的相关词至词库。

（三）投放地域和时间

从经验中可判断产品在哪些目标市场询单和转换率较高，每日预算不充裕、打算精准营销的话，可单独将产品投放时间匹配至目标市场的上班周期波动范围内（若每日预算充裕可直接 24 小时投放），如图 3-56 所示。设置要求如下。

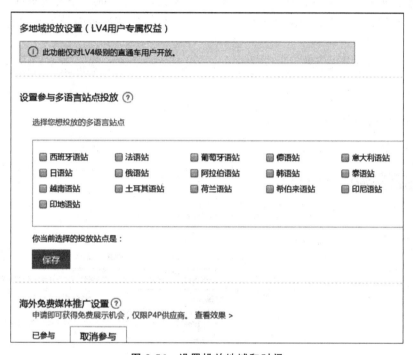

图 3-56　设置投放地域和时间

（1）P4P 等级达到 LV4 可设置多地域投放。
（2）未达到 LV4 可通过外贸服务市场的相关 P4P 软件设置投放时间。

（四）账户授权

账户授权界面如图 3-57 所示。

图 3-57　账户授权界面

(五)产品主图的重要性

主图也是一种详情页,部分买家在浏览产品时只看主图不看详情页。主图的选用要求如下。

(1)高清白底或高清实拍场景图。

(2)800×800 72dpi 或 1000×1000 72dpi。

(3)推广时间段内观察上下同行的主图,进行调整,以此形成主图的区别性和独特性。

(4)使用表格统计不同主图在不同时间段的单击率和浏览时间等情况,以此选择最优主图。

(5)提升主图单击率,即提升关键词单击率,有助于提升关键词星级标题,匹配的关键词会醒目标红显示在标题上。

(六)提高询盘转化率

提高询盘转化率如图 3-58 所示。

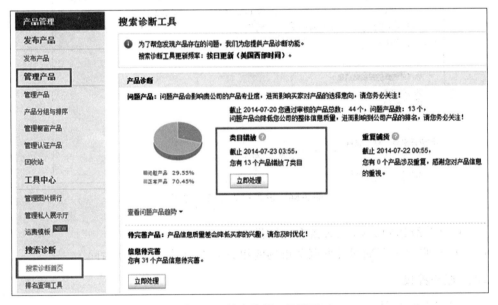

图 3-58 搜索诊断工具界面

(七)产品的优先推广

产品的优先推广如图 3-59 所示。

(八)成长等级

成长等级如图 3-60 所示。

图 3-59 设置产品的优先推广

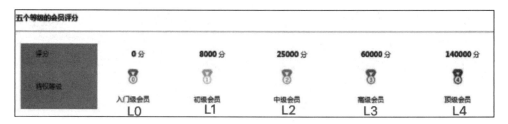

图 3-60 成长等级

任务实施

一、了解产品排名规则和影响因素

（1）排名规则。

（2）影响排名的因素。

（3）提升产品排名。

二、熟悉外贸直通车基本操作

（1）了解外贸直通车。
（2）外贸直通车业务流程。
（3）外贸直通车基本操作。

同步实训

登录阿里巴巴国际站，对现有店铺进行外贸直通车的相关操作，熟悉外贸直通车的业务流程，并提出外贸直通车相关技巧的操作建议。

习题

1. 产品排名规则有哪些？影响因素有哪些？
2. 外贸直通车的基本操作有哪些？
3. 如何使用外贸直通车的相关技巧？

项目四

跨境电商B2C平台操作——亚马逊

 学习目标

知识目标

1. 能够列举开店所需的材料；
2. 了解亚马逊的两种账号类型；
3. 熟悉亚马逊选品五准则；
4. 能够列举亚马逊平台产品发布的3种方法；
5. 认识亚马逊FBA；
6. 熟悉交易管理后台菜单；
7. 了解亚马逊的3种站内广告、4种站外广告；
8. 了解亚马逊的A9算法；
9. 熟悉亚马逊打造爆款的运营思路。

能力目标

1. 能通过亚马逊平台开设网店；
2. 学会在亚马逊卖家中心后台完成店铺基本设置；
3. 能独立完成亚马逊的产品发布；
4. 会创建、设置亚马逊平台的付费广告、标题搜索广告、产品展示广告；
5. 能够运用Deal网站、Instgram、YouTube对亚马逊店铺进行站外引流运营；
6. 能完成亚马逊店铺的产品列示内容优化；
7. 能使用爆款打造的运营模式对亚马逊店铺进行爆款打造。

素养目标

1. 具有良好的职业道德、法律素养和良好的身心素质；
2. 具有较强的自我学习能力，能不断提高自身的跨境电子商务专业能力；
3. 具有良好的文字表达能力，能准确进行各种商务写作；
4. 具有一定的网络信息处理能力，能够收集并有效地分析和处理工作信息；
5. 具有一定的创新能力，能够运用新技术改进工作。

项目介绍

本项目包含了四个学习任务,具体如下。

任务一　平台注册及开通店铺
任务二　产品选择及发布
任务三　产品及订单管理
任务四　店铺维护及运营技巧

通过本项目的学习,能掌握跨境电商中的亚马逊店铺管理,以及亚马逊店铺的整体优化和运营。能自行完成店铺注册、店铺设置、产品上架和店铺运营,具备平台准备、后台订单管理的能力,具备较强的自学能力、应变能力,具备一定的网络信息处理能力和良好的身心素质,以适应将来的跨境电商企业的运营管理岗位。

任务一　平台注册及开通店铺

情境导入

小凌已经对跨境电子商务的运营很熟悉了,并且通过一些平台获取到了很多汽车配件的订单和交谈机会,为了扩大汽车配件产品的推广和销售,小凌通过朋友介绍,得知亚马逊跨境电子商务平台对公司的运作很有帮助,于是,小凌开始了解和学习亚马逊跨境电子商务平台,并且对亚马逊的注册和流程做了准备,争取尽快为公司开通亚马逊跨境电商平台。

任务分析

亚马逊店铺的注册,需要提前准备开店材料,熟悉和了解注册步骤。

知识链接

亚马逊(Amazon)是美国最大的网络电子商务公司,总部位于华盛顿州的西雅图,是最早开始经营电子商务的公司之一。亚马逊成立于1995年,开始只经营网上书籍销售业务,现在已成为全球商品品种最多的网上零售商。亚马逊在全球共有10个站点,拥有由全球109个运营中心组成的物流体系,物流配送覆盖185个国家和地区,全球活跃用户超过2.85亿人。

一、亚马逊平台注册准备工作

(一)开店前准备材料

1. 自注册账号所需的材料

(1)没有登录过亚马逊账号的计算机和网络。

(2)邮箱。

(3)办公地址。

(4)电话。

(5)VISA 或 Mastercard 信用卡(信用卡需要是激活状态的且可以汇入美元)。

2. 亚马逊卖家账号的类型认识

亚马逊卖家账户可分为 Individual Level(个人卖家账号)和 Professional Level(专业卖家账号)两种。

(1) Individual Level(个人卖家账号)的优势是无店铺佣金,但是每卖出一件产品,卖家需要支付 0.99 美元和产品销售佣金,没有促销功能和礼品服务、无法竞争特色卖家的权限,没有"黄金购物车"的竞争权限、店铺订单数据报告,上传产品只能通过手动添加。

(2) Professional Level(专业卖家账号)按月支付 39.99 美元的租金和产品销售佣金,拥有创建促销计划和礼品服务的功能,有机会通过店铺的良好表现成为特色卖家,进一步提高产品的曝光率和转化率,可以通过用户指标和有竞争力的价格获得"黄金购物车"。如果卖家的 SKU(库存量单位)达到 100 个以上,可以借助批量上传功能来完成产品的添加,也可以获得店铺及订单数的详尽报告,以此优化产品的清单。

(二)店铺账号注册流程

1. 亚马逊账号注册的流程(以美国站为例)

(1)店铺注册入口。首先打开亚马逊官网(http://www.amazon.com),单击首页搜索框下面的"Sell"按钮,如图 4-1 所示。

图 4-1 亚马逊首页

或者在页面的底部,找到 Sell on Amazon 的选项,选择即可一样到达注册链接地址,如图 4-2 所示。

单击 Start selling 按钮开始注册账号。

注册者应留意按钮下方的内容,其已明确说明专业卖家销售计划月租费用为 39.99 美元。在页面底部还有一个同样醒目的按钮 Start selling,其下方的内容为 Sign up to become an individual seller。通过这个链接注册的账号是个人卖家账号,此账号不会收取 39.99 美元的月租费用,但会有除产品销售佣金以外 0.99 美元的附加费用。

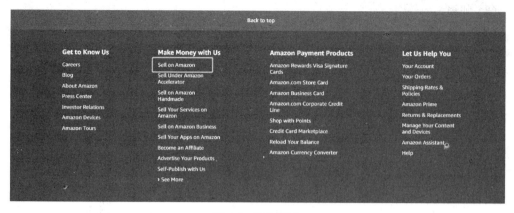

图 4-2　Sell 界面

（2）账号信息创建。注册账号界面如图 4-3 所示，卖家可填写注册信息，包括 Your name（姓名）、E-mail（邮箱）、Password（密码）、Re-enter password（再次输入密码）。填写完毕，单击 Next（下一步）按钮，如图 4-4 所示，输入验证码，进入卖家协议界面。

图 4-3　注册界面

图 4-4　卖家协议界面

（3）卖家协议的所有信息必须使用拼音或者英文填写，姓名与身份证上的名字拼音应保持一致，否则会导致审核失败。在 Legal name（法定姓名）页面，如图 4-5 所示，需要填写个人全名，如果是以公司名义注册，应填写公司名称。填写完毕，勾选 I have read and accepted the terms and conditions of the Amazon Services Business Solutions Agreement 复选框，即"同意平台卖家协议"，然后单击 Next 按钮。

（4）基础信息填写。卖家基础信息填写界面，如图 4-6 所示，需要输入卖家的基本信息，具体包括以下内容。

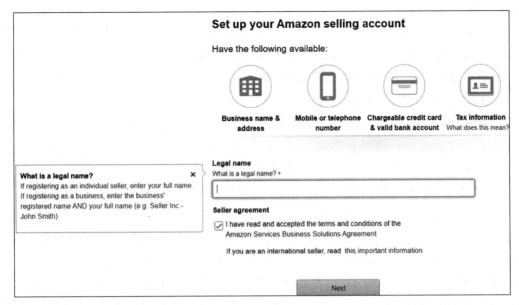

图 4-5　卖家协议界面

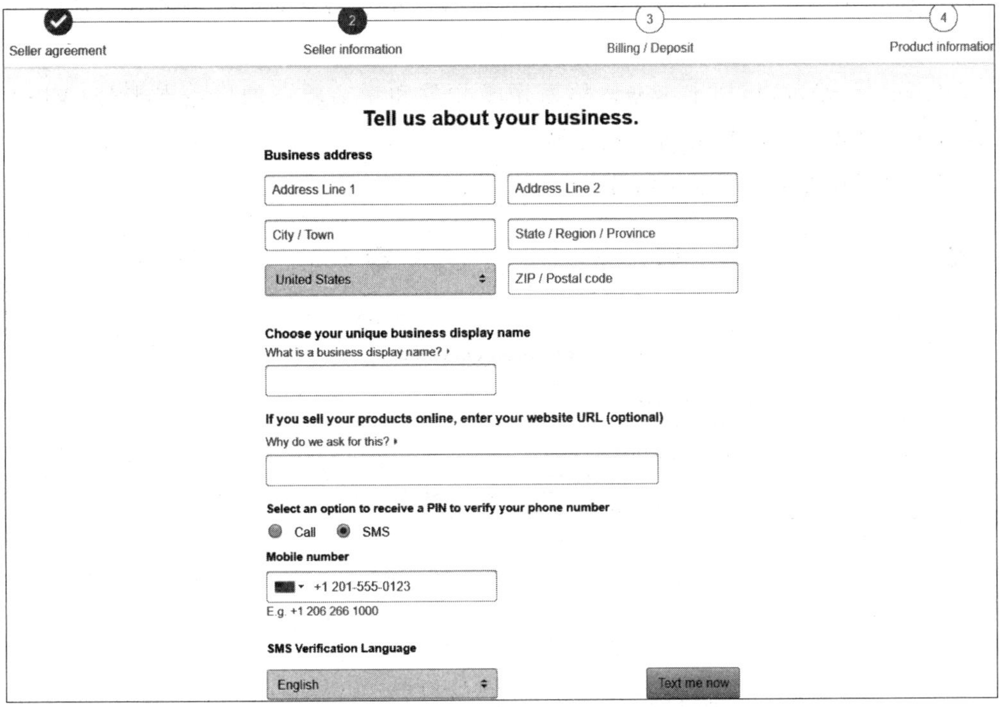

图 4-6　基础信息界面

① Business address，即地址。国外地址信息的填写规则是区域范围从小到大，此处可以填写具体的门牌号、小区、街道等信息，要求真实且和账单地址保持一致。

② Address Line 2，同样是地址信息。此处可以填写区、县、地级市等方面的信息，要求

同上。

③ Display name，即店铺名称。这是在亚马逊平台上展现给买家的店名，这个店名完全自定义，可以是公司名称、品牌名称，唯一的原则就是不能侵权。如果有需要，后期还可以在卖家后台中进行更改，但改动不宜过于频繁。

④ City/Town，即市/城镇。

⑤ State/Region/Province，即州/地区/省份。

⑥ ZIP/Postal code，即地区邮编。

⑦ Country，即国家地区。从下拉框中选择 China（中国）。

⑧ Mobile number，即电话号码。用于账号激活验证、平台客服沟通等，在下拉列表框中选择 China，并填入常用的手机号码。

基础信息填写完毕，单击 Save & Continue 按钮，进入身份验证页面，此时系统会发送一条包含 4 位数的 PIN 码短信至预留的手机号码上，同时弹出 PIN 码激活验证页面。在此输入短信中的 PIN 码，激活完成，单击 Next 按钮，进入 Billing/Deposit 信息填写页面。

（5）付款及收款信息填写。在收付款信息界面中，需要完成信用卡和收款银行账号信息的填写（见图 4-7）。

第一部分，如图 4-7（a）所示，billing method 即信用卡信息的填写，具体包括以下几项内容。

① Card Number，信用卡卡号。填写用于扣款和激活验证的信用卡卡号（VISA 或 Master Card 均可）、激活状态、可用额度等。

② Valid through，信用卡到期日。

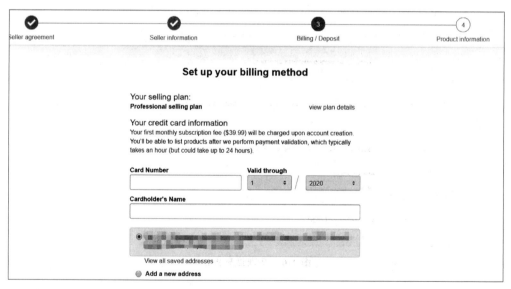

(a)

图 4-7 付款及收款信息界面

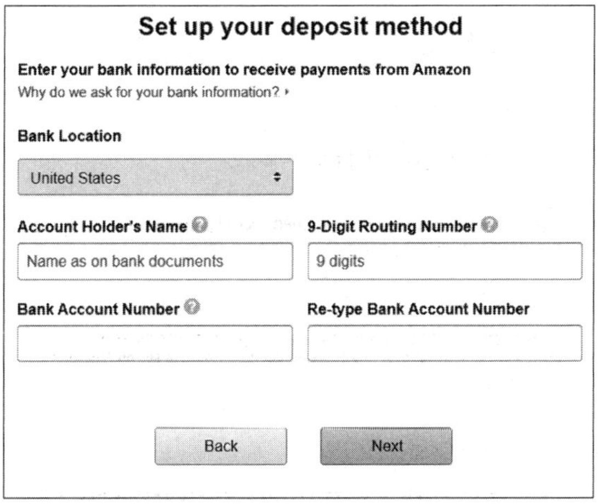

(b)

图 4-7（续）

③ Cardholder's Name，持卡人姓名。信用卡持卡人与卖家账号注册人无须为同一人，卖家个人及公司账号都可以使用个人信用卡。

第二部分，如图 4-7(b)所示，deposit method，即收款银行账号信息的填写，具体包括以下几项内容。

① Bank Location，银行账号所属国家。

② Account Holder's Name，银行户名。理论上，银行户名应与账号注册信息名称相同，但如果是利用第三方工具收款的卖家，其银行户名与店铺名称保持一致即可。

③ 9-Digit Routing Number，9位数的银行识别码。这是全球统一的金融系统专属代码，可登录收款工具官网或者联系收款银行进行查询。

④ Bank Account Number，收款银行账号。

⑤ Re-type Bank Account Number，再次输入收款银行账号。

至此，店铺收款信息填写完毕，单击 Next 按钮进入 Product information 页面。

上面所述为亚马逊账号注册过程中的必填选项，卖家需提前准备好相关收款银行账号。另外，亚马逊于 2018 年年中上线了自己的国际收款系统，国内的卖家可以在后台信息中心进行收款银行账号的设置，直接输入国内银行卡信息。在指定打款日期，亚马逊平台会自行进行货币转换，将货款款项汇入卖家国内银行账号。因为卖家收到的是人民币，所以就避免了每年 5 万美元的外汇兑换额度，省去了操作和兑换上的烦琐流程。

（6）商品信息（此步骤可跳过，待账户注册成功后可在卖家后台继续完善）。

调查的内容包括 UPC、产品品牌及数量，根据实际情况选择即可，单击 Next 按钮进入下一页，如图 4-8 所示。

图 4-9 所示页面为 Tell us about your product categories，即产品分类选择界面。选择所要售卖产品的分类，如户外运动类、美妆类、宠物用品类、生活用品类等。

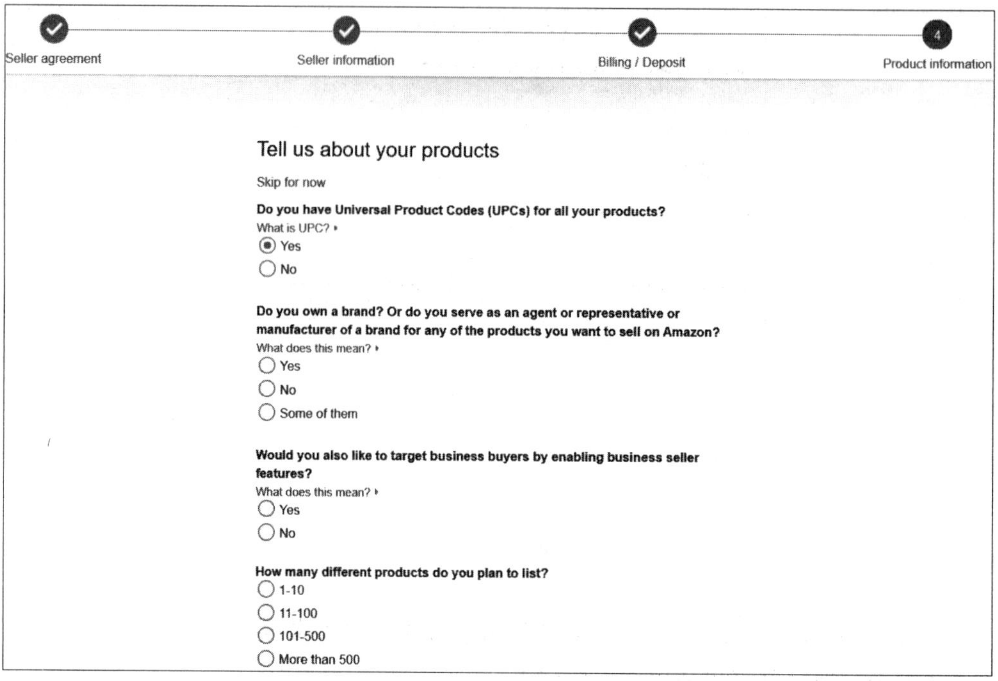

图 4-8 商品信息界面

(7) 身份验证。Identity Verification，即身份信息审核，如图 4-10 所示。身份验证是卖家在亚马逊开店时必须进行的一个步骤。

(8) 选择公司所在国家及卖家类型（此页信息提交后无法更改，请务必慎选）。通过招商运营经理开店的卖家选择第二个 Director or representative，并依照营业执照签发地选择所在国家/地区。单击 Next 继续填写身份信息，如图 4-11 所示。

公司卖家在此页面提交营业执照上所显示的法人的信息，所有信息使用汉语拼音。中国大陆公司应选 Legal representative（法定代表），中国台湾或中国香港公司应选 Director or representative（董事或代表人）。分别填写法人代表姓名、国籍、出生日期。后面填写公司中英文名及其统一社会信用代码或注册号。

(9) 上传照片。

① 公司。卖家在此页面提交营业执照上的法定代表人信息，其中姓名及企业名称支持中文输入。

② 上传法定代表人身份证、营业执照彩色扫描件或照片。如图 4-12 所示，卖家应分别提交两种文件资料。

其一，身份证正反两面的扫描文件。为了提高通过率，卖家可附上手持身份证的照片。

其二，营业执照。提交的资料应符合要求，包括个人信息一致性、文件大小限制及清晰度等，注意阅读上传规则。

至此，亚马逊的账号注册完毕，如图 4-13 所示，等待账号审核通知。

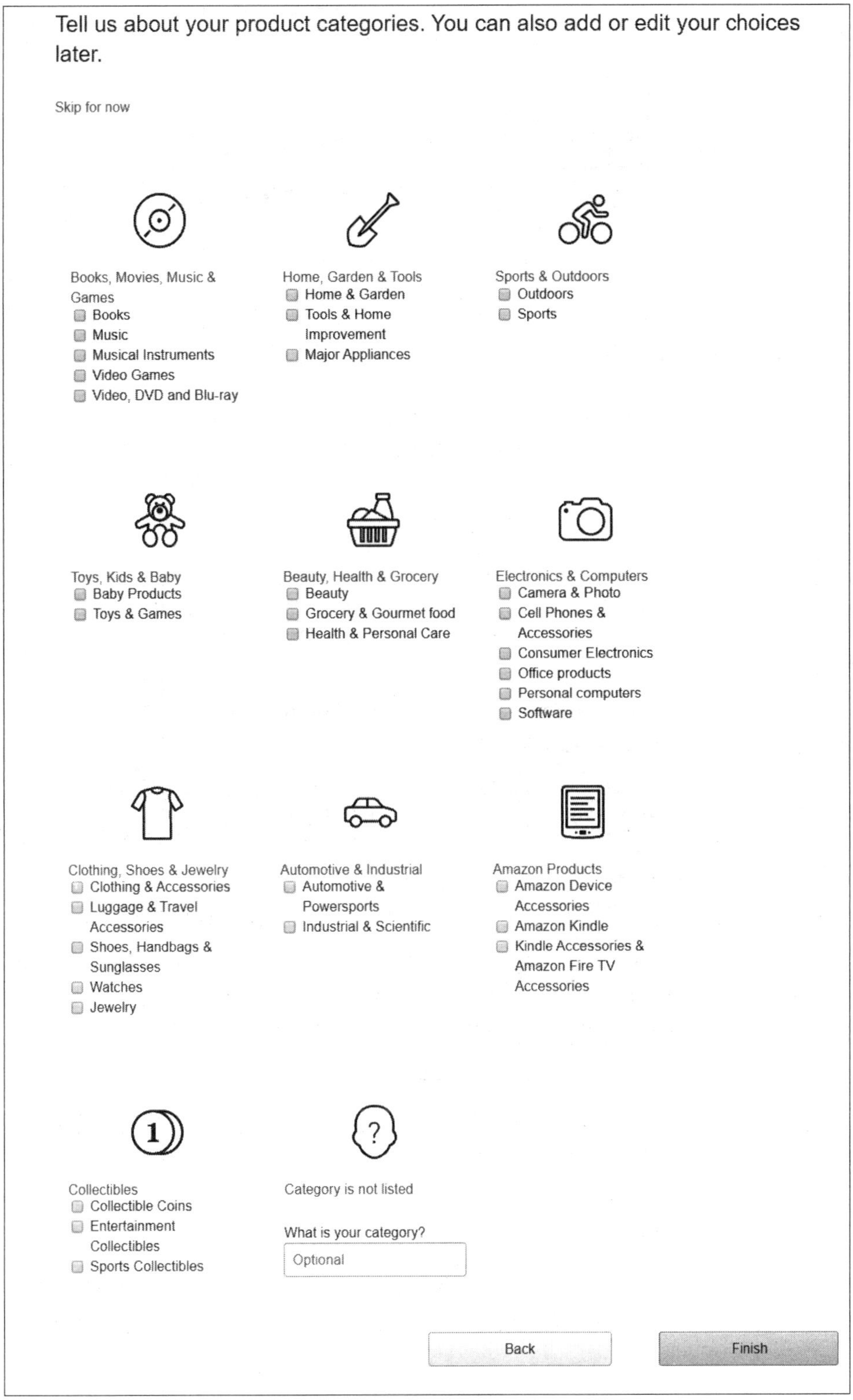

Tell us about your product categories. You can also add or edit your choices later.

Skip for now

Books, Movies, Music & Games
- Books
- Music
- Musical Instruments
- Video Games
- Video, DVD and Blu-ray

Home, Garden & Tools
- Home & Garden
- Tools & Home Improvement
- Major Appliances

Sports & Outdoors
- Outdoors
- Sports

Toys, Kids & Baby
- Baby Products
- Toys & Games

Beauty, Health & Grocery
- Beauty
- Grocery & Gourmet food
- Health & Personal Care

Electronics & Computers
- Camera & Photo
- Cell Phones & Accessories
- Consumer Electronics
- Office products
- Personal computers
- Software

Clothing, Shoes & Jewelry
- Clothing & Accessories
- Luggage & Travel Accessories
- Shoes, Handbags & Sunglasses
- Watches
- Jewelry

Automotive & Industrial
- Automotive & Powersports
- Industrial & Scientific

Amazon Products
- Amazon Device Accessories
- Amazon Kindle
- Kindle Accessories & Amazon Fire TV Accessories

Collectibles
- Collectible Coins
- Entertainment Collectibles
- Sports Collectibles

Category is not listed

What is your category?

[Optional]

[Back] [Finish]

图 4-9　产品分类选择界面

图 4-10　身份验证界面

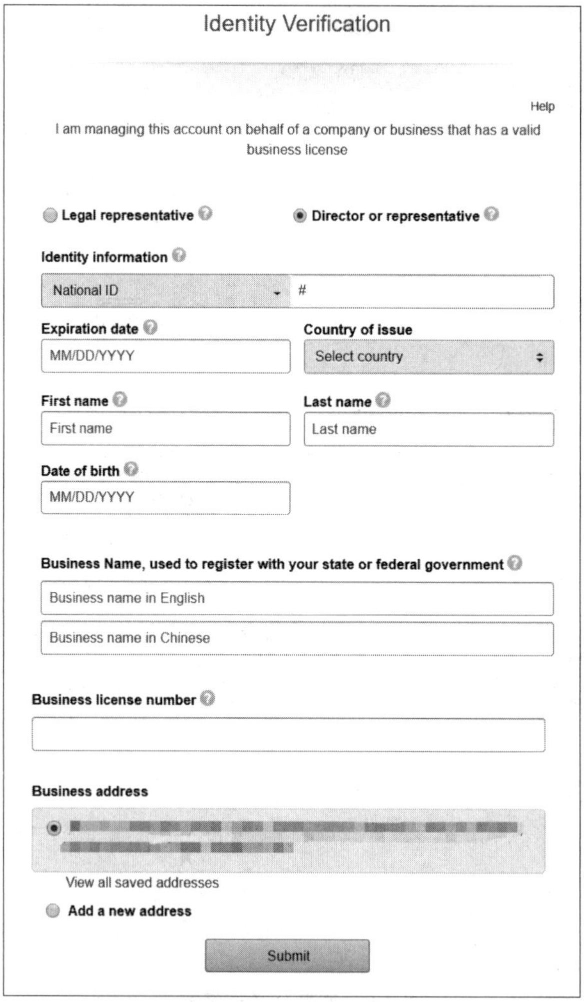

图 4-11　身份验证

项目四　跨境电商B2C平台操作——亚马逊

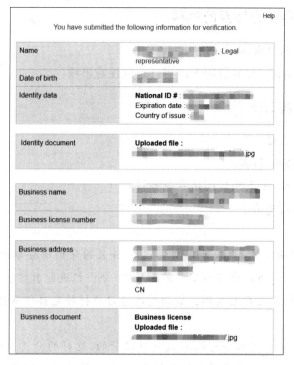

图 4-12　上传照片界面

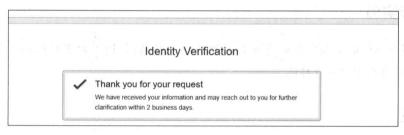

图 4-13　等待账户审核通知界面

账号注册审核期一般为 2 个工作日,如果填报的资料无误,最快当天可审核完毕。注册者应留意注册时使用的邮箱,审核通过后亚马逊会以邮件的方式通知卖家。

任务实施

一、根据现有的条件,调查了解亚马逊平台的情况

(1) 使用亚马逊平台的国家。
(2) 用户规模。
(3) 平台的优点和缺点。
(4) 亚马逊平台的特点。

二、注册亚马逊平台需要的材料

(1) 哪些是已有的材料,哪些材料还不够。

(2) VISA 或 Master Card 信用卡注册开通的注意事项。

三、注册的准备工作

(1) 亚马逊站点选择。

(2) 账号选择和密码设置。

(3) 账号类型选择(个人账号还是专业账号)。

(4) 账号信息填写规范。

小提示:

在进行任务实施的时候,考虑到工作量很大,并且同学们所接触的知识和信息有限,有的学生还没有注册条件,所以在任务实施的时候,可分小组进行教学。每个小组的组员进行分工查找,共同注册一个亚马逊店铺。小组对准备好的材料先自行筛选讨论,最终将结果轮流上台展示说明。

电子商务公司多是以团队合作的形式进行经营的,这样的分工合作可以让学生提前适应团队合作,培养团队精神,提高团队协作能力,让学生尽快适应跨境电子商务的工作。

同步实训

尝试用自己注册的账号在亚马逊上查询和购买产品,分析了解亚马逊电子商务平台的特点,并与国内的淘宝进行对比。

习题

1. 亚马逊电子商务平台有什么特点?
2. 注册亚马逊店铺要准备什么?
3. 注册亚马逊店铺的步骤有哪些?

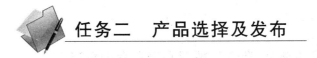

任务二　产品选择及发布

情境导入

小凌把公司的亚马逊店铺开好了,并且审核也通过了,接下来要对亚马逊店铺进行基本设置,以及商品的选择和上架发布。亚马逊上经营的产品有一定的讲究,产品上架有好几种方式,定价方式也很讲究。所以小凌遇到了很多问题,需要进一步学习相关技能。

📖 任务分析

每个平台的产品选择规则不一样,选择好的产品是做电商成功的一半,所以要进行产品选择,并且还要完善基本的店铺设置,便于客户更加了解店铺的产品和公司。亚马逊店铺的产品上架有别于其他跨境电商平台,有3种不同的上架方式,要选择合适的上架方式。

💻 知识链接

一、产品选品

选品之前应先做好产品定位。所谓定位就是基础准则,具体包括如下几个方面。

(一)高利润率的产品

目前,国内的电商平台整体利润率不高。其原因一方面是竞争太激烈,大部分行业的价格战已经进入白热化,另一方面是运营成本连续上升。反观亚马逊,其在海外20多个国家和地区占有很高的电商市场份额,平台本身对价格战和恶意竞争是相当抵触的。因此,卖家不能心存侥幸在亚马逊平台搞价格战,而是要在保证产品利润的前提下,不断提升产品品牌和服务质量,留住更多的用户。电商平台中的平均利润率为40%,品类、产品不一样,利润也会有差距,如珠宝首饰、金银钻石类产品的利润率较高。

(二)符合平台规则的产品

亚马逊平台有其产品分类审核规则,即不是所有的产品都可以在亚马逊售卖,亚马逊对几十种产品都设有门槛,具体包括以下几类。

1. 奢侈品

奢侈品一般比较昂贵,鉴定的流程比较复杂,保养费用比较高,一旦发生纠纷,给亚马逊口碑带来的影响将会超过其他商品的影响。因此,奢侈品上架售卖的资质审核是比较严格的,其类目包括手表、艺术品、珠宝首饰等。

2. 危险品

亚马逊作为全球知名的电商平台,为保护自身的品牌和购买者的权益,凡是有可能对消费者造成伤害的产品都被其归类到禁止销售的列表中,其中包括了化妆品、食品,甚至包括小孩子的玩具和游戏道具等。使用亚马逊FBA仓库的卖家,其产品入库的前提是经过了危险品登记核查。另外,产品的售卖也有地域限制,例如,美国有一些州的法律规定不允许在网上购买刀具,要结合不同国家和地区的法律进行判定。

3. 收藏类商品

收藏类的产品对卖家的资质要求比较高,只允许专业人士进行售卖。这类产品有着很高的质量保证要求,其中的代表产品如纪念币、艺术品等,如果这类产品被投诉为虚假产品,后果是相当严重的。

以上是比较典型的几个受限的产品分类,更详尽的信息可以参考亚马逊后台的分类审核表,里面罗列了不同品类产品如何解除限制的相应规定。

（三）重量小、不易碎、功能简单的产品

这项产品的优势主要是来源于跨境电商的物流环节，物流的费用一般是按照重量或者体积进行计算的。亚马逊的 FBA 主要涉及两部分的费用，即头程的入库物流费与物流操作费，因此选择重量轻的产品不仅可以降低物流成本，而且会降低产品破碎、损坏的风险，功能少的产品则可以减少售后的麻烦。如果物流的成本较高，就需要强大的资金支持，发海运的话，回款时间也会比较长。此外，食品类产品需要各种过关检测、本土检测、美国 FDA 检测，程序非常烦琐，若出现变质问题就会得不偿失，除非卖家在美国境内有品牌在运营，可以尝试入驻亚马逊来提升品牌知名度和拓展互联网销售渠道，否则不建议销售食品类产品。

（四）类目里是否有头部垄断品牌

这个问题决定了产品的运营费用和后期的增长"天花板"。国内各大电商平台，每年进行大促时，各类目头部品牌的流量和销售额占据了 60%～70%，个别类目甚至达到 100%。亚马逊也存在品类的头部品牌垄断现象，尤其是 3C 电子配件类、手机配件类产品，已经出现了一批全球知名的品牌。若卖家主营手机壳、数据线等类目的产品，一方面资金量不足以与这些巨头竞争；另一方面整体的品牌知名度缺乏竞争力。因此，如果一个品类里已有 5～10 个品牌出现，就要尽量避免这个类目，应把时间和精力转移到其他产品上，谋求更大的收获。

（五）类目同级产品排名不能过低

产品排名越靠前，流量曝光就越多，越能促进订单的转化，提升销售额。一般产品的品类排名在 3000 名之内算是比较靠前的，大类目的排名还可以再放宽一些。同时还要配合排名和销量综合评估。例如，有人准备卖面膜，而竞品面膜在化妆品类中排名约为 1000 名，这说明产品整体是有一定市场需求的，但是如果销量仅仅为每月 100 单，这就需要认真考虑了，要综合评判其原因，是列表转化的问题，还是产品本身的问题。

二、店铺设置

卖家中心后台的基本设置在卖家中心的右上角 Settings 下拉菜单中，包含 Account Info（账号信息设置）、Global Accounts（全球账户）、Notification Preferences（系统通知偏好设置）、Login Settings（账号登录设置）、Return Settings（退货地址设置）、Gift Options（礼品选项）、Shipping Settings（发货及运费设置）、Tax Settings（税务设置）、User Permissions（子账号设置）、Your Info & Policies（卖家信息和卖家政策设置）、Fulfillment by Amazon（亚马逊完成代发货的服务）等内容，如图 4-14 所示。

（一）Account Info（账号信息设置）

在账号信息设置页面，可以设置卖家信息、假期模式、销售计划、收款与扣款、商业信息、发货与退货、税务信息等内容，如图 4-15 所示。具体分为以下几个部分。

（1）卖家信息设置。可以编辑修改店铺名称、客服邮箱和电话等，如图 4-16 所示。

（2）假期模式设置。Listing Status（产品状态）显示店铺所有商品的状态，Active 为在售状态，Inactive 为不可售状态。卖家可以在节假日休假期间把店铺设置为 Inactive，避免因

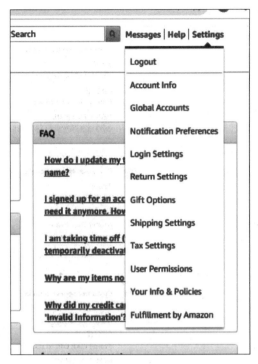

图 4-14 卖家中心后台的基本设置界面

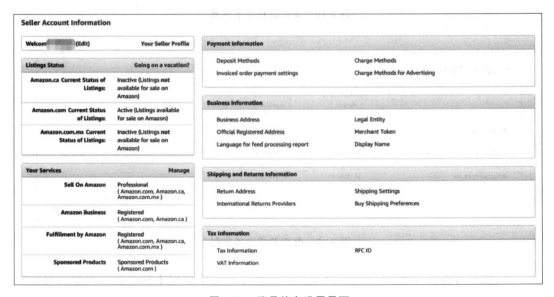

图 4-15 账号信息设置界面

为无人处理订单而影响店铺绩效指标。如果店铺全部为 FBA 发货,则无须设置。设置页面如图 4-17 所示。

(3)销售计划设置。单击 Manage(管理)进入销售计划设置页面,可以进行店铺升级或降级,实现 Individual 和 Professional 之间的切换。

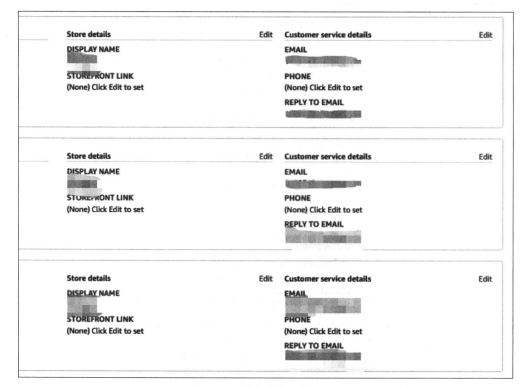

图4-16 卖家信息设置界面

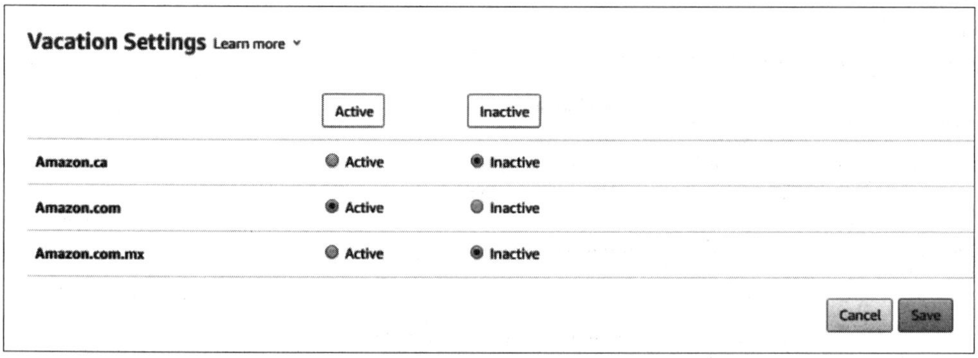

图4-17 假期模式设置界面

（4）收款与扣款设置。Deposit Methods（收款账号），添加用来接收款项的海外银行账号，当前最常用的有PiongPong、Payoneer、World First等收款账号；Charge Methods（信用卡卡号），用来扣付亚马逊店铺的月租，如果账号中有销售余额，那么店铺月租会自动从销售余额扣取，只有销售余额不足时，才会从信用卡中扣取；Charge Methods for Advertising（广告扣款账号），用来支付站内广告的费用，系统默认从信用卡扣款，卖家可以自行更改为从销售余额中扣款，如图4-18所示。

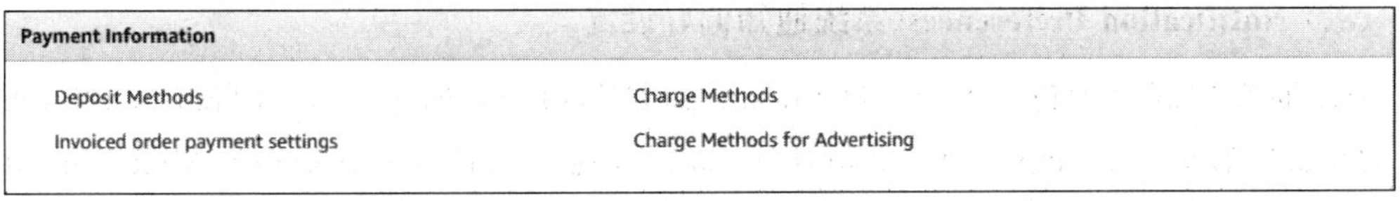

图 4-18　付款信息图

（5）商业信息设置。包括公司地址添加和修改、法人信息（不可直接修改）、办公注册地址信息、卖家凭证（Merchant Token）等，其中卖家凭证由系统自动生成，不可修改，用于和第三方软件对接时使用，应注意保密，如图 4-19 所示。

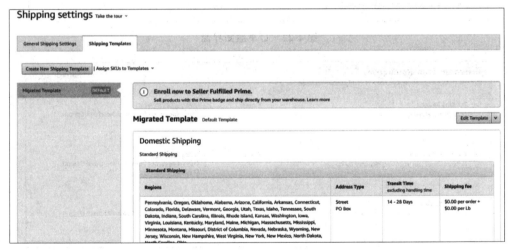

图 4-19　商业信息设置界面

（6）发货与退货设置。包括退货地址、发货运费模板的设置和修改，用于日常运营中退货和 FBA 撤仓接收、发货范围和不同地区、不同阶段的运费标准的设置等，如图 4-20 所示。

图 4-20　发货设置界面

（7）税务信息设置。税务信息在注册过程中已经填写了，日常运营中一般不需要再作填写和变更，如图 4-21 所示。

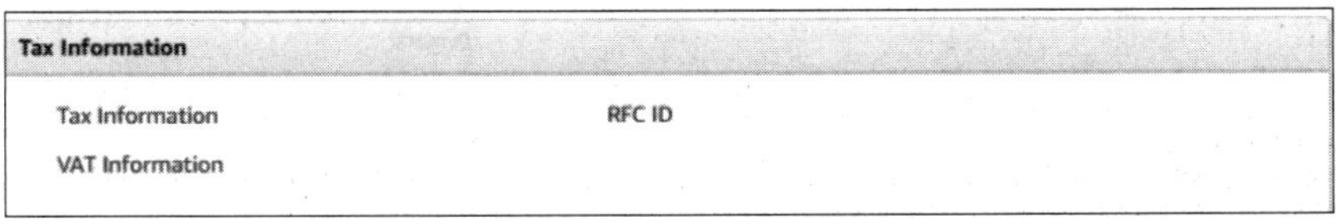

图 4-21　税务信息设置界面

(二) Notification Preferences(系统通知偏好设置)

系统通知偏好设置包含 Order Notifications(订单通知)、Return and Claim Notifications(退货和索赔通知)、Listing Notifications(产品刊登通知)、Reports(报表)、Make an Offer Notifications(议价通知)、Amazon Selling Coach Notifications(亚马逊销售指导)、Account Notifications(账号通知)等,卖家可以根据实际需要,设置不同的邮箱接收不同类型的系统通知邮件,避免因为没有及时接收到邮件而造成处理和回复的延误,如图 4-22~图 4-28 所示。

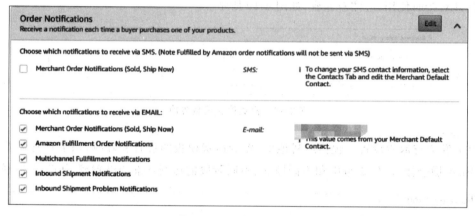

图 4-22 订单通知界面

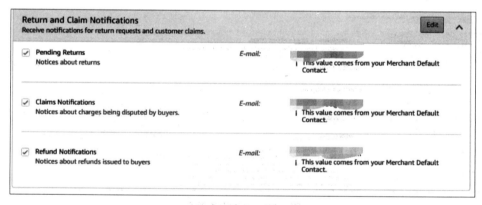

图 4-23 退货和索赔通知界面

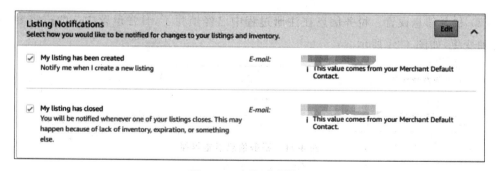

图 4-24 产品刊登界面

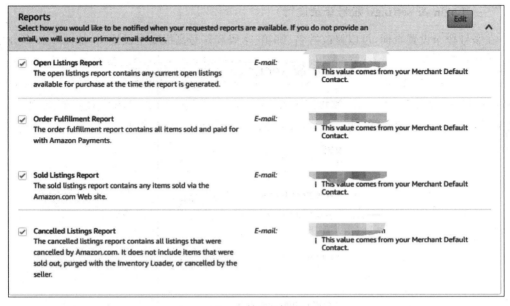

图 4-25 报表界面

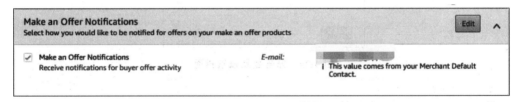

图 4-26 议价通知界面

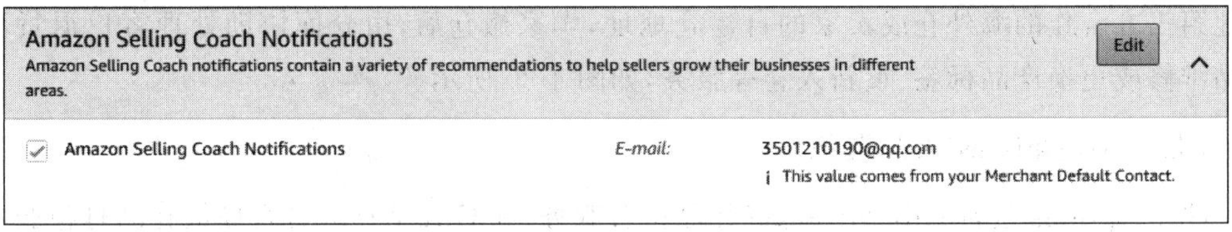

图 4-27 亚马逊销售指导界面

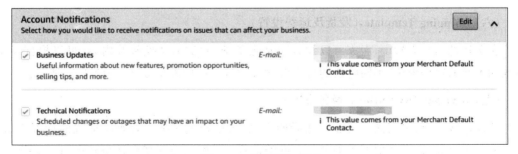

图 4-28 账号通知界面

(三) Login & settings(账号登录设置)

在账号登录设置页面,可以修改姓名、邮箱、密码和账号高级安全设置项,如图 4-29 所示。

图 4-29　账号登录设置界面

(四) Return Settings(退货地址设置)

添加退货地址信息,指添加用于客户直接退货或者 FBA 撤仓的美国地址,通常是站点当地第三方合作的海外仓或卖家的自建仓地址,卖家撤仓后,由仓库协助处理客户退货、不良品维修或更换产品标签、重新入仓等服务,如图 4-30 所示。

(五) Gift Options(礼品选项)

Gift Options 包含 Gift Message(礼品留言服务)和 Gift Wrap(是否提供礼品打包服务)两项。对大部分卖家来说,在运营中并不能实现这两项服务,所以可以直接忽略,如图 4-31 所示。

(六) Shipping Templates(发货及运费设置)

在发货及运费设置中,卖家可以设置包括发货地、发货运费模板等内容,可以根据发货范围和不同的收件地区、不同阶段的订货数量等设置不同的费率标准,如图 4-32 所示。

(七) Amazon Tax Settings(税务设置)

需征税的卖家(以美国公司资料注册的卖家)可以通过税务设置查看征税的计算方法、征税义务和条款,以及其他相关的税务方面的设置。一般卖家保持默认设置即可,如图 4-33 所示。

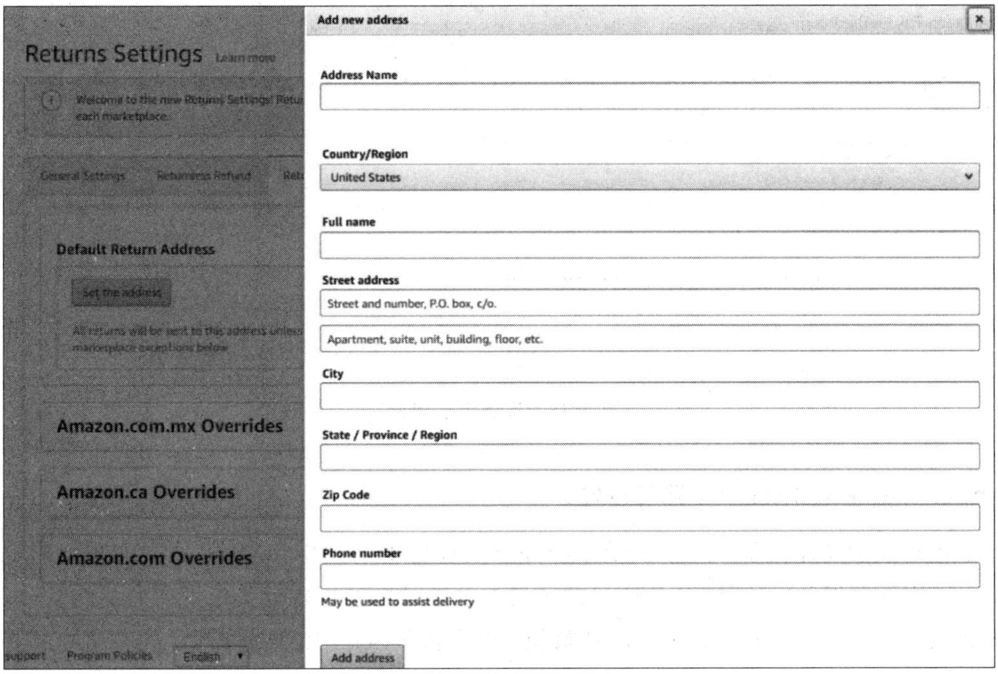

图 4-30　退货地址设置界面

图 4-31　礼品选项界面

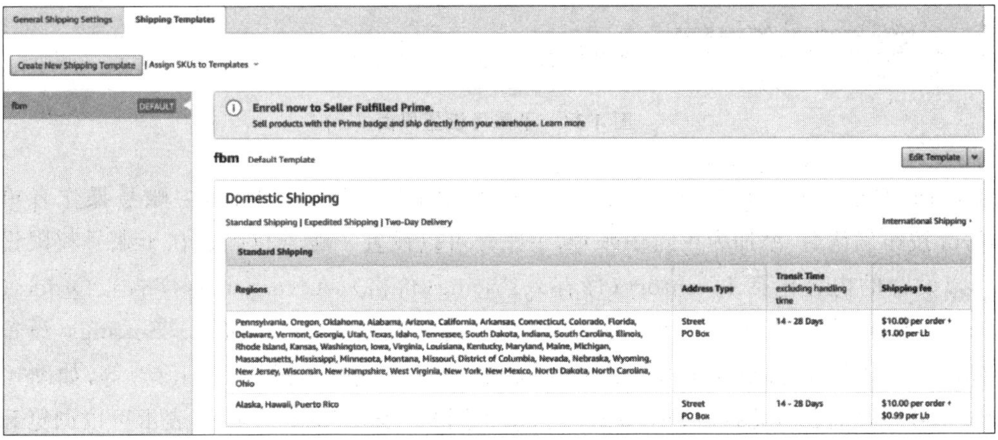

图 4-32　发货及运费设置界面

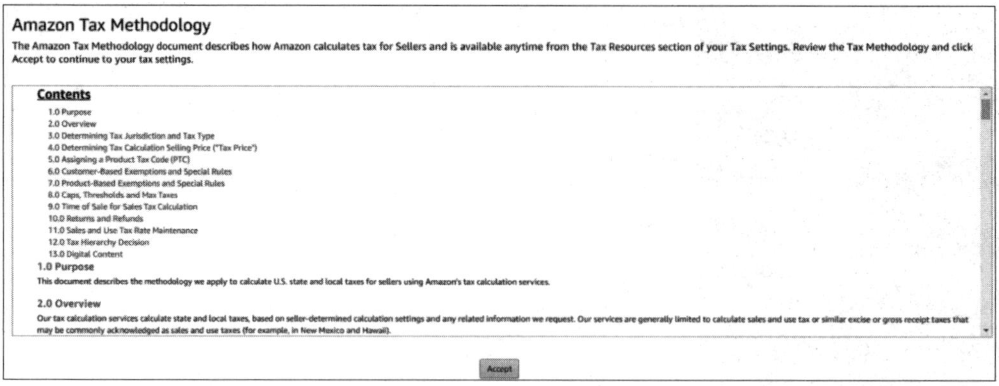

图 4-33　税务设置界面

（八）User Permissions（子账号设置）

子账号设置允许卖家添加多个子账号并分别设置不同的操作权限，从而实现不同操作人员负责不同职能，或者不同办公地点的多名人员同时处理各自所负责事项的功能。

在 Add a New User 中添加子账号邮箱，然后单击 Send Invitation（发送邀请）按钮，如图 4-34 所示，系统会发送邮件到子账号邮箱，用户在收到邮件后单击邮件中的链接注册成为子账号。

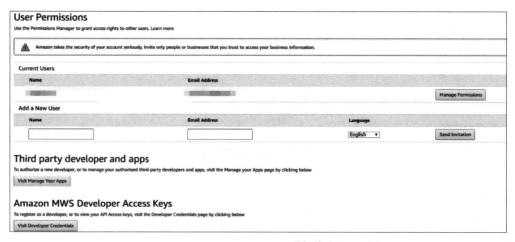

图 4-34　子账号设置界面

新添加的子账号会出现在 Invited Users 和 Pending Users 下面，主账号操作者单击 Confirm 按钮确认后，添加为正式子账号，主账号可以设置子账号权限。在子账号权限设置中，可以设置的内容包括 Inventory（库存）、Pricing（价格）、Advertising（广告）、Orders（订单）、Store Design（店铺设计）、Amazon Pay（亚马逊付款）、Reports（报表）、Settings（设置）、Media Upload（媒体上传）和 Internal/Administrative Tools（内部/管理工具）等，如图 4-34 所示。其中 None 表示无权限，View 表示只限于浏览权限，View & Edit 表示可以浏览和编辑修改，Admin 表示最高管理员权限的主账号，如图 4-35 所示。

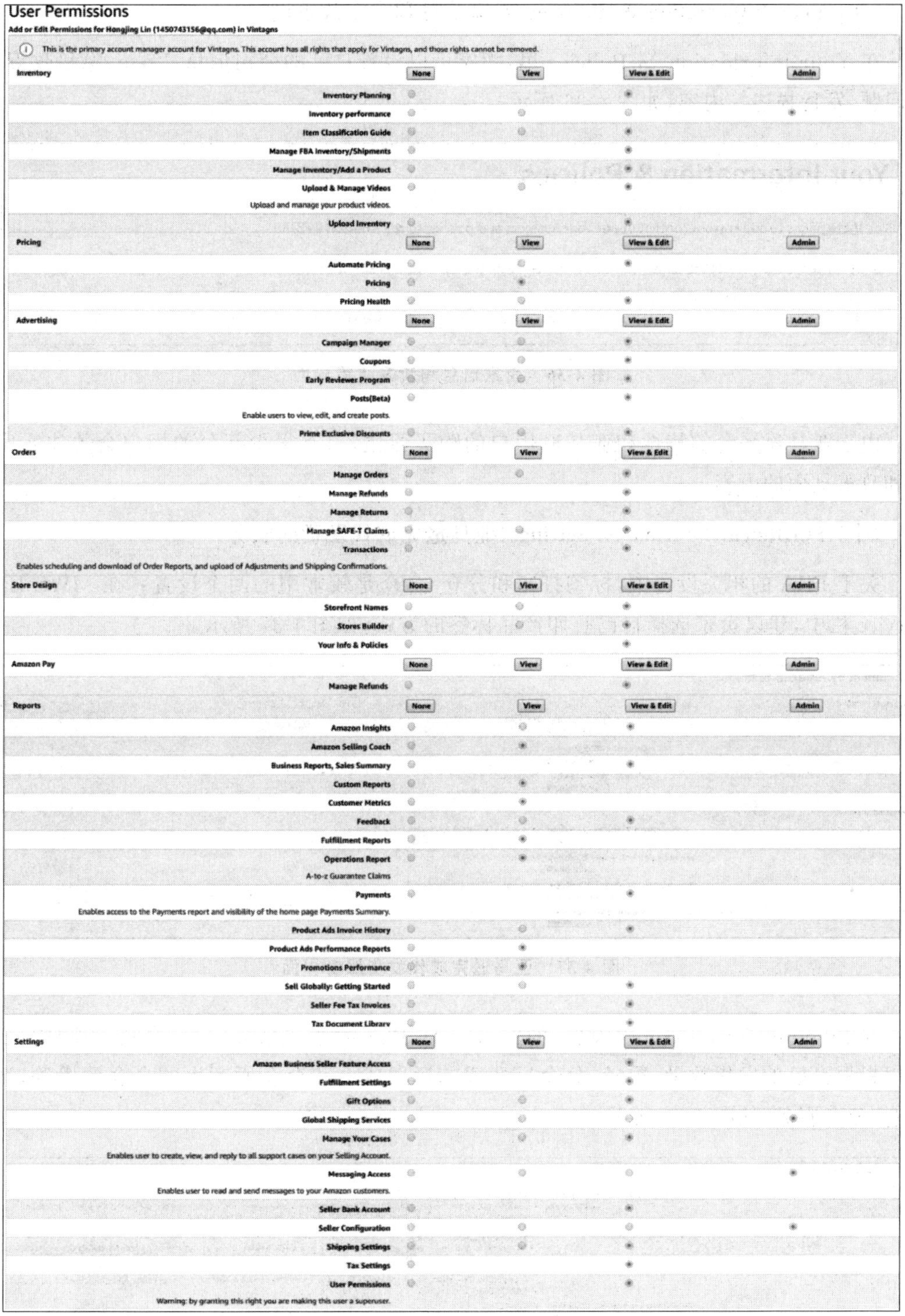

图 4-35 添加子账号界面

(九) Your Information & Policies(卖家信息和卖家政策设置)

在 Your Information & Policies 里,卖家可以设置自己的公司信息、Logo、隐私政策、常见问题、发货描述等内容,如图 4-36 所示。

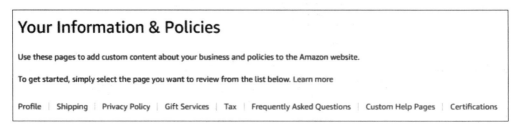

图 4-36 卖家信息和卖家政策界面

由于亚马逊平台的特性和亚马逊用户的购买习惯,只有很少部分的用户会关注卖家信息和政策页面的内容。

(十) Fufillment by Amazon Settings(亚马逊完成代发货的服务)

关于 FBA 的相关设置中,标签打印和分仓/合仓是较常用的两个设置。在 MWS Label Service 栏中,建议卖家选择自己打印产品标签的方式,如图 4-37 所示。

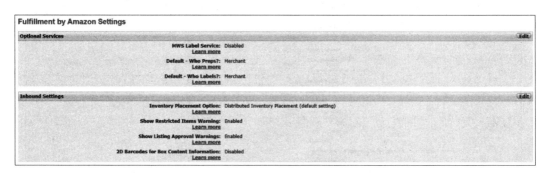

图 4-37 亚马逊完成代发货服务界面

在 Inbound Settings(入库设置)的 Inventory Placement Option(分/合仓选项)中,卖家可以根据自己的发货数量、重量、分仓后造成的运费成本和合仓所产生的合仓费用等,选择合仓/分仓服务,如图 4-38 所示。

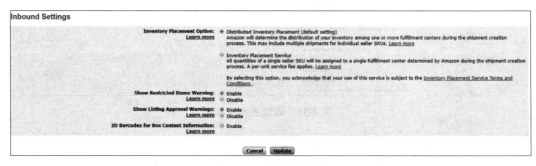

图 4-38 入库设置界面

FBA 设置中的其他设置如图 4-39 所示,对于每一项设置的详细内容,卖家都可以通过单击 Learn more(了解更多)查看相应的细则,然后进行有针对性的设置。

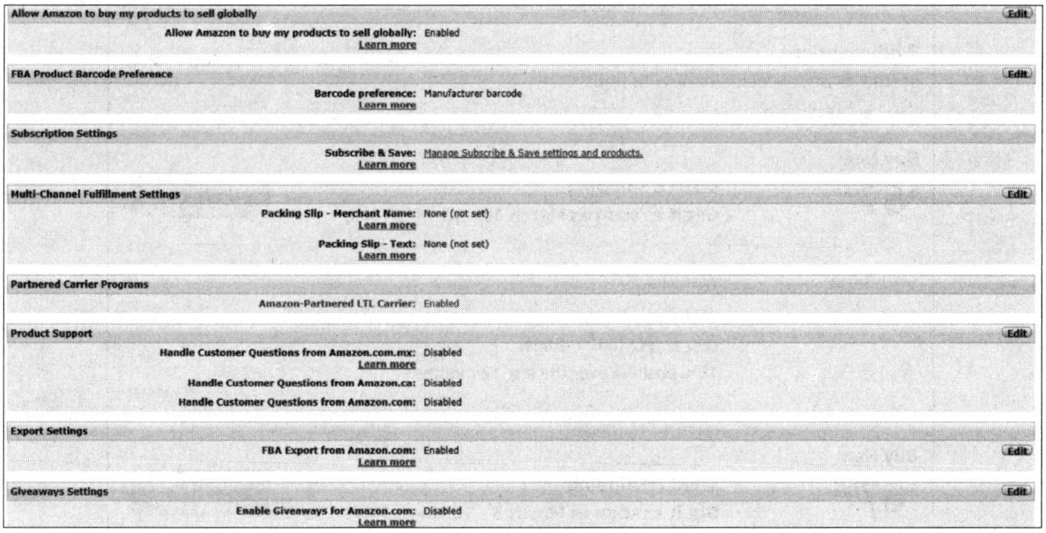

图 4-39 FBA 其他设置

对大多数卖家来说,运营的主要方式就是采取 FBA 发货,以便于获取更多的流量,为客户提供更好的消费体验,为店铺争取更大的利润空间和发展空间。除了 FBA 的基本设置外,关于 FBA 操作中更多的注意事项和操作技巧,本章将在任务三作更详细的讲述。

到这里,亚马逊卖家中心各个模块的内容就全部介绍完了,卖家可以根据后台的各个模块,结合实际运营的需要,有针对性地加以设置和应用。

卖家中心的操作只是卖家日常运营中最基础的内容,在随后的几节里,将会介绍更多的亚马逊运营技巧和高阶玩法。

三、产品发布步骤

(一)产品发布步骤概述

准备工作完成以后,卖家就可以在店铺后台开始产品的添加工作了。

1. 跟卖列表(Listing)的添加

(1)跟卖的概念

跟卖是亚马逊推出的一种独特的产品售卖方式。为了让买家能够快速找到心仪的产品,亚马逊有意合并相同产品列表的卖家,即亚马逊允许一个列表由多个卖家共享。卖家创建的商品,标题、描述、图片等应保持一致,在跟卖的时候,后来的卖家只需要填写价格和库存数量即可。跟卖列表如图 4-40 所示。

(2)跟卖的优势

跟卖的优势,具体体现在以下两个方面。

① 节省时间。跟卖是新手卖家最喜欢的店铺运营方式。商品的跟卖操作非常简单,根

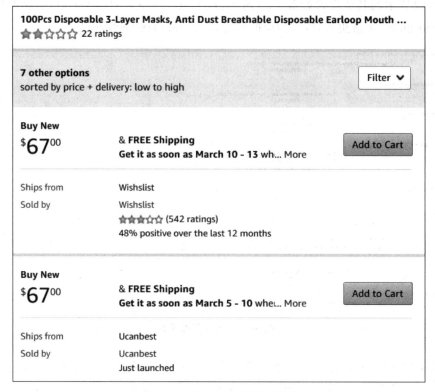

图 4-40 跟卖列表的添加界面

本不需要后来的卖家创建页面及编辑产品的信息,因为别人已经做好了列表,后来的卖家只需要设置价格、数量、SKU 及产品状态,就可以在亚马逊卖货了。

② 获取流量。流量对电商而言是重要的指标之一,而跟卖恰恰可以让卖家直接获取更多的流量。当卖家跟卖流量、销量等指标较好的列表时,就可以快速增加产品销量。尽管这是被亚马逊允许的,但其实从某种意义上讲,后来者是"蹭"了别人的流量,获取了别人运营的劳动成果,这也是前几年抢购物车进入白热化的根本原因。

(3) 跟卖的劣势与风险

跟卖的劣势与风险,具体体现在以下几个方面。

① 比价严重。亚马逊推出跟卖机制的初衷是希望消费者能够在众多卖家中找到相对物美价廉的产品,但在跟卖的列表里难免出现商家大打价格战的现象。对此,亚马逊已经出台了一些行业产品价格的监控机制,过于低价也会遭到平台的处罚。

② 差评共享。跟卖同一个产品的列表中,所有数据都是共享的,不仅包括列表的标题、图片、详情,还包括 Review(评价)这个重要的指标。多个卖家跟卖,产品质量及服务的不确定性增加了列表收到差评的概率,这将直接影响产品的销售。

③ 品牌侵权。卖家跟卖了别人的产品,意味着其会售卖与原始列表一模一样的产品,一旦涉及品牌侵权等投诉,那么卖家就会面临被撤销销售权限和封店的风险。因此,从另一个角度来讲,品牌注册也是防止跟卖最有效的手段。

（4）跟卖的具体操作

跟卖的具体操作包括以下几个步骤。

① 在 Catalog 功能栏中，选择 Add Products 选项，进入产品上传的界面，如图 4-41 所示。

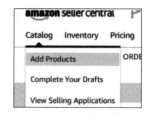

图 4-41　跟卖操作存货选项界面

② 在 Add Products 搜索文本框中输入产品关键词 Memory Foam Pillow，单击"搜索"按钮 🔍，如图 4-42 所示。

图 4-42　输入关键词操作界面

③ 进入 Memory Foam Pillow 的相关产品列表页面，如图 4-43 所示。

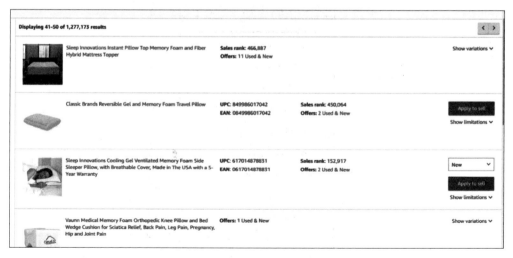

图 4-43　进入相关产品列表界面

④ 按实际情况，选择要跟卖的产品，单击 Sell your product 按钮或者 Sell this variation 按钮，进入跟卖信息的填写界面，填写价格、SKU、状态及可售数量，确认无误后，单击 Save and Finish 按钮保存，如图 4-44 所示。

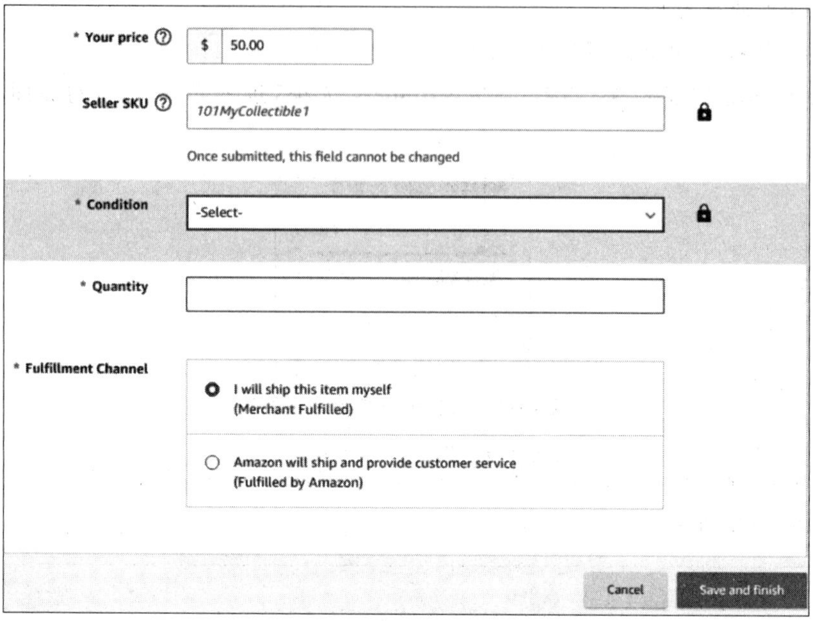

图 4-44　进入跟卖信息填写界面

至此,跟卖的操作全部完成。在学会跟卖操作的同时,也要掌握列自建表的上传方法。

2. 自建列表编辑上传

自建列表编辑上传,主要包括以下几项内容。

(1) 在 Inventory 功能栏中选择 Add a Product 选项,如图 4-45 所示,进入产品上传的界面。

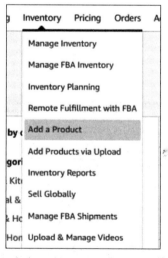

图 4-45　自建列表产品上传界面

(2) 在 Add a Product 界面的左侧下方有一个新产品创建入口 I'm adding a product not sold on Amazon,如图 4-46 所示,单击该按钮进入下一页。

图 4-46 新产品创建入口界面

(3) 与淘宝后台操作相似,添加产品首先要选择新产品的分类,在搜索文本框中输入产品关键词,单击"搜索"按钮 🔍,如图 4-47 所示。

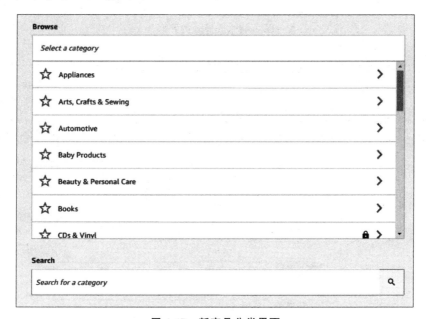

图 4-47 新产品分类界面

(4) 亚马逊会根据平台大数据给予卖家产品的相应分类建议,卖家按照实际情况选择即可。当一个产品有很多分类可供选择的时候,选择分类的原则是分类竞争越小越好,如图 4-48 所示。

(5) 确认好分类,单击 Select category 按钮,进入产品信息编辑页面,如图 4-49 所示。

(6) 以 pillow(枕头)为例。产品信息编辑页面的第一项为 Vital Info,即产品的基础信息,带 * 的为必填项。

Product ID,即产品的全球编码,目前主流的是 UPC 和 EAN,在列表上传成功后,会自动转化为 ASIN。

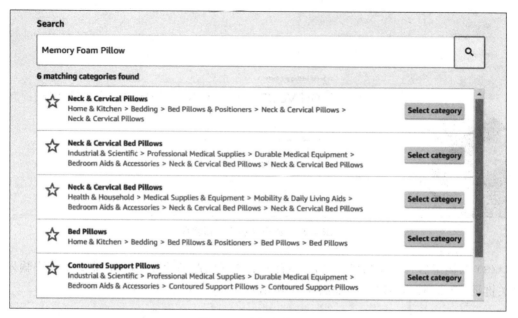

图 4-48 选择分类界面

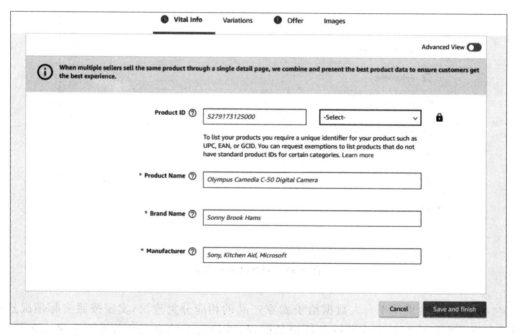

图 4-49 产品信息编辑界面

Product ID Type,即产品全球编码的类型,需要从下拉列表中选择。
Product Name,即产品的名称,也就是常说的产品标题。
Brand Name,即品牌名称,根据实际情况填写即可。
Manufacturer,即厂家名称,根据实际情况填写即可。
信息填写完毕可进入下一个页面——Variations(变体)。

(7) Variations 页面是产品的变体信息编辑页面,如图 4-50 所示。如果列表有变体需求,就需要设置变体属性,并在创建成功后,单独对变体的信息进行编辑和完善。

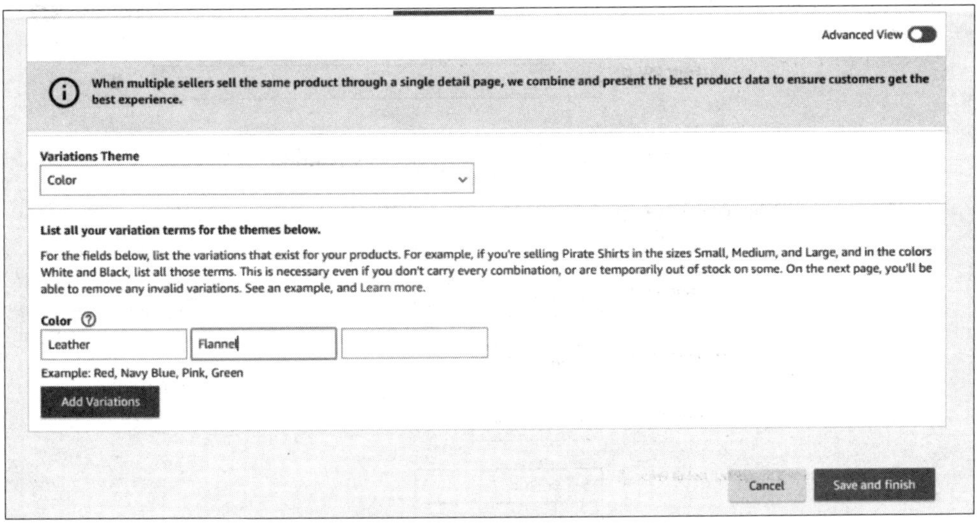

图 4-50 变体信息编辑界面

变体是亚马逊平台上产品列表的一个多属性的编辑选项。前台的展现形式如图 4-51 所示。

图 4-51 前台展现形式界面

编辑变体时,选择产品的属性类别,如颜色、尺寸、容量等。以颜色为例,如图 4-52 所示。

(8) 如果没有变体需求,可忽略变体的编辑选项,直接编辑下一项信息 Offer,即产品价格信息,填入价格、产品 SKU、产品品相和库存数量,如图 4-53 所示。

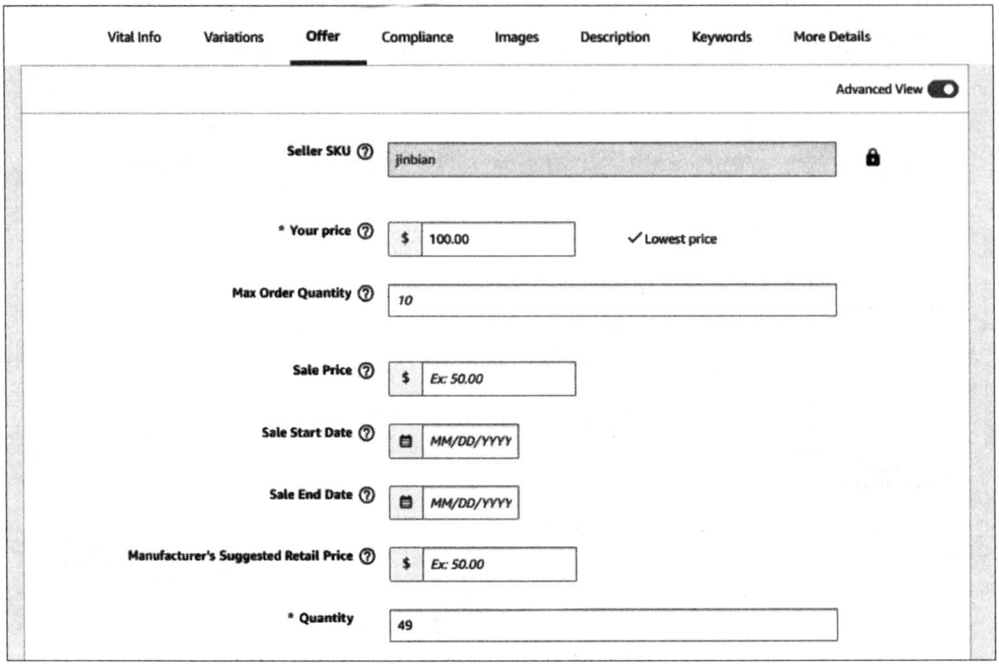

图 4-52　选择产品的属性界面

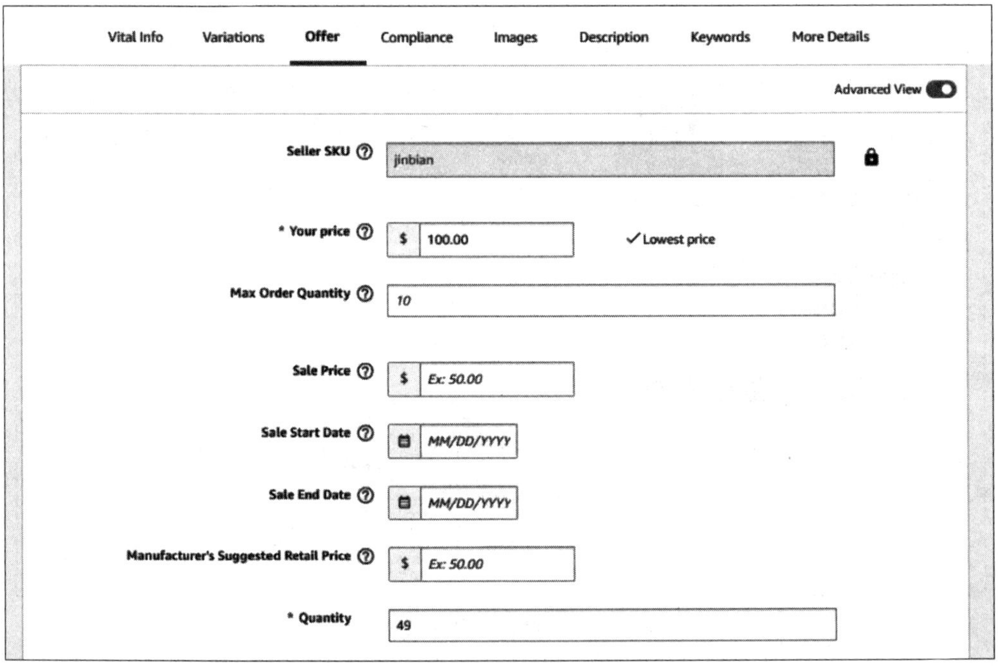

图 4-53　产品价格信息界面

(9) Images 即产品图片信息,如图 4-54 所示。产品的图片可上传 1~9 张,图片应清晰且信息丰富、有吸引力,其尺寸至少为 1000 像素×1000 像素,且最长边的尺寸不能超过 1000 像素。

图 4-54　产品图片信息上传界面

（10）Keywords 和 Description，即产品关键词和详情，如图 4-55 所示。此编辑页面主要填写 Search Terms（搜索条件）、Product Description（产品详情）、Key Product Features（产品主要卖点），其他的栏目可以按照实际情况填写或者后续再进行完善。

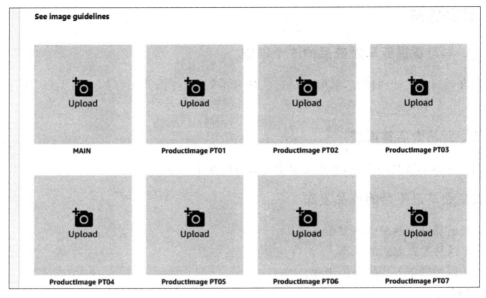

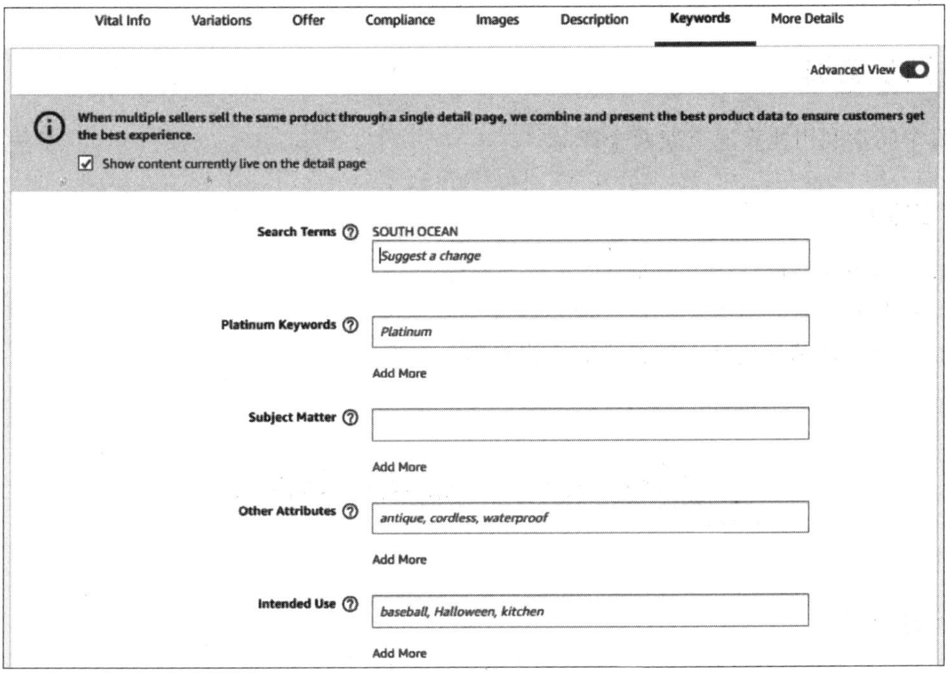

图 4-55　产品关键词和详情界面

至此，产品列表填写完毕，单击 Next 按钮，完成产品的上架工作。除后台单独编辑上传产品以外，在产品比较多的情况下，卖家也可通过批量上传的方式完成产品的上架工作。

任务实施

一、学习掌握亚马逊选品的 5 个准则

结合亚马逊店铺的特点,掌握亚马逊的选品准则,选择出几个好的商品类目,进行分析和对比。

二、亚马逊店铺设置

结合店铺和选品的特点,掌握卖家中心后台的基本设置。

三、亚马逊平台的产品发布

(1) 亚马逊的两种产品发布方式。
(2) 两种发布方式的区别。
(3) 两种发布方式的操作步骤。

小提示:

在分小组实施"学习、掌握亚马逊选品的 5 个准则"的时候,文中因为时间关系只列举 5 个相应的准则,学生在回答中,有这 5 个准则以外的,符合的也可以相应给分。

因为店铺不是每个人都可以开通成功,并且任务内容多,所以在学习本任务的过程中还是要分小组进行教学,每个小组就是一个小团队,共同进行操作学习,最后哪个小组总分最高则胜出。

同步实训

每个同学利用速卖通上架两个产品。

习题

1. 亚马逊选品的 5 个准则是什么?
2. 产品发布有哪些方法?各有什么特点?
3. 亚马逊店铺的两种上架方式的操作步骤各有哪些?

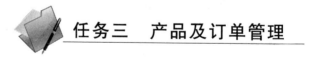

任务三　产品及订单管理

情境导入

在产品选择和上架后,小凌的店铺基本开设完成,接下来要进行产品销售了,销售过程中要熟悉亚马逊店铺平台的产品管理和交易管理事项,以更好地经营亚马逊跨境电商平台。如果产生了交易,还要进行发货、物流等事项安排关于这些问题,小凌还是很陌生,于是查阅和参考了很多资料,以求对亚马逊有更深入的了解。

任务分析

要完成发货,需熟悉产品的管理、对产品的管理进行练习,然后认识交易后台的相关菜单,并学会选择物流和设置物流相关信息。

一、产品管理设置

(一)FBA 认知

FBA 的全称是 Fulfillment By Amazon,是由亚马逊提供的包括仓储、拣货、打包、派送、收款、客服与退货处理的一条龙式物流服务。选择 FBA 配送方式的优势与劣势如下。

1. FBA 的优势

(1)使用 FBA 的商品全部有购物车,且能够在亚马逊提高列表排名,提高买家信任度,进而提升转化率。

(2)配送时效快,买家购买 FBA 的商品,一般可以隔天收货。

(3)亚马逊专业客服 7×24 小时处理售前咨询和售后问题。

(4)亚马逊有权处理由于物流派送产生的中差评(包括派送时效、包裹挤压破损等由 FBA 引起的问题)。

(5)在标准尺寸内,对单价超过 300 美元的商品免除所有 FBA 的物流费。

2. FBA 的劣势

(1)除大型重货外,一般来说,使用 FBA 的费用要比从境内发货高。

(2)灵活性差,FBA 只能用英文邮件和客户沟通,回复不及时。

(3)对前期工作要求较高,标签扫码出问题会影响货物入库,甚至入不了库。

(二)FBA 仓储费

2018 年 4 月 1 日,亚马逊仓储费进行了调整,主要包含以下部分。

1. 每月库存存储费

自 2018 年 4 月 1 日起,标准尺寸和超大尺寸商品的月度库存存储费为:1 月至 9 月,标准尺寸物品 0.69 美元/立方英尺,超大件 0.48 美元/立方英尺;10 月至 12 月,标准尺寸物品 2.40 美元/立方英尺,超大件 1.20 美元/立方英尺(1 立方英尺=28 316.8 立方厘米)。

2. 长期存储费

自 2018 年 9 月 15 日起,长期存储费的评估日期从每半年一次改为每月一次。亚马逊物流在每月 15 日进行库存清点,截至库存清点日,在亚马逊运营中心的存放时间处于 181~365 天的库存将接受每立方英尺 3.45 美元的长期仓储费评估,在运营中心的存放时间超过 365 天的商品,亚马逊会按每立方英尺 6.90 美元的标准评估长期仓储费。

3. 最低长期存储费

2018 年 8 月 15 日,亚马逊为已在履约中心存放 365 天或更长时间的物品引入每单位每月最低0.50美元的收费,并将收取适用的总长期仓储费或最低长期仓储费中的较大者。此外,从2018年7月1日开始,亚马逊对库存绩效指数低于350的卖家的存储通道实施限制,维持350或更高指数的卖家将拥有无限制的标准尺寸和超大尺寸物品存储空间(每月存储费用和长期存储费用仍然适用)。

二、交易管理

(一)认识交易后台菜单

1. Inventory(库存)

Inventory菜单主要用于查看库存、添加商品。若添加单个商品,则选择Add a Product,若要批量添加,则选择Add Products via Upload;如果有的商品做了亚马逊代发货业务(Fulfillment by Amazon,FBA),则可以选择Manage FBA Inventory,查看FBA的库存,如图4-56所示。

2. Orders(订单)

Orders主要用于处理订单。若查看订单,则选择Manage Orders,卖家可以看到订单详情;在订单多的情况下,卖家可以选择Order Reports下载订单详情;Manage Returns用来查看订单退货情况,如图4-57所示。

图4-56 Inventory菜单

图4-57 Orders菜单

3. Advertising(广告)

Advertising菜单主要提供在亚马逊上做商品促销的功能,如降价活动等。

4. Reports(报告)

Reports菜单主要提供一些报告的下载接口,有支付报告、商业报告等,如图4-58所示。

5. Performance(绩效)

对Performance菜单,卖家应每天查看,重点看Feedback、A-to-z Guarantee Claims、Performance Notifications,分别是评论、投诉和通知,如图4-59所示。

6. 其他菜单

后台右上角有个 Messages 用于提醒查看买家发来的邮件。Messages 右边是 Help,这个是帮助页面。卖家若想咨询亚马逊店铺的相关问题,可以通过此联系亚马逊客服。Help 右边是 Setting 菜单,用于设置账户、运费等信息,如图 4-60 所示。

图 4-58　Reports 菜单

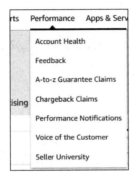

图 4-59　Performance 菜单

图 4-60　Settings 菜单

(二)配送亚马逊订单

亚马逊订单发货流程主要分为自发货和 FBA,具体流程如下。

(1)自发货流程。在亚马逊的卖家后台操作订单后打包发货,投递包裹,由客户收货。

(2)FBA 流程。卖家将备货发送至亚马逊仓库,操作订单后由亚马逊发货并向客户派送货品。

任务实施

一、产品管理

亚马逊店铺不同于其他电商平台,其产品管理需要熟悉 FBA 发货。

二、交易管理的熟悉

(1)认识交易管理。

(2)配送亚马逊订单。

小提示:

本任务的实施涉及很多真实的店铺操作,前面的 FBA 和交易管理中的认识交易后台,可以直接利用亚马逊店铺讲解,但是关于配送亚马逊订单,不一定每个店铺都有交易。所以,在学习这个内容之前,一定要做好相应的准备,比如让店铺有要发货的订单。因为资源有限,本任务还是要对学生进行分组教学。

同步实训

完成一个亚马逊订单的配送设置。

习题

1. 亚马逊有几种发货模式？
2. 什么是 FBA 和 FBM 发货？
3. 如何设置配送亚马逊订单？

任务四　店铺维护及运营技巧

情境导入

小凌已经完成了店铺的所有设置，也学会了发货，但是经营了一段时间后发现没有什么订单量。在咨询朋友后得知，还要对亚马逊网点进行推广运营，不断获取曝光量和流量，才会有大量的订单。于是小凌查阅了大量有关亚马逊的运营资料，才慢慢地学会亚马逊店铺的运营方法。

任务分析

要增加亚马逊店铺的订单量，就要有更多的客户浏览，提高本店的曝光量。进店后，要提高店铺的交易率，因此要对店铺进行优化。

知识链接

一、站内广告

（一）亚马逊站内广告——付费广告

对亚马逊卖家来说，亚马逊站内的 CPC(Cost Per Click)付费广告绝对是引流的"必备帮手"。CPC 付费广告具有引进流量多而精准、单击成本不高、转化率相对较高的特点。

1. 亚马逊站内 CPC 付费广告的条件

（1）产品必须有 Buybox(购物车)才可以参加单击付费广告活动。

（2）必须是专业卖家(Professional Seller)。

（3）不能设置与自己的产品完全不相关的关键词，如果店铺售卖电子类产品，却使用了珠宝类的关键词，那么亚马逊的系统可以自动识别并且将其屏蔽。

2. 亚马逊付费广告出现的位置有两个，以下以关键词 Laptop 为例进行说明

（1）在前台输 Laptop(笔记本电脑)，在搜索结果界面中出现的带有 Sponsored(赞助)标志的就是付费广告产品，如图 4-61 所示。

图 4-61　付费广告产品示例

（2）单击任意一个列表，在产品界面稍下方写有 Sponsored products related to this item（与本项目有关的赞助产品），这是付费广告的另一个位置。

3. 创建付费广告的操作步骤

（1）进入亚马逊后台，单击 Advertising 及 Campaign Manager。

（2）进入广告设置界面后就可以开始创建广告了。

在创建广告之前，还需了解一下 Campaign（广告活动）和 Ad Group（广告组）的概念。这两者属于包含与被包含的关系，一个 Campaign 可以有几个 Ad Group，如卖笔记本电脑时，创建了一个叫 Laptop 的 Campaign，在这个 Campaign 下有两个品牌的笔记电脑，一个是 A 牌，另一个是 B 牌，这就需要将它们分成两个 Ad Group，即 A 牌 Group 和 B 牌 Group。在每个 Group 中，又可以做几个产品的广告，如 A 牌 Group 可以做 A 牌不同型号的笔记本电脑广告。

创建广告的具体方法为，单击 Create Campaign（创建广告活动）按钮，如图 4-62 所示，填写 Campaign name（广告活动名称）、Daily budget（每日预算）、Start date（开始时间）和 End data（结束时间），并选择广告类型（自动或手动，后文会详细介绍），如图 4-63 所示。

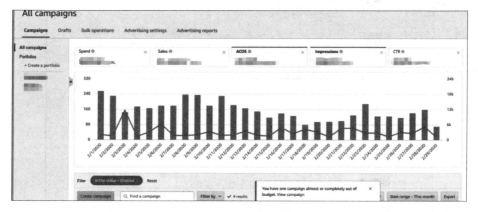

图 4-62　创建广告活动界面

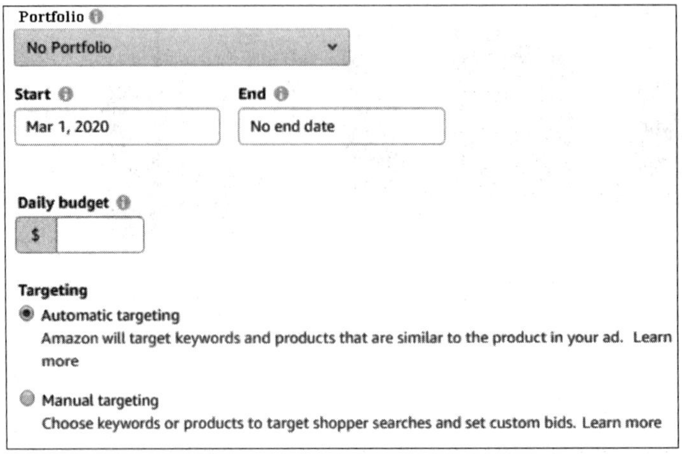

图 4-63 选择广告类型界面

然后，创建 Ad Group，输入 Ad group name（广告组名称），一个 Group 可以选一个 SKU，也可以选多个 SKU，在选择完做广告的产品后，需要输入广告词的出价，可以先使用亚马逊的建议价，过一段时间再调整。最后，如果选择的 Campaign 类型是手动，那么会得到建议的关键词，可以选择其中的几个预览效果，也可以输入想要出价的关键词。如果选择的 Campaign 类型是自动，那么不需要添加关键词，如图 4-64 所示。在完成后，可以等一段时间，观察广告的效果并进行调整。

图 4-64 关键词界面

（二）亚马逊站内广告——标题搜索广告

标题搜索广告最初只开放给 VC(Vendor Central)和 VE(Vendor Express)类卖家，现在已经对所有品牌卖家开放，标题搜索广告出现的位置是在所有关键词搜索结果的最上方、搜索框的正下方。在亚马逊页面中标题搜索广告横向覆盖面积占到了整个页面的 4/5，所占位置之大是所有其他广告位没有的。这可以最大限度地扩大卖家的品牌知名度。综合来说，标题搜索广告有 3 个优点，分别为针对性强、醒目、关键词匹配精准。

1. 标题搜索广告的展示位置

如图 4-65 所示，在这个位置放置的广告是最醒目的，买家在搜索需求产品时首先看到的便是这个广告，它可以极大地吸引买家的注意力，提高产品和品牌的知名度。

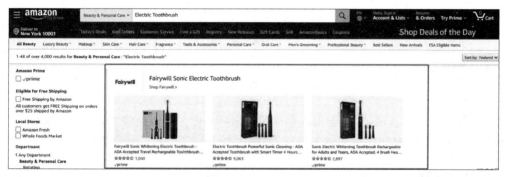

图 4-65　广告展示位置界面

2. 标题搜索广告的创建步骤

（1）进入广告后台，单击 Sponsored Brands(标题搜索广告)选项，如图 4-66 所示。

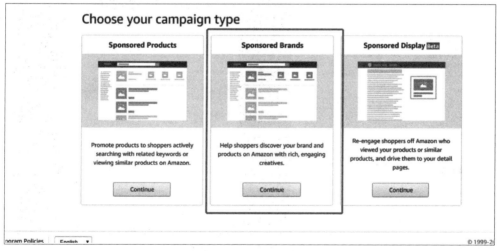

图 4-66　标题搜索广告界面

单击 Continue 按钮，开始创建标题搜索广告。

（2）选择要打广告的品牌，然后再选择需要推广的 3 个产品(规定是 3 个)，如图 4-67 所示。

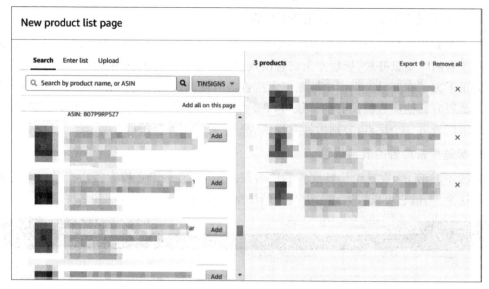

图 4-67　选择要打广告的品牌界面

　　(3) 填写广告宣传语，它将会出现在标题搜索广告中。上传品牌 Logo，检查宣传的产品和图片是否有错，没有问题则继续下一步，如图 4-68 所示。

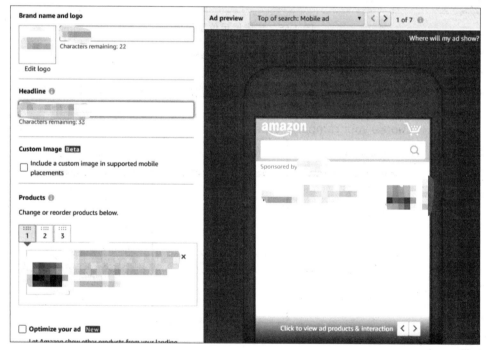

图 4-68　填写广告宣传语界面

　　(4) 设置广告的关键词和出价，在成功之后就可以提交了，最后再设置广告组的名称和每日预算，如图 4-69 所示。

　　(5) 亚马逊会在提交后 48 小时内审核标题搜索广告。

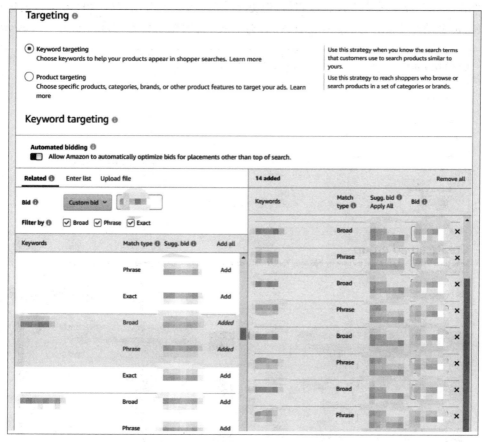

图 4-69　设置广告的关键词和出价界面

（三）亚马逊站内广告——产品展示广告

产品展示广告可以宣传个别产品，如图 4-70 所示。

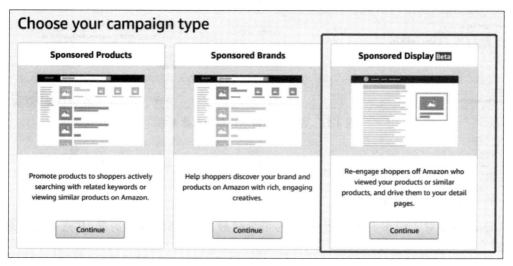

图 4-70　宣传个别产品

产品展示广告与付费广告比较相似，但更突出品牌，而不突出广告。只需要添加想打广告的 SUK 并填写 Dailly budget（每日预算）与 CPC（每次单击付费）即可，如图 4-71 所示。

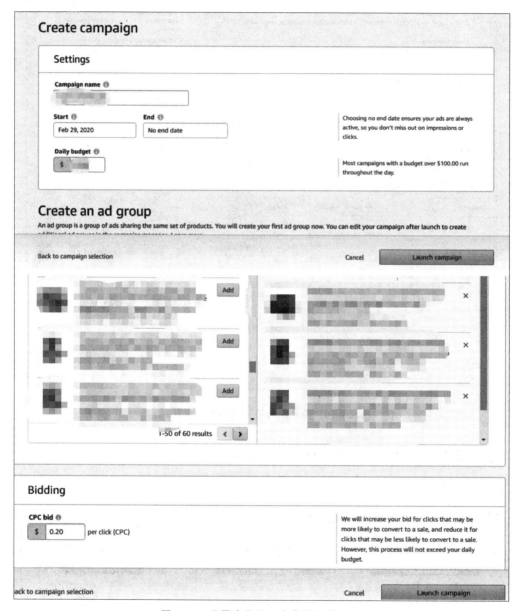

图 4-71　设置产品展示广告的具体要求

二、站外广告

（一）在 Deal 网站上打广告

Deal 网站对于同学们比较陌生，平时很少接触，也不熟悉当地情况，其选择方法总结如下。

1. 找到能做 Deal 活动的网站

在 Google Chrome 浏览器的搜索框中输入 US Deal 或者 US Coupon,可以搜索到相当多的促销网站,如图 4-72 所示,有约 24.5 亿条结果。

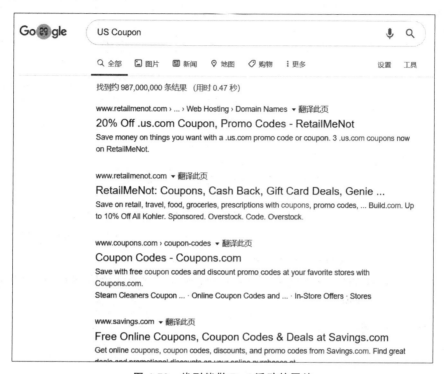

图 4-72 找到能做 Deal 活动的网站

这个搜索结果会令新手很惶恐——如果每条都查看,需要耗费很长时间。

排名越靠前的网站,知名度越大,竞争越强。选择时要考虑本店的产品与这些网站中的产品相比有没有竞争力,如果没有竞争力,就可以直接从第三页开始,逐个查看每个网站。虽然这些网站排在第三页,但是流量也足够推广使用了。

2. 确定网站做 Deal 活动的要求

在找到 Deal 网站后,应该了解网站对投放的要求是什么,并快速核对自己的账号情况,如果不符合要求,那么继续查找下一个网站。

3. 确定网站的主要受众群体

在确定账号符合投放条件后,需要快速了解网站针对的主要受众群体。比如,综合性的网站虽然流量比较大,但是站内产品多,让人眼花缭乱,不一定是好的选择,需要考虑本店产品是否和此网站符合。

4. 做 Deal 活动的步骤

(1) 在亚马逊后台设置折扣码

① 创建用于促销的产品组,路径为 Advertising(广告)→Promotions(促销)→Manage Product Selection(管理产品)→ASIN List(ASIN 列表),然后单击 Create(创建)按钮,如图 4-73 所示。

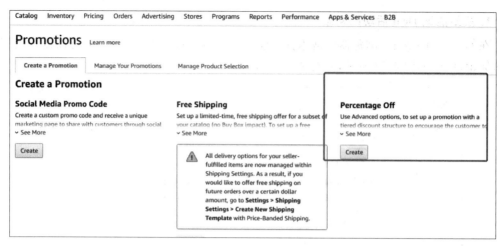

图 4-73　在亚马逊后台设置折扣码界面

在 Product Selection Name/Tracking ID(产品名称/追踪标识)中填入用来辨别的词句,在 Intermal Description(内部描述)中填入对此促销的描述,在 ASIN List(ASIN 列表)中填入要参加促销的 ASIN,最后,单击 Submit(提交)按钮即可。

② 为产品组创建 Percentage Off(折扣),路径为 Advertising→Promotions→Percentage Off→Create,如图 4-74 所示。

图 4-74　为产品组创建折扣界面

选择创建的产品组,设置折扣,折扣最少设置为 50%,如图 4-75 所示。

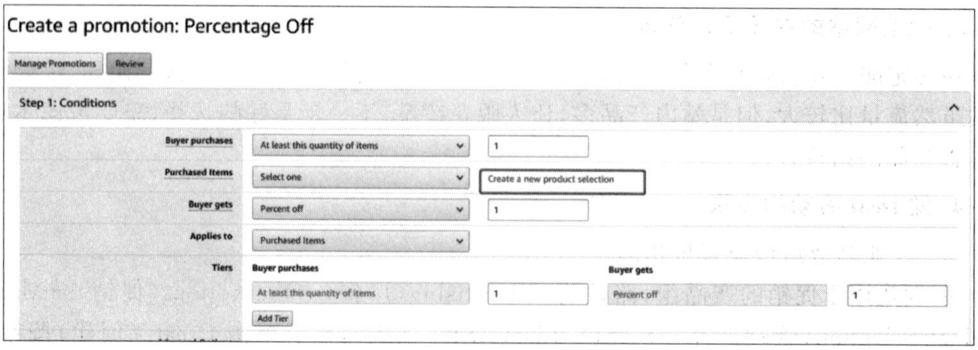

图 4-75　为产品组设置折扣界面

设置促销时间,如图 4-76 所示。

图 4-76 设置促销时间界面

设置折扣码类型,如图 4-77 所示。

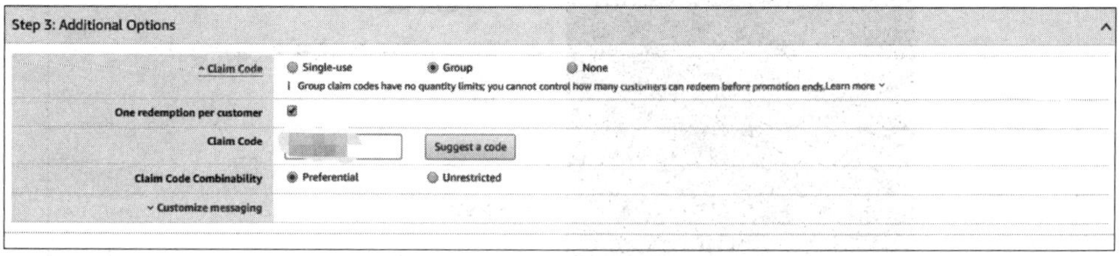

图 4-77 设置折扣码类型界面

单击 Review promotion(查看促销)按钮,根据自己需要的数量创建并下载折扣码,如图 4-78 和图 4-79 所示。

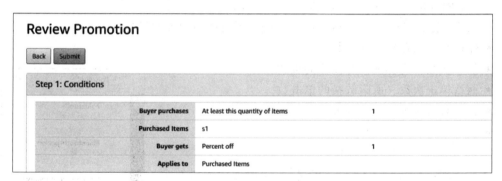

图 4-78 查看促销界面(1)

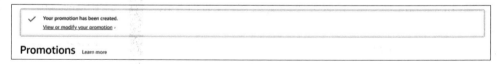

图 4-79 查看促销界面(2)

(2)在促销网站发放优惠券

折扣码设置并下载完成,将折扣码在促销网址上进行发放。

(二)Instagram

上文提到,Instagram 是网络红人首选的营销平台。只要打开 Instagram 的网站浏览一下,就会知道其原因所在。

(1)Instagram 是一个高度视觉化的社交媒体渠道,如图 4-80 所示。

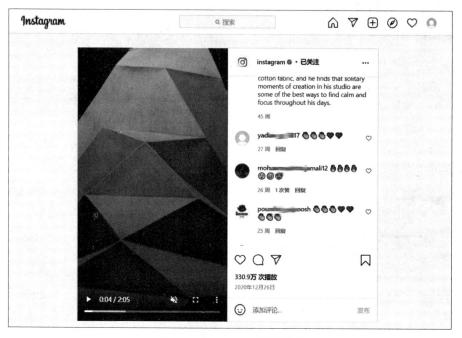

图 4-80　Instagram 网站界面

（2）下面分享一些 Instagram 营销的小技巧。

① 了解受众通过 Instagram insight（洞悉）了解产品内容的指标。

- 保存数。保存帖子的总数。
- 展示次数。内容被访客浏览的次数。
- 网站单击次数。所附链接的单击数。
- 视频观看次数。视频内容的浏览次数。
- 覆盖面。覆盖单一账号的账号总数。

② 使用相关的"♯"（标签）。

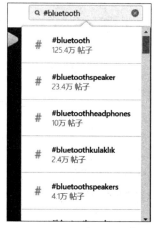

上文提到，Instagram 以"♯"将视频、图像的内容进行分类，所以正确使用"♯"能让产品的目标群体更容易找到产品。换句话说，Instagram 的"♯"类似于亚马逊的标题，如图 4-81 所示。

③ 考虑帖子发布的时间。

帖子的发布时间也需要考虑。如果受众群体是家庭主妇，但是帖子的发布时间选在了家庭主妇最繁忙的午饭和晚饭时间，就达不到预期的效果。

图 4-81　使用相关的"♯"（标签）界面案例

④ 写有吸引力的内容。

这是做 Instagram 营销最要关注的地方。只有帖子的内容好，才能够吸引读者并提高读者的参与度。

⑤ 使用促销、折扣等活动字样。

促销、折扣除了能吸引买家成交，还能清楚地知道产品销售来源，从而可以知道哪个渠道是最实用的。若要达成这个目标,需要对不同的平台设置不同的优惠码。

(三) YouTube

YouTube 是美国最大的视频分享平台,它的视频营销效果是不可否认的,买家可以快速地从视频中了解到产品的特性。在选择合适的博主之前,需要做以下准备。

(1) 了解 YouTube 的规则。

这里特指 YouTube 的视频规格,包括以下内容。

① 推荐尺寸:426 像素×240 像素;640 像素×360 像素;854 像素×480 像素;1280 像素×720 像素;1920 像素×1080 像素;2560 像素×1440 像素;3840 像素×2160 像素。

② 最小尺寸:426 像素×240 像素。

③ 最大尺寸:3840 像素×2160 像素。

④ 支持的宽高比为 16∶9 和 4∶3。

⑤ 最大文件大小:128GB。

⑥ 最大长度:12 小时。

(2) 创建一个 YouTube 账号,并创建一个 YouTube 频道。

(3) 了解受众群体。

(4) 了解视频的排名因素,具体如下。

① 频道的关键词。使用正确的标签以确保 YouTube 了解该视频内容。

② 视频标题和说明。充分了解买家搜索的关键词,并在视频的标题和描述中嵌入相关的关键词(就像亚马逊的标题一样)。

③ 视频标签。像 Instagram 一样,正确使用"♯"会让营销活动事半功倍。

④ 缩略图。就如亚马逊的产品主图一样,缩略图也能够吸引人单击。

⑤ 参与度。YouTube 会根据视频的参与度进行排名,包括喜欢不喜欢视频、视频的评论数量和转发数量。

在了解了以上内容后,YouTube 可以成为提高品牌知名度并吸引更多潜在买家的绝佳方式。

(四) Tomoson

Tomoson 是一个面向网络红人的内容营销平台,每个人都可以免费试用 21 天,如果需要继续使用就要按月付费。卖家可以在这个平台上发布任务,填写项目的预算、产品介绍等,在网络红人报名后,根据网络红人的粉丝量、帖子内容等挑选想合作的对象。

(五) Facebook 广告介绍

近几年,Facebook 已经成了一个非常重要的电商营销工具。在开始深入了解如何使用 Facbook 投放广告之前,需要先拥有一个 Facbook 企业账号而非个人账号,完善并优化账号的信息,创建广告账号。

三、Listing 优化

(一) 亚马逊的 A9 算法

与谷歌和其他搜索引擎的工作原理相似,亚马逊自己的搜索引擎也有一套独特的产品排名算法,即 A9 算法。

A9 算法从推出至今,不断更新迭代,一直致力于为买家提供更准确的搜索结果,使买家能够快速找到心仪的产品。而对卖家来讲,A9 算法同样非常重要,在后台的大数据计算中,亚马逊的搜索算法不断地将卖家的产品与买家的搜索行为进行匹配及打分,以求通过大量的数据验证,得到最精准的搜索结果。鉴于此,在平日的 Listing 优化中,最重要的就是关键词策略,包括丰富的标题、产品优势的突显及详情页的布局等。

(二)产品列表内容优化

1. 产品标题优化

标题在整个列表内容里的重要性不言自明,它也是买家在亚马逊网站浏览产品时第一眼就能看到的。卖家应在标题里插入更多的优质关键词,以提升其在搜索结果里的曝光率。只有买家看到了产品标题,才有可能选择购买。如果卖家的目标客户群体连产品列表都无法搜索到,就不必再考虑销量了。标题的长度没有统一的标准,在系统允许的字节总数范围内都是可以的。标题的长度限制为 200 个字符(含空格、斜杠、破折号等,不同品类还会有不同的长度限制),产品标题示例如图 4-82 所示。

图 4-82 产品标题示例

对于全新的产品列表,如果没有一定的品牌知名度,就应尽可能将关键词插入标题中,增加产品列表的曝光率,关键词应包括产品的品牌名、数量、尺寸等。

产品标题的一般格式为"品牌名+主词 1+功能+主词 2+颜色+特点+主词 3+使用范围",单词中间尽量不要用无意义的符号。

标题的优化小技巧包括以下几个方面。

(1)易读性。标题既要考虑亚马逊的关键词排名算法,又要考虑消费者的阅读体验。尽管标题中应插入关键词,但切不可用关键词随意堆砌。如果标题很混乱,根本连不成句,那给买家的第一印象就要大打折扣了。

(2)标题中的数字应使用阿拉伯数字。例如,数字"8"不要用英文"eight"表示。

(3)标题中尽量不包含尺寸、大小等,除非彼此之间有关联性。

(4)标题中应包含品牌名。

(5)标题中应包含主要功能词。

(6)标题中应少用介词、连词等无意义的词。

2. 产品图片优化

电商不同于实体店铺,买家无法真切地感受到所要购买的产品,此时产品的图片就起到了至关重要的作用,无论是选择率还是转化率,吸引人眼球的图片都可以让数据得到提升。新手卖家如果无法提供高品质的图片,也可以找第三方的专业设计人员进行配合。对于产品图片的优化建议如下。

（1）一般情况下，主图必须是白底图，图片上展示的就是买家将买到的产品。如果产品本身是白色系或者白底图不足以展示产品的细节，可以将其背景更换为暗色。如图4-83所示。

（2）产品的细节展示图，可使买家清楚地看到产品的方方面面。

（3）最好使用单个产品来展示，除非产品本身有很多部件。图片中放置过多的产品会显得比较乱，无法突出产品的特性。

（4）应展示产品的卖点，如尺寸、颜色等，可以在产品图上进行尺寸的标注。

（5）应展示出产品更多的特点，向买家说明选择这种产品的原因。

（6）提供产品的使用场景图，让买家在看到图片的时候，产生带入感。

（7）如果卖家已经注册了品牌，也可以利用"A+"页面进行列表管理，以申请设置产品的视频说明，这样更有利于向消费者传达产品的使用特性，如图4-84所示。

图 4-83　产品图片优化示例

图 4-84　设置产品的视频说明

3. 产品卖点提炼（5 点描述）

卖点是亚马逊推出的一项展示产品用途和特点的功能，这项功能最多可以填写5个卖点解析，在整个列表中的权重是非常高的。

填写产品卖点的案例如图4-85所示。为了更加吸引买家，卖点的填写应注意以下几点。

- STURDY: Made of stainless steel and a hinged top with room for up to 200 pencils
- STICKERS: Comes with 9 custom removable stickers. 2 black chalkboard - usable with chalk markers, 2 "PENCILS" text, 2 Pencils and Stay Sharp pencils, and 3 inspirational classroom quote stickers
- USEFUL: Great for use in your classroom, office, home game room, or anywhere pencils are needed. NOTE: Fits standard size pencils. Not for use with jumbo size pencils
- SIZE: Fits standard pencils up to 8 inches long and holds up to 200 pencils. Measures 9 inches long by 4.5 inches deep by 7 inches tall with a hinged lid
- SIMPLE: Easy to set up with simple instructions. Ready to dispense pencils in seconds. NOTE: Pencils NOT included

图 4-85　填写产品卖点示例

(1)提炼产品的核心优势和特点。

(2)带有简单易学的使用方法。买家不希望拿到产品后,还要看厚厚的说明书才能顺利地操作和使用产品,简单明了的使用说明,完全可以放在产品卖点中。

(3)附有产品的售后说明。严谨地表述产品的使用寿命、保质期,以及相应的售后服务。例如,在使用过程中非人为因素出现的问题,都可以无条件退货等。

(4)重点位置排序。5个卖点解析可以按照重要性进行排列。例如,卖家最想让消费者看到的卖点应放在上面,以此类推。

4. 产品描述优化

众所周知,亚马逊也有自己的App。移动互联网的普及,促使消费者的购物行为也在向移动端转移。产品列表在亚马逊PC端和移动端的展示是有一点区别的。在PC端,卖点在前,详情在后;而在移动端,则刚好相反。有些卖家错误地认为既然已经填写了卖点,详情就可以忽略了,实际上卖点和详情都应该认真填写。产品描述限制为20 000字符。如图4-86所示。

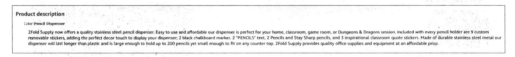

图4-86 产品描述示例

5. 产品评价优化

评价是列表优化中的重中之重,不仅因为其展现频率很高,而且更重要的是现在买家买东西大多要看过评价以后才会购买。如果列表的好评数量和质量都非常好的话,可以直接提升列表的单击率和转化率,口碑的力量是无穷的。但同样其也是一把"双刃剑",如果出现了差评,影响也是相当大的,一条差评可能就会降低列表本身的排名和销量,若不及时处理,还有可能会被亚马逊站警告。

既然不能通过特殊渠道留评,那么目前获取评价可采用以下几种方式。

(1)邮件催评。可以通过订单号索要评论。亚马逊会自动发一封邮件给购买14天以上的买家请求评论,如图4-87所示。

图4-87 邮件催评

(2)好友测评。新品上架初期,卖家可以寻求亲朋好友的帮助,为自己的产品做一些评价和反馈,以便完善产品,为买家提供更优质的服务。

(3)亚马逊的Vine Program(绿标)计划。这个是新的评价政策,类似于国内的试用申请,卖家可以向亚马逊申请,得到允许后,发货到 Vine 仓库,上限为 30 个。这些产品由亚马逊派发给申请试用的当地试用者,试用者经过一段时间的试用,针对产品给予卖家真实的评价。这项计划目前仅对有品牌的账号开放。

四、爆款打造

亚马逊的运营方法很多,如果能够在店铺里面打造出来几个爆款,以"精品＋爆款"的模式运营,无疑是最吸引人的。但现在亚马逊上卖家众多,竞争激烈,如何才能够高效快速地把一个产品打造成热卖爆款呢?

在对运营实践的总结中,采用螺旋式爆款打造模型打造爆款,进而推动整个运营的发展,是成本最低、效果最好、速度最快的方法,具体方式如下。

(一)激活销量

FBA 入仓,新品上架,把出单作为第一要务。

为了防止发生"上架即滞销"的情况,当一款产品到达 FBA 入仓上架后,卖家可直接将产品售价设置为超低价,以超低价激活销量,快速实现该产品在销量上零的突破。对一条新上架的列表来说,出单的意义大于利润。

对于新上架的产品,亚马逊系统会给予一定的流量倾斜,人们称为"新品期"。当然,流量倾斜是有期限的,大概为上架后的 14 天到一个月左右。

卖家应该充分利用这个流量倾斜期。新上架的列表产品没有评价,客户购买时会有疑虑,要想化解这种疑虑,低价是最有效的方式。同款产品如果价格相同,顾客一定会选择有评价的商品,所以上架的产品可以通过低价获取订单,把流量转化为销量,进而也获得了评价。

卖家眼中看到的是订单,系统记录下来的却是转化率。新品流量不多,凭借低价却成功转化出订单,其订单转化率如果高于同行,系统就会为其分配更多的流量,流量越多,订单自然也就越多。

在这个过程中,螺旋上升通道被打开,流量上升,订单增长。订单从无到有,从少到多,同时还带动了 BSR(Best Seller Rank)排名上升。新品上架是没有 BSR 排名的,但随着订单数量增多,排名也会上升。

从这个意义上说,低价接单对于打造一款产品意味着流量、订单和排名。

(二)主动增评

配合订单的增长,主动增评,为列表补充口碑要素。

新品列表上架时产品没有评价,对列表来说是致命的。针对亚马逊平台上客户留评率不足 1% 的现状,想要让一条新品自然地产生产品评价就显得有点漫长。在这种情况下,卖家有必要采取主动的方式为列表增加一定量的评论。对新品来说,能够有 3~5 个带 VP(Verified Purchase)的产品评价即可。

拥有了产品评价的列表看起来会完善很多,但仅此还不够,卖家需要按照订单量的增长,保持产品评价按比例增长,整体产品留评率不需要太高,能够达到总订单数量的 3% 左右即可。

随着销量增加,客户评价产生,但评价有好评与差评两种。虽然卖家会努力为客户提供好的产品和服务,但总免不了会发生意外。当差评突然来袭时,列表的销量和排名都会大幅下降,这时卖家要对评价内容进行分析,联系客户和平台客服,尽量将差评修改或者移除。

在这个阶段,形成了新的螺旋上升,即评价数量随着销量增加而增多。

(三)站内CPC广告

通过站内广告导入更多精准流量、付费流量和自然流量,产生更多订单,切分更多份额的市场蛋糕。

必须承认,在当前的亚马逊平台中,卖家之间的竞争非常激烈。在激烈的竞争下,自然流量就显得不足,卖家要想获得更多市场份额,通过站内CPC广告的方式获取付费流量就成了运营中必不可少的手法。

站内广告的玩法和技巧很多,读者可参阅前面的内容,在此就不再赘述。

(四)销量、排名、价格三位体

三个重要参量的互动,形成螺旋式上升通道。

基于前三个阶段的铺垫,正在打造的列表开始形成如下循环:因为产品价格低,所以产生销量,销量为列表带来排名;随着销量和排名上升,再加上站内广告的主动流量,列表获得了更多流量;于是销量增加,排名继续上升,卖家开始逐步调高价格。如果价格提升导致销量大幅下滑,卖家需要将价格稍微降低,并观察销量的变化,待销量稳定后,再进一步调价。价格的调整要"小步慢跑",即每次小幅度调整,待销量稳定后再进行下一次的调整。

因为螺旋式上升的爆款打造模式前期是用低价激活销量的,所以打造前期可能会出现亏损的情况,在运营中,要分阶段地将价格向上调整。

概括来说,这样的运营模式先设定自己期望的日销量,如果日销量从低向高达到了预期销量,则在销量增加的过程中上调价格,待销量稳定,再降价拉升销量和排名,然后再逐步恢复并上调价格,前进两步,后退一步。

这样一轮一轮地调整之后,产品售价逐步提高,直至接近预期售价的水平,产品销量稳定增加,列表排名逐步提升,"三位一体"相互作用,列表沿着螺旋上升的通道,从没有订单、没有流量、没有排名的状态,发展到销量稳定、排名稳定的喜人场面。

(五)排名卡位

打造爆款过程中最需要关注的参量。

上述的打造可以让一条产品成为畅销款,但要想成为爆款,让列表的排名在小类目前十,甚至成为"Best Sell",上述的方法就显得不够用了。

要想打造爆款,也就是大多数卖家心向往之的Best Sell需要在上述方法的基础上,把排名卡位放在第一重要的地位,即所有的阶段性成果都要回归到排名的高低上。

在某些阶段,为了确保排名上升,卖家可以暂时牺牲利润,当排名到了一定程度,再逐步调整价格。在排名卡位的过程中,小类目排名第200名、第100名、第10名和第5名是重要的关口。当排名跨过一个关口,便可上调价格,然后观察销量,当销量稳定之后,小幅降价,冲击下一个关口。以此类推,直到排名进入小类目前 5 名。

这时候,列表有了相对稳定的流量,消费者对价格的敏感度下降了,可以逐步调高价格到预期的水平,但还需要确保自己的价格在前 10 名中比较有竞争力,这样列表排名和销量才会相对稳定。一个爆款列表初步形成,每天少则可以带来几十、上百单,如果产品热门,那么每天可能会有几百单。

(六) 库存

爆款打造的必要保障。

在螺旋式爆款打造模型中,销量是处于持续增长状态的。在这个过程中,最忌讳的就是库存没有跟上销量,导致运营中途断货。

相信有太多的卖家都经历过断货之后列表销量减少、排名下降、广告成本增高的情况。在亚马逊 A9 算法体系中,断货对列表权重的影响是非常大的。卖家在爆款打造的过程中一定要做好销量评估,储备足够多的产品,万万不可出现断货的情况。

(七) 全力以赴

爆款打造是比拼卖家在单品上投注的心力。

每个卖家的店铺都会有各种各样的产品,而每个卖家在运营中都会把精力适当分散在各个产品上,这就意味着在单品的运营上会分心,并非为某个单品倾注全部的心力。

而螺旋式爆款打造模型的操作则恰恰相反。每一个爆款打造的过程都意味着卖家在全力以赴,阶段性地将自己的全部身心投注于一款产品上,促成这款产品的销量增加、排名上升,直至其成为并稳定在 Best Seller 的位置。在这个过程中,可以说是以自己的全力和同行们的几分之一甚至几十分之一的用心程度竞争,胜算自然要大很多。

任务实施

一、了解亚马逊平台店铺的站内广告

(1) 亚马逊站内广告——付费广告的特点以及设置。
(2) 亚马逊站内广告——标题搜索广告的特点以及设置。
(3) 亚马逊站内广告——产品展示广告的特点以及设置。

二、了解站外广告的投放平台以及设置流程

(1) 在 Deal 网站上打广告方法。
(2) 在 Instagram 网站上打广告方法。
(3) 在 YouTube 网站上打广告方法。
(4) 在 Tomoson 网站上打广告方法。

小提示:

在亚马逊平台不管是做付费广告,还是免费广告,不管是做站内广告,还是站外广告,和国内或者其他的平台都有着很大的区别。在做亚马逊推广的时候,一定要准确无误地根据这个平台的需求进行优化。在课堂实施的时候,需要花更多的时间和精力进行研究学习。

同步实训

比较一下亚马逊平台和前面所学的阿里巴巴国际站,二者的运营方式有什么区别和共同之处。

习题

1. 简述亚马逊平台站内广告的种类。
2. 简述设置亚马逊站内付费广告的步骤。
3. 策划一个亚马逊新店的运营方案,并写出来。

项目五

东南亚跨境电商平台操作——Lazada

学习目标

知识目标

1. 了解 Lazada 电商平台；
2. 掌握 Lazada 平台的注册方法；
3. 说出选品的主要策略和注意事项；
4. 了解产品发布的注意事项；
5. 探讨产品管理的好处；
6. 了解店铺装修的作用；
7. 了解 Media Center 在店铺中的作用；
8. 了解搜索与 Seller Picks 的概念；
9. 了解 Lazada 后台各项活动的类型；
10. 了解 Feed 的概念。

能力目标

1. 能够对产品发布有基础的认识；
2. 掌握产品发布的操作技能；
3. 掌握店铺装修的各个功能的设置；
4. 了解 Media Center 上传存储图片的方法；
5. 掌握活动提报的方法；
6. 掌握 Feed 功能的使用；
7. 掌握 Lazada 后台数据分析的各项指标。

素养目标

1. 获得良好的店铺运营能力；
2. 了解国家政策的发展走向；
3. 具备对店铺未来发展进行长远判断的素养。

项目介绍

本项目包含了四个学习任务，具体如下。

任务一　平台注册及开通店铺

任务二　产品选择及发布

任务三　店铺装修及基础设置
任务四　店铺运营

通过本项目的学习,可以了解 Lazada 平台的基本实操,包括店铺的注册、选品和产品上架及管理、店铺的装修及 PDP Banner 的设置,并能结合相关数据,了解店铺的具体指标,作出判断。

任务一　平台注册及开通店铺

 情境导入

自"一带一路"倡议提出以来,"丝路电商"不断发展,已成为"一带一路"贸易畅通排头兵,是我国外贸发展的新亮点。东南亚地区是我国与沿线国家开展贸易合作的主要区域,从"一带一路"贸易合作数据来看,2016 年,中国与东南亚地区贸易额为 4554.4 亿美元,占中国与沿线国家贸易总额的 47.8%。在出口方面,中国向东南亚出口额最大,达 2591.6 亿美元,占比为 44.1%。老板深知东南亚市场的潜力,任命小凌在 Lazada 平台开店,于是,小凌开始着手收集在 Lazada 开店的资料。

 任务分析

企业要进军东南亚市场,小凌首先需要了解跨境平台 Lazada,以及注册和开店所需要的资料与企业资质,然后归纳总结出一份可实行的开店手册,方便企业规模化进军新兴的东南亚市场。

 知识链接

一、平台注册

Lazada 中文名叫来赞达,是东南亚最大的跨境电商平台之一,主要目标市场是东南亚六国,也是阿里巴巴旗下在东南亚最大的跨境电商交易平台。

2019 年初阿里巴巴收购 Lazada 后,彭蕾(阿里巴巴 18 个创始人之一)出任 Lazada CEO 职务,原 CEO Bittner 将出任高级顾问职务。除了把中国商户引入 Lazada 外,阿里也逐渐通过 Lazada 往当地输出自己的电商服务体系,搭建完整生态圈。

入驻 Lazada 平台只需要拥有在中国注册的合法企业营业执照、以企业形式注册 P 卡(Payoneer 卡,万事达预付卡)、有一定的电商销售经验,在此基础上签一份合同就可以入驻平台,进到所有的站点。成功入驻后会获得平台培训与商家孵化等政策支持。

登录 Lazada 的官网(如马来西亚站点为 http://www.lazada.com.my),在页面上方单击 Signup,进入新页面后可选择手机号或邮箱注册,并根据提示填写注册信息,如图 5-1 所示。

项目五　东南亚跨境电商平台操作——Lazada

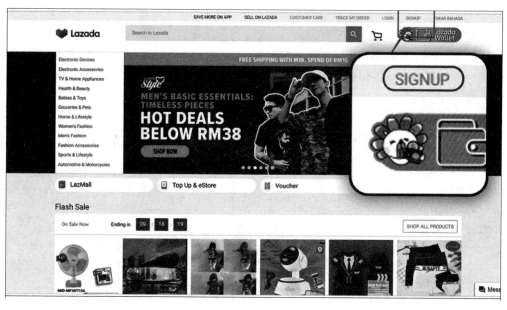

(a)

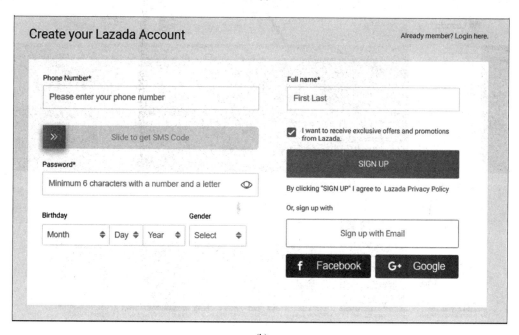

(b)

图 5-1　Lazada 主页 & 用户注册界面

完成注册后,页面左侧是功能栏,顾客可以管理账户的个人信息、优惠券、Lazada 钱包、订单退换货、评价等,如图 5-2 所示。

二、店铺开通

登录 Lazada 的官网(如马来西亚站点为 http://www.lazada.com.my),在页面上方单

图 5-2　Lazada 买家账户管理

击 Sell On Lazada，进入新页面后单击 Become a LazGlobal Seller，如图 5-3 所示。

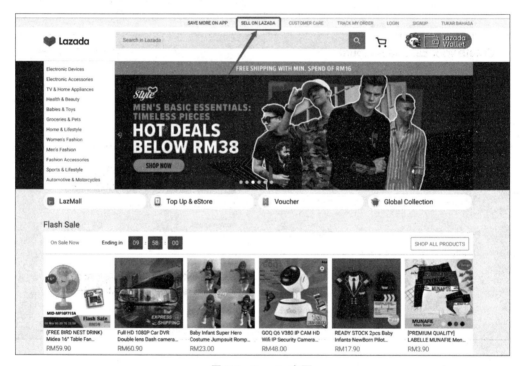

图 5-3　Lazada 主页

进入注册页面，根据平台需求填写具体的信息后会收到电子合同。签署电子合同后，会收到电子合同的附件，以及一系列登录卖家中心并更改新密码的邮件、参加培训和注册 Payoneer 卡的邮件，需要注意的是 Lazada 每个站点都需要登录修改密码。

Lazada 卖家介绍中心如图 5-4 所示，Lazada 卖家注册页面如图 5-5 所示。店铺的卖家中心如图 5-6 所示，左侧为功能栏，方便卖家进行上下架产品、售后管理、提报活动、数据中心等操作。由于 Lazada 的 Global Seller 账户采用六站合一的形式，卖家可以切换不同国家站点，并查看店铺数据。页面右侧会收到平台系统的信息，如订单通知、平台政策通知、培训课程通知等。

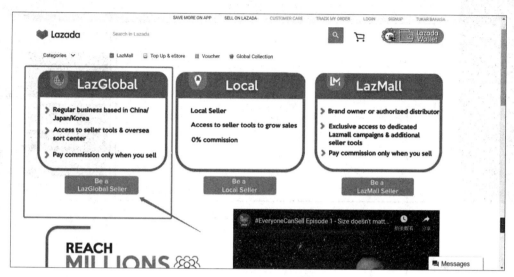

图 5-4　Lazada 卖家介绍中心

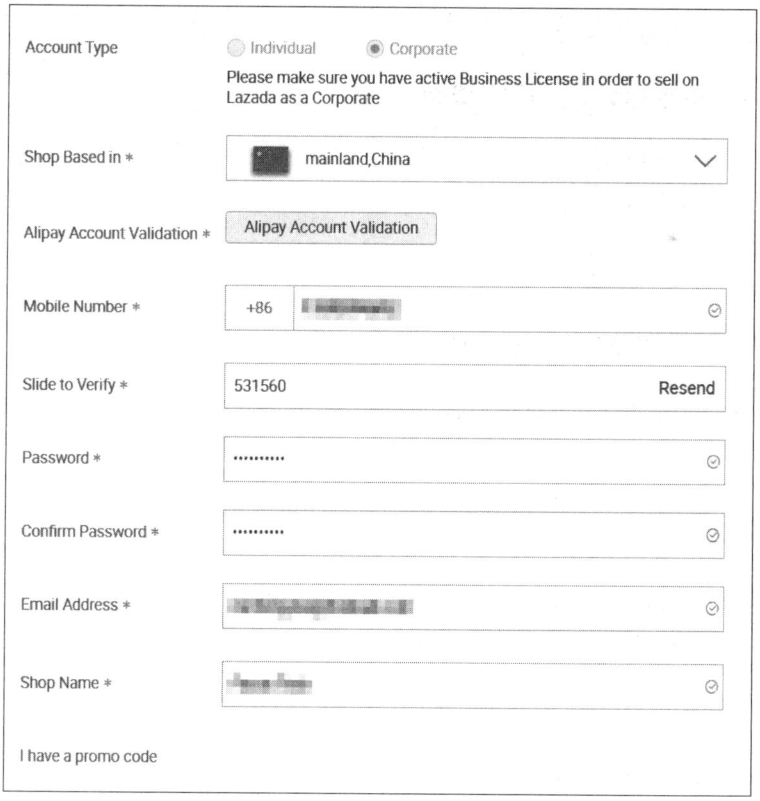

图 5-5　Lazada 卖家注册页面

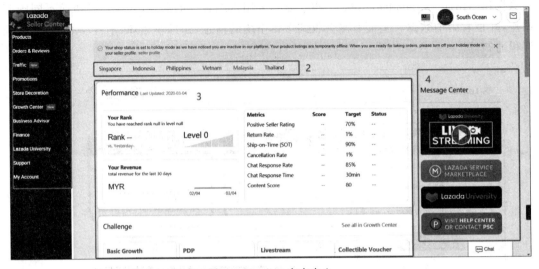

图 5-6　Lazada 卖家中心

任务实施

一、了解 Lazada 平台

掌握 Lazada 平台基本情况。

二、着手收集平台注册、开店资料

(1) 平台注册资料收集。
(2) 平台开店资料收集。
① 跨境电商及其特点分析。
② 跨境电商的优势分析。

三、进行汇总，提交可实行手册

(1) 形成项目实施方案，并制作手册。
(2) 进行汇报。

同步实训

登录 Lazada 平台，体验东南亚人民生活中接触到的平台是什么样的。注册平台账号，熟悉消费者后台内容，并提出相应的操作建议。

习题

1. 如何在 Lazada 平台注册账号？
2. 如何在 Lazada 平台开通店铺？

项目五 东南亚跨境电商平台操作——Lazada 159

任务二 产品选择及发布

情境导入

经过 Lazada 的审核过后,店铺终于开通了,但是店铺什么都没有,定位也没有确定,要选择什么产品上架就成了一个重要的问题。市场上的产品种类众多,选择合适的产品才能使店铺尽快运营起来。但是如何选择产品,选择好产品后怎么完成上架,小凌还是很迷茫。于是,小凌开始着手收集选品的资料,结合相关数据,对公司产品进行分析与上架。

任务分析

要做好上架,小凌首先需要了解电商的选品知识,并在此基础上对自身产品进行定向分析,将产品上架到店铺中。

知识链接

一、产品选品

跨境电商运营成功的因素需要很多,但是做好跨境电商的第一步就是进行正确选品,即"七分靠选品,三分在运营"。人们习惯性地将选品简单定义为选择利润高、热销、非普遍性、方便运输和包装、自己熟悉或者喜欢、符合时尚潮流的产品等。但如何准确选品实际上是一门学问。

跨境电商选品的核心要求是优质的商品,优势的价格,符合跨境销售特性,满足海外目标市场需求,突出自己的特色和竞争优势的产品。

跨境选品首先应该选择一个符合自己网店定位的产品,产品应该有很好的市场需求,最好是满足特定外贸市场的产品,应该避免红海策略,要有自己的选品特性。选品的最终价值在于达到供应商、终端客户买家、跨境卖家本身三者共赢。供应商的选择最为重要,因为供应商的价格、产品质量和产品款式决定着一个跨境店铺的命运。

(一)常用的选品策略

1. 差评数据分析法

差评数据分析法是指以抓取平台上热卖商品的差评数据为主,找出客户不满意的地方,然后进行产品改良或选择能解决客户需求的供应商产品。差评数据分析法侧重于抓取差评数据,同时也注重分析商品的好评数据,分析出客户真正的需求点和期望值。

换言之,差评数据分析法既从产品好评中找参考,也从差评中挖掘出有用的信息。选择能满足客户需求的产品,产品自然就容易获得曝光,销量也能迅速增加。

2. 选品组合分析法

选品组合分析法是指以产品组合的思维来选品,即在建立产品线时,规划20%的核心产品,用以获取高利润;10%的爆款产品,用以获取流量;70%的常态产品,用以互相配合。选品要针对不同的目标客户,不能把所有的产品都选在同一个价格段和同一个品质,一定的价格和品质阶梯能产生更多的订单。

不管是核心产品、爆款产品,还是常态产品,选品时都必须评估产品的毛利。单产品毛利=销售单价-采购单价-单品运费成本-平台费用-引流成本-运营成本。

3. 谷歌趋势分析法

谷歌趋势分析法是指利用谷歌的数据分析工具,对企业外部的行业信息和内部的经营信息进行分析,挖掘出有价值的信息,以此作为选品参考,即通过 Google Trends 工具分析品类的周期性特点,通过 Keyword Spy 工具发现品类搜索热度和品类关键词,通过 Google Analytics 工具获得已上架产品的销售信息,分析哪些产品销售好,整体动销率如何等。

谷歌趋势分析法要看行业的整体数据和变动趋势,行业内各品牌的销售情况,品类的销售和分布,单品的销售数据和价格,也要看行业内至少 3 家核心店铺和主要竞争对手的销售数据(流量、转化率、跳出率、客单价等)。

(二)选品市场调研

市场调研包括产品价格、产品种类、目标市场以及目标人群。

1. 产品价格的选择

对于产品的价格,需要对选择的市场进行分析,跨境电商和国内电商不同,不同地区之间的文化、消费习惯、消费水平有明显差异。分析目标市场的消费水平,能够方便卖家选择适合他们的产品,满足他们的消费需求。

图 5-7 是菲律宾市场上销售产品的价格。

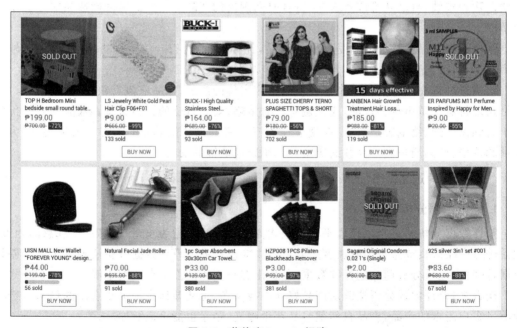

图 5-7　菲律宾 Lazada 闪购

例如,菲律宾消费者购买首饰,83.6菲律宾比索就可获得项链、耳环、戒指这3件,折合人民币11.5元。消费水平根据人均收入水平而定,菲律宾人民的人均收入在1500元人民币左右,造成了他们更喜爱低价的产品。因此,产品的价格选择范围需根据目标国家的消费水平来定。

2. 产品种类的选择

在选择产品种类的时候,选择"小、便、轻"的产品最适宜。跨境电商最重要的成本是运费,选择的产品越重,运费越高,造成售价就更高,消费者更难以接受。产品还需方便运输,以不易在运输过程中损坏为宜,跨境电商与国内电商有所不同,运输时间较长,倘若产生退换货的问题,将是一个很长的周期,一来一回的运费也会造成很大的损失。

产品种类选择时还要注意报关与清关的问题,有些产品不能过海关,如国家法令禁止的物品,以及液体、粉末状物体、易燃易爆品等。另外,需要了解哪些国家不接受哪些产品进口,例如,澳大利亚不接受化妆品、珠宝等物品。

选择产品种类时还需了解到目标市场国家的风俗习惯,例如,印度尼西亚大多数人民信仰伊斯兰教,是不吃猪肉的,若销售含有猪肉的食品,消费群体会大大减少。若选择服装类目,东南亚属于热带地区,天气炎热,不可选择冬季的服装。

3. 目标市场以及目标人群

目标市场是指能够从产品或服务中受益的人群。目标客户就是卖家的销售对象。目标人群指企业提供产品和服务的对象。随着经济的发展和市场的日益成熟,市场的划分越来越细,每项服务都要面对不同的需求。企业应当根据每一项产品和服务的特点选择不同的目标客户和目标市场。只有确定了消费群体中的某类目标人群,才能具有针对性地开展营销并获得成效,使资源更加有效化。

二、产品发布及操作步骤

(一)产品发布前期准备

1. 产品的定价分析

价格是影响产品销量和店铺利润的一大重要因素,定价前要分析消费者的购物心理和行为,在此基础上定一个合适的价格。常用的定价方法有以下几种。

(1)整数定价法。整数定价法是指企业把原本应定价为零数的商品价格定为高于这个零数价格的整数,一般以"0"作为尾数。整数定价法较适用于一些价格较高的产品或一些具有影响力的品牌产品,可以体现出产品的质量,提高产品的形象,例如,价值较高的珠宝、艺术品等。

(2)成本加成定价法。成本加成定价法是在成本的基础上以相对稳定的加成率进行定价。一般说,加成率的大小与商品的需求弹性和公司的预期盈利有关。需求弹性大的商品,加成率宜低,以求薄利多销;需求弹性小的商品,加成率不宜低。

(3)习惯定价法。习惯定价法是指根据市场上已经形成的价格进行定价的方法。对于已形成习惯价格的产品或商品,即使生产成本降低,也不能轻易降价,否则易引起消费者对其品质的怀疑;即使生产成本增加也不能轻易涨价,否则易引起消费者的反感,只能靠薄利多销来弥补低价的损失。

（4）数量折扣定价法。数量折扣定价法是指当买家购买数量较多时，对其给予一定的优惠。

（5）现金折扣定价法。现金折扣定价法即降价处理或者打折出售，在参与活动、大促、清库存时，可采取该种方式。

（6）尾数定价法。尾数定价法与整数定价法相反，是指在确定零售价格时，利用消费者求廉的心理，制定非整数价格，以零头数结尾，使用户在心理上有一种便宜的感觉，或者是价格尾数取吉利数，从而激起消费者的购买欲望，促进商品销售。

2. 产品标题的设置

（1）标题的组成（见表5-1）

表 5-1　产品标题结构

关键词类型	特　点	示　例
核心词	行业的热门词，接近于类目词，俗称"大词"	Shoes（鞋子）、Wallet（钱包）、T-shirt（T恤）
属性词	描述产品某个属性的词，例如产品颜色、功能、特点，该类型的词能更精准地满足搜索这类词的消费者	White Shoes（白色鞋子） Korean Wallet（韩版钱包） Black T-shirt（黑色T恤）
流量词	此类型的词不属于核心词和属性词，一般也不属于热门词，但搜索该词的也都是需求非常精准的消费者	如某明星同款大衣等

（2）借鉴其他平台同款产品的标题进行修改

在其他同类型平台上有大量同款产品，可找到许多与自己选择的产品相关的关键词与标题。

（3）设置标题的原则

标题设置原则包含如下几点。

① 符合语法规则。

② 避免关键词堆砌。

③ 避免虚假描述。

④ 利用标题字数限制，避免超过字数。

⑤ 避免使用不合规的语言。

3. 产品主图与详情页的设置

产品主图与详情页有相似点，主图是总括，而详情页是详细的描述。

两者都可包含：①产品品牌、产品生产；②产品规格、优点、卖点、细节、配件；③产品的详细功能、用途；④产品各个角度的清晰展示；⑤产品的使用说明。

（二）产品发布操作步骤

登录店铺账号后，来到卖家中心首页，先单击左边菜单栏的 Products 栏，再单击 Add Products 进入添加产品页面，如图 5-8 所示。

填写 Product Name，选择产品的类目 Category，不同的类目会有不同的编辑页面。下面以钱包类目作为案例进行演示（见图 5-9）。

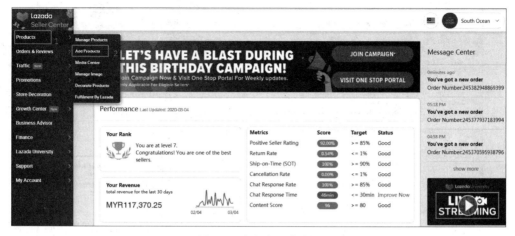

图 5-8 卖家中心功能栏

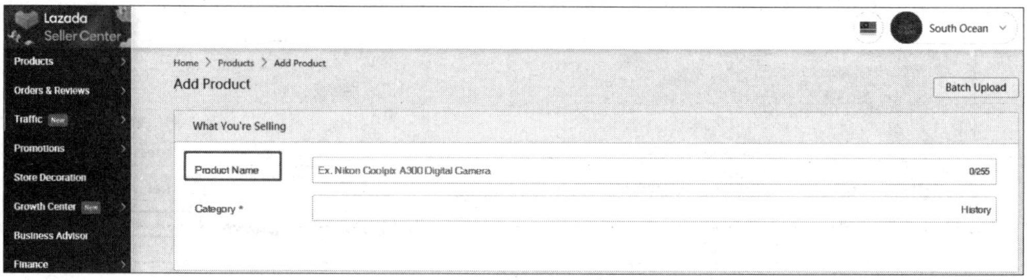

图 5-9 产品标题编辑

填写产品标题后,会出现 Category Suggestions 可根据 Lazada 平台提供的产品类目进行选择,也可在 Category 选择更合适的产品类目(见图 5-10)。

图 5-10 选择产品类目界面

History 可找到上次发布的产品所选择的类目(见图 5-11)。

选择类目后,就直接跳转到产品编辑页面,填写品牌 Brand,无品牌可直接单击方框内的 No Brand(见图 5-12)。

接下来是基础信息的设置,即 Basic Information 版块,其中 Long Description 一共包含两种编辑方式,Lorikeet 和 Text Editor(见图 5-13)。

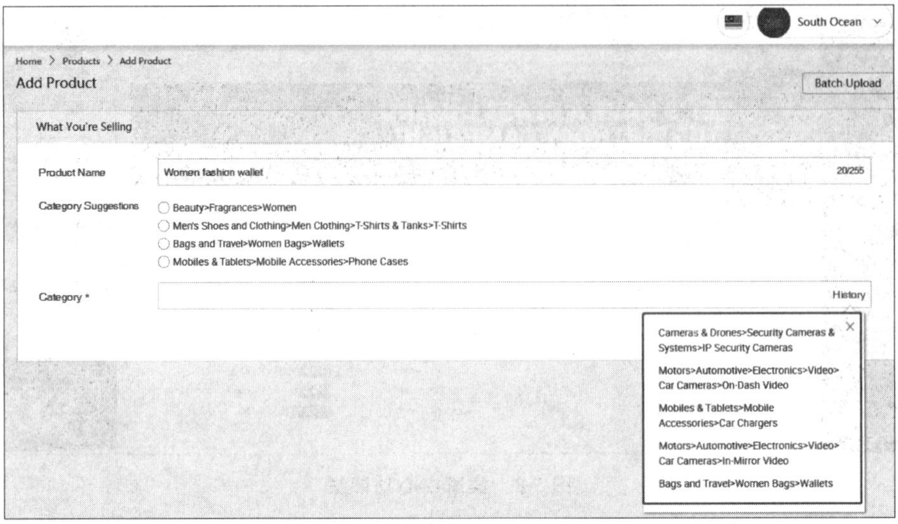

图 5-11　历史商品类目

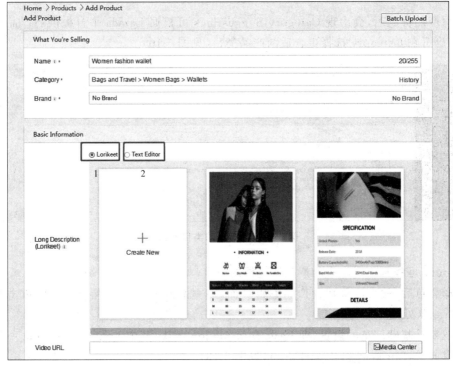

图 5-12　品牌选择

图 5-13　详情图编辑

（1）Lorikeet 是一种在线详情页编辑工具（见图 5-14）。

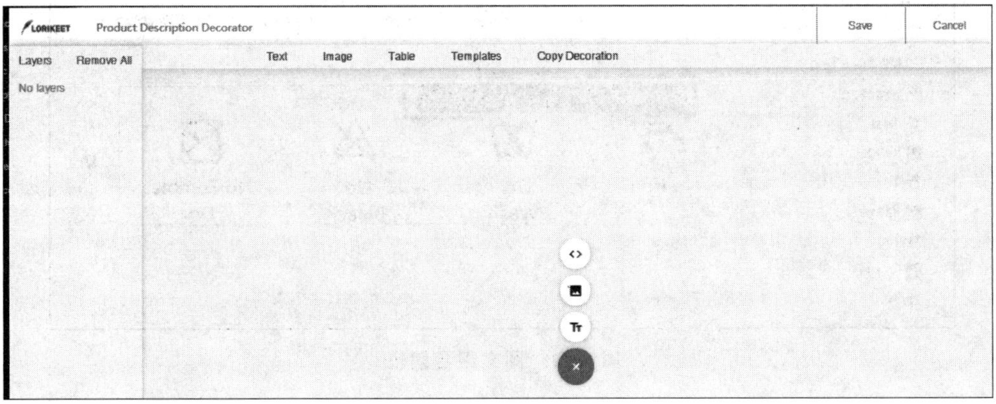

图 5-14　Lorikeet 主界面

（2）Text 功能（见图 5-15），提供多种文本框模板。

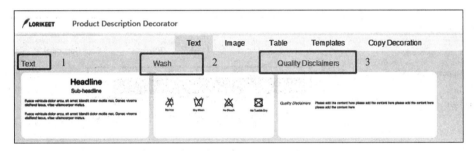

图 5-15　文本框功能

① Text 即纯文字的文本框模板（见图 5-16）。

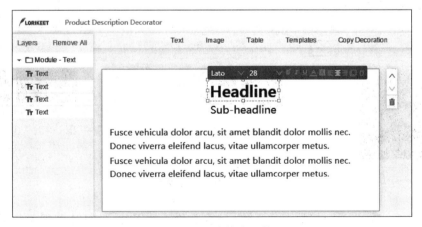

图 5-16　文本格式调整

此功能可以编辑文字，并对文字进行字体大小、字体类型、粗字体、下画线等调整。

② 提供了图文结合文本框模板，常见于服饰类产品描述，同时也可用于不同产品的功能展示（见图 5-17）。

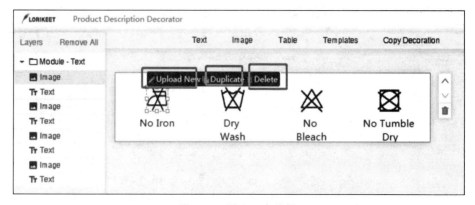

图 5-17 图文组合编辑

卖家可新增、替换图片及文案内容与格式,可轻松完成小图标及文字描述布局。

③ 提供了左右对齐的文本框模板,适用于各类目不同产品,只需要调整左右两侧文字内容,无须担心排版(见图 5-18)。

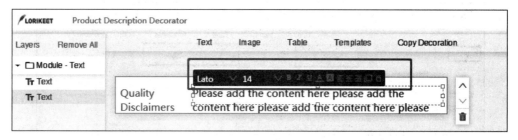

图 5-18 字体格式调整

同时也可以编辑文字,并对文字进行字体大小、字体类型、粗字体、下画线等调整。

(3) Image 功能(见图 5-19)

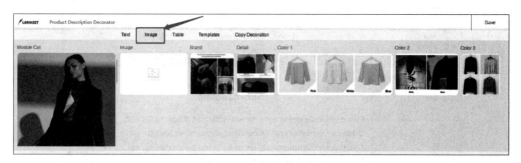

图 5-19 图片编辑界面

① Module Cut 即设定好的图片版块,只需上传新的图片,便可达到展示效果;Upload New 用于更新图片;Duplicate 用于复制图片,此功能适合相同大小的图片的上传;Delete 用于删除图片(见图 5-20 和图 5-21)。

上下两个箭头可调整此模块的位置,箭头下方的"垃圾桶"图形,可删除此模块。

② Image 可上传图片,通过拖动图 5-22 中箭号指的位置来调整图片大小。

图 5-20　图片更新与复制

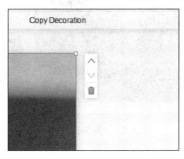

图 5-21　删除图片

③ 同时可以在图片中添加文字,如上传品牌描述及理念(见图 5-23)。

④ Table 为在线表格编辑器,提供不同种类的表格模板及自定义模式,此功能常见于服饰类目使用(见图 5-24)。

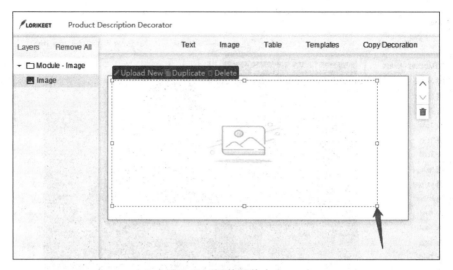

图 5-22　调整图片大小

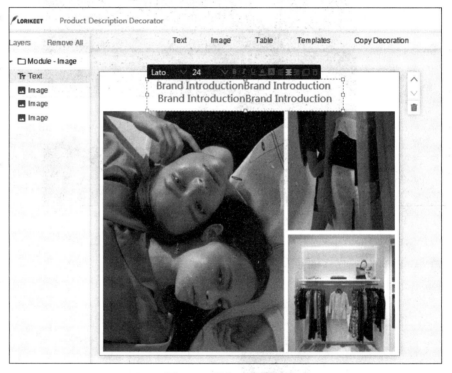

图 5-23　添加文字界面

⑤ Templates 是 Lazada 平台提供的不同类目的装修模板,卖家可选择相对应的类目,进行文字及图片的修改,便可轻松便捷的完成一版较高质量的详情页(见图 5-25)。

⑥ Copy Decoration 是复制店铺原有的产品详情(见图 5-26)。

所有产品描述编辑完成,单击 Save 按钮完成上传(见图 5-27)。

Text Editor 是基础的文本框编辑工具,仅适用于较为简单图文排版,自定义效果较差。

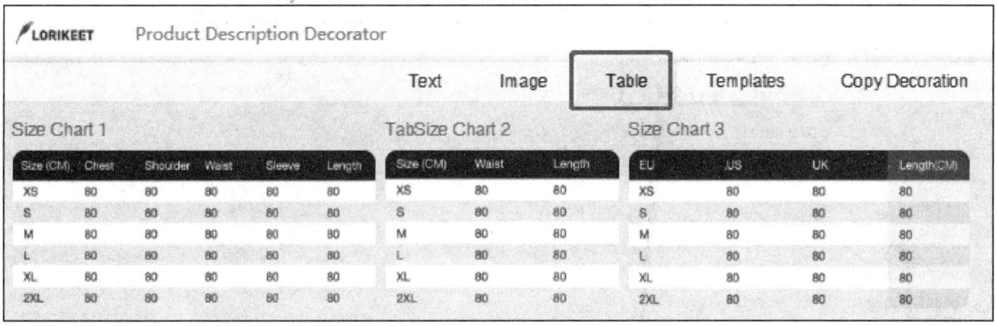

图 5-24 表格编辑功能

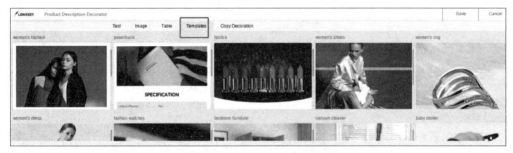

图 5-25 详情页模板选择

图 5-26 复制详情页

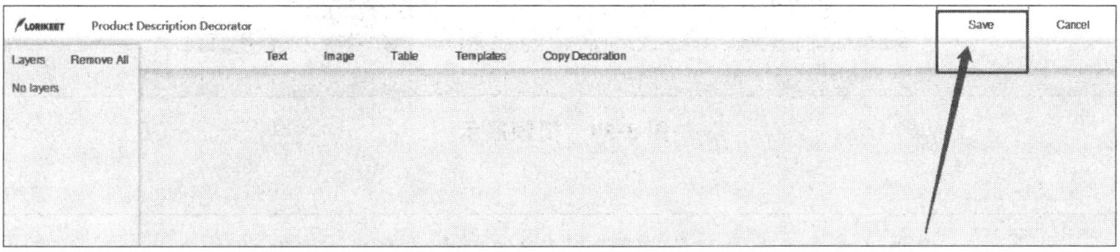

图 5-27 保存详情页界面

同时主要适用于与第三方的采集工具,将采集信息填写进去,单击 Apply 按钮便可完成(见图 5-28)。

Video URL 是将 video 链接(Youtube 或者 Media Center 视频的链接)填写到方框内。上传完成后,展示效果如图 5-29 所示。

Short Description 为短描述,可编辑文字,添加图片(见图 5-30)。

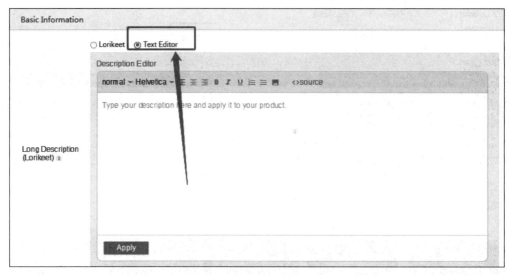

图 5-28　基础文本编辑工具

图 5-29　视频展示

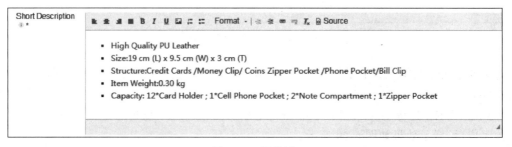

图 5-30　短描述

前端展示效果如图 5-31 所示。

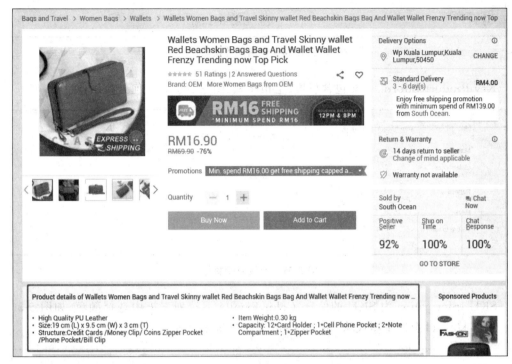

图 5-31　短描述展示

保修模板包括以下 3 点。
- Warranty Type 保修类型，根据产品的类型选择相对应的保修类型。
- Warranty Period 保修期。
- Warranty Policy 保修政策（见图 5-32）。

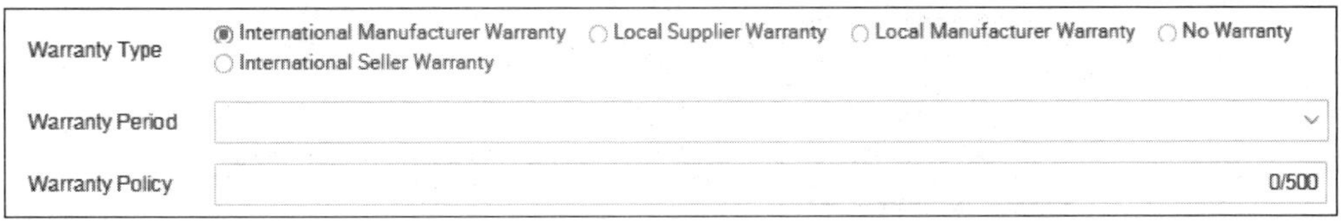

图 5-32　保修模板

Dangerous Goods 是危险的产品，包含液体、非危险品、含有电池的产品、易燃品（见图 5-33）。

图 5-33　危险品

包含说明包括以下 3 点。
- What's in the box 包裹内含有的物品。
- Package Weight(kg)和 Package Dimensions(cm)包裹的重量及包裹尺寸（见图 5-34）。

图 5-34　包裹尺寸模块

Key Product Information 包含材质、上市年限、图案、模型、在何处使用（见图 5-35）。

图 5-35　产品基础材质

SKU Information 为 SKU 的信息，Color Family 下拉列表框中选择颜色，如图 5-36 所示。单击 Upload 上传主图或从 Media Center 选择图片上传。

图 5-36　选择颜色

价格属性版块包括以下内容（见图 5-37）。
- Availability 为可用性，若是已上传的产品，需要暂时关闭此 SKU，可通过 Availability 进行调整。

- Color Family 为产品颜色。
- Price 为一口价，折扣前的价格。
- Seller SKU 为卖家 SKU，根据店铺的要求进行编辑。
- Quantity 为数量。
- Special Price 为折扣后价格。
- Taxes 为税收。
- Shop SKU 为店铺 SKU，Lazada 平台自动生成。

图 5-37　价格及 SKU 编辑模块

完成编辑后，单击 Publish 按钮进行发布（见图 5-38）。

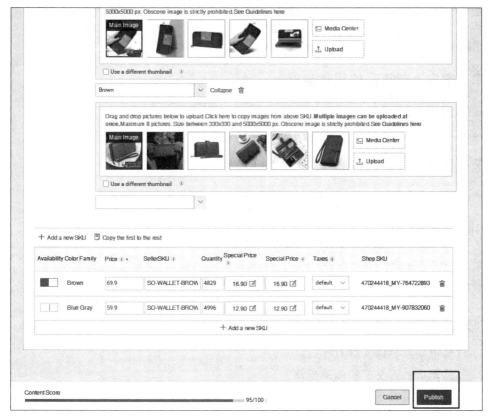

图 5-38　产品上传

（三）产品管理

产品上架完成后,需要进行日常巡查,及时做出相应的调整。

1. 产品价格的调整

例如,在产品销售一段时间,销售量过低或者销售量为零时,就需要分析各种各样的情况,若是价格原因,需根据市场上的价格,检查设置的价格是否过高或者不合理,及时做出调整。

2. 产品主图与详情的检查

产品主图与详情上传时可能产生操作上的错误,如图片大小不对、图片顺序错误、文字编辑错误等,需要及时做出更改。

3. 产品规格大小的更改

产品参数的变更,在产品详情、主图、描述的相应位置都要进行修改。

4. 主图与详情的优化

消费者若长期看到相同的图片展示,会产生审美疲劳,主图和详情需定期进行修改。

任务实施

一、了解选品知识

了解常用选品策略,进行选品市场调研。

二、掌握上架产品的操作步骤

（1）产品标题的设置。

（2）上架产品操作步骤。

三、了解产品管理内容

产品上架完成后,检查并做出相应的调整。

同步实训

请对"耳机"完成一个选品内容的分析,需包括目标市场、价格定价、标题编写。

登录 Lazada 卖家中心,完成一件产品的上架,了解上架产品的操作步骤。

习题

1. 目标市场和目标人群有什么区别?
2. 产品发布前需要哪些准备步骤?
3. 产品价格定价有哪些方法?
4. 产品标题的设置要遵守哪些原则?
5. 产品选品的策略有哪些?

任务三　店铺装修及基础设置

 情境导入

在完成店铺选品和产品上架后,店铺渐渐地收到一些订单,小凌喜出望外,但是发现店铺的主页太过简单,顾客不愿意花过多的时间停留在店铺,从而导致流量不能进行二次分发,于是小凌开始了解Lazada店铺装修的基础知识。

 任务分析

要做好店铺装修,小凌首先需要了解Lazada店铺装修的基础知识,然后初步整理出店铺装修所需要的功能,这样才能把握流量,并对流量进行二次分发,从而增加店铺营业额。

 知识链接

一、店铺装修的作用

店铺装修实际上就是通过图形图像软件对店铺的主页和商品的照片进行修饰,利用美学设计对素材、文字和照片进行组合,给人以舒适、直观的视觉感受,让顾客从中了解到更多的商品信息和店铺信息。

如图5-39所示为某店铺的首页装修效果,每一处都经过了精心的设计和美化,将商品的特点和店铺的风格展示在了顾客的面前。

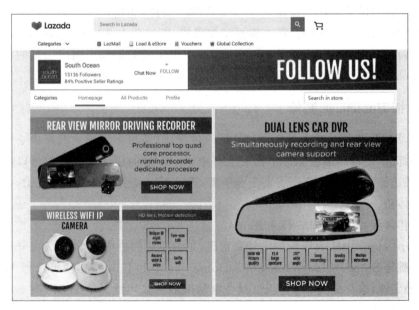

图5-39　店铺装修效果

店铺中需要装修的区域非常多,它会根据平台大促活动(如 Lazada Birthday Sales、Big Discovery Sale、Grand Year End Sale 等)、公共假期(Merdeka、Hari Raya、Christmas Day、Chinese New Year 等)、商品的变化和季节的变化而进行相应的调整。店铺装修是一项持续性较强、需要付出大量时间和精力去优化与更新的任务(见图 5-40)。

图 5-40　店铺装修效果示例

优秀的店铺装修,可以营造一个好的购物环境,良好的购物环境会对人的购买意识产生较大的影响。良好的第一印象决定了买家对店铺的信任,而信任感是触发成交的关键。通过店铺装修,对商品进行分类管理,在首页增加宣传,以及全店满减券/满减运费等活动的字眼,引导顾客消费,提高店铺客单价,有利于店铺销售业绩的提高。同时店铺的颜色和风格可以突出商品的形象,帮助顾客记忆和深化产品印象,有利于品牌的传播。

二、店铺 Homepage 装修

Lazada 店铺装修是运营人员所必须经历的过程,但是很多卖家尤其是中小型卖家经常会忽略这一部分,使得店铺在无形中损失了订单。一个好的店铺装修不仅可以使层次感升级,从而增强店铺知名度,使店铺有别于竞争者,而且可以吸引消费者的注意力,为顾客提供更好的网购体验。

具体操作步骤如下(见图 5-41 和图 5-42)。

在 Seller Center 中输入店铺的账号和密码,单击左边侧栏中的 Store Decoration。

页面会跳转 Store Builder,单击 Store Homepage 中的 Edit 按钮便可选择 Mobile 端和 PC 端的店铺装修,这里先介绍 PC 端也就是电脑端的装修店铺。单击 PC,图 5-43 为 PC 端装修页面。

进入装修页面,可以看到左侧是功能模块 Page Template,右边是要装修的页面板块,当

项目五　东南亚跨境电商平台操作——Lazada　177

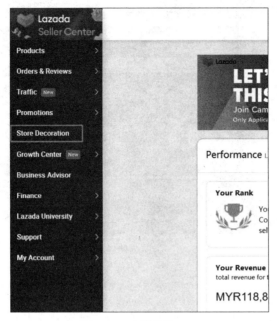

图 5-41　店铺装修（一）

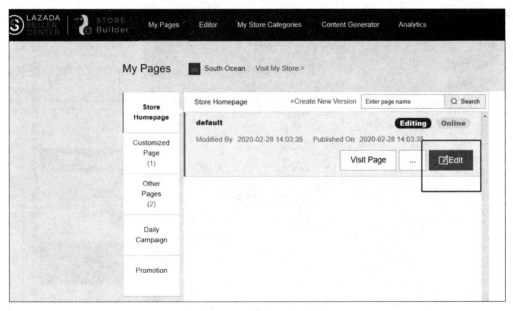

图 5-42　店铺装修（二）

需要哪一块模块时，直接把它从左边功能模块拖到页面右边即可。店铺装修模板的类型包括日常模板，即店铺最基本的介绍；横幅模板，即加入客制化的图片作为横幅；新品模板，即在店铺页面置顶展示最新产品作为产品推荐；热销模板，即在店铺页面置顶展示最热销产品作为产品推荐；营销模板，即结合客制化横幅以及产品推荐。

页面装修的板块中比较重要的有以下几项。

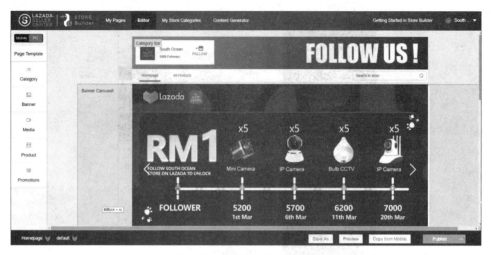

图 5-43 店铺装修功能界面

1. Store Header 装修

提前准备 Store Header Banner 与店铺 Logo 素材(PC 端大小为 1200 像素×128 像素,Mobile 端大小为 750 像素×180 像素,Store Logo 大小为 600 像素×600 像素)。

鼠标经过 Category Bar 区域,然后单击编辑,即可编辑 Store Header(见图 5-44)。

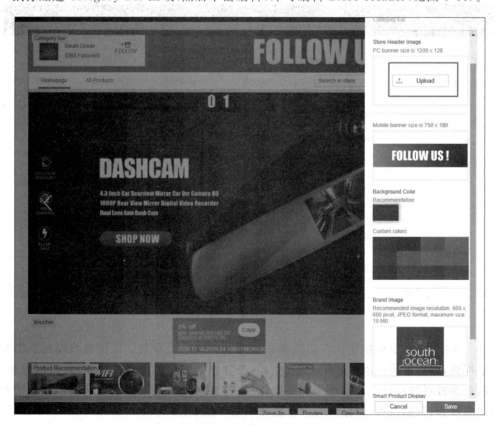

图 5-44 店铺标头编辑页

单击需要上传的图片,再单击 Upload 按钮,调整大小,最后单击 Confirm 按钮便可上传(见图 5-45)。

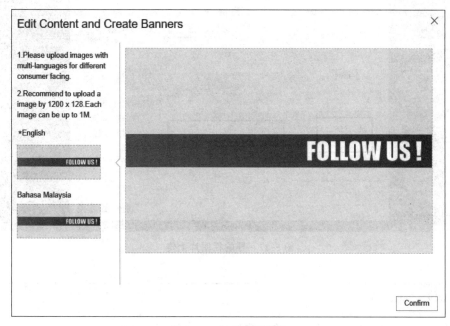

图 5-45　标头横幅修改

2. Category 装修

从左侧的 Page Template 中 Category 选择所需要的样式添加至店铺首页。例如 Category List,在右侧栏中单击 Edit 按钮将相应类目的所需要素材上传,后可选择相对应的类目链接(见图 5-46～图 5-48)。

图 5-46　导航栏选择

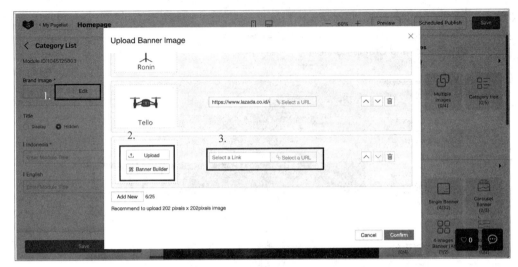

图 5-47 导航栏图片上传

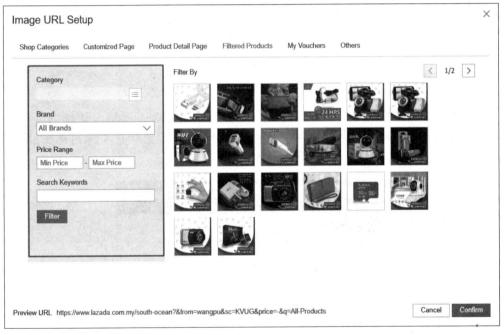

图 5-48 类目产品筛选

3. Banner 装修

从左侧的 Page Template 中 Banner 选择所需要的样式添加至店铺首页。例如 Banner Carousel，在右侧栏中单击 Upload Edit 将相应类目的所需素材上传后，选择需要跳转的产品链接（见图 5-49 和图 5-50）。

图 5-49 滚动横幅模板选择

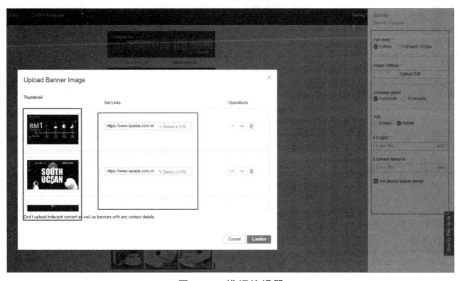

图 5-50 横幅编辑器

三、PDP banner 设置

PDP banner 是 Lazada 店铺产品详情页链接到店铺活动页面的海报，当消费者单击 PDP banner 会跳转到店铺活动页。运用活动 PDP banner，可以把产品页面的流量引到活动页面，减小流量跳失，提升活动产品的曝光率，刺激消费者，增加销售额（见图 5-51）。

图 5-51　PDP 横幅设置

其设置方法为登录 Seller Center，在左侧栏 Product 中选择 Decorate Products 模块（见图 5-52）。

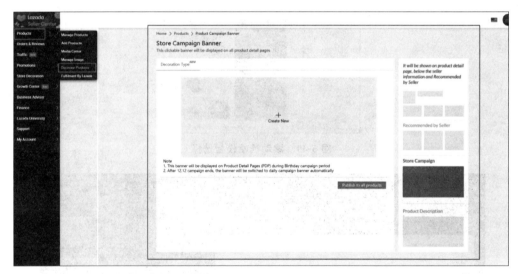

图 5-52　PDP 编辑中心

进入 PDP 装修页面单击 Create New，编辑 Banner，替换自己的产品图片和广告词。编辑完成后，单击 Save 并 Publish to all products（见图 5-53 和图 5-54）。

PDP banner 装修应图文并茂，内容吸睛，包含清晰的引导单击信息，并附有超链接到首页。

四、Media Center 设置

Media Center 可以让 Lazada 和 Lazmall 商家们存储素材、管理宝贝详情页和网店装修

图 5-53　PDP 图片修改

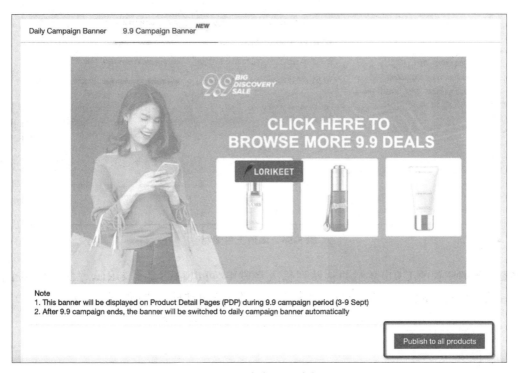

图 5-54　发布 PDP 海报

时保存的图片(见图 5-55)。

1. 在 Media Center 中上传图像

(1) 从本地计算机上传图像

在要上传图像的文件夹中,单击 Upload Image 按钮,系统将弹出窗口提供上传图像,将图像从计算机本地拖放到弹出窗口中,或者浏览本地文件并上传(见图 5-56)。

(2) 从 URL 上传图像

要从选定的 URL 上传图像,可单击 Upload Image 按钮,然后在弹出窗口中选择 URL。

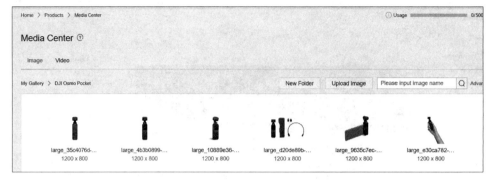

图 5-55　店铺素材库

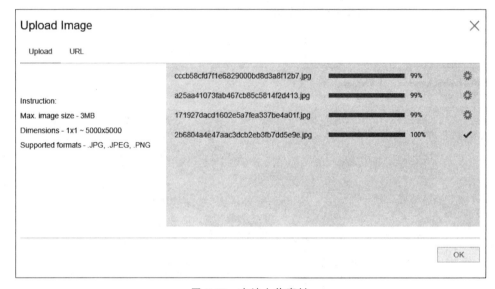

图 5-56　本地上传素材

将要上传的图像的 URL 复制并粘贴到输入字段中，可以粘贴多个 URL，一次上传多个图像。确保在各 URL 之间按回车键，且每个网址必须在单独的行中（见图 5-57）。

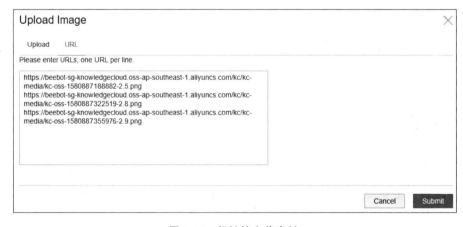

图 5-57　超链接上传素材

2. 在 Media Center 中在线编辑图像

选中所需要编辑的图片,右击选择 Edit 选项(见图 5-58)。

图 5-58 编辑图片

在左侧 Crop 的 Aspect Ratio 下单击 Custom 可自定义图片尺寸,或者选择图片比例。在左侧 Zoom 中通过单击"+"或"-"按钮可放大或缩小图片(见图 5-59)。

图 5-59 图片编辑器

任务实施

一、了解店铺 Homepage 装修

了解店铺装修的作用,进行店铺 Homepage 装修。

二、了解店铺 PDP 设置

(1) PDP 上传图片。
(2) PDP 图片要点。

三、了解店铺 Media Center

（1）了解本地上传图片。
（2）了解 URL 上传图片。

 同步实训

登录 Lazada 卖家中心，进行简单的店铺装修，尝试对 PDP 和 Media Center 进行配置。

习题

1. 店铺装修的作用是什么？
2. 如何进行 Banner 装修？
3. 什么是 PDP 设置？
4. 如何通过 Media Center 上传图片？

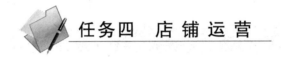

任务四　店铺运营

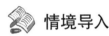 **情境导入**

店铺装修过后，小凌的店铺流量和客单价明显增高，但是她渐渐发现店铺运营达到一定瓶颈，流量和订单达到峰值后，销量开始下滑。于是小凌开始着手对店铺数据进行分析，并针对店铺存在的问题提出可行的解决方案。

 任务分析

要做好店铺运营，小凌首先需要了解运营的相关知识，然后提炼出店铺运营的具体指标，分析出店铺目前产生的问题，并提出具体的解决方案，进而提高店铺指标。

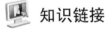 **知识链接**

一、搜索与卖家精选

虽然产品的展现随着系统规则不断完善，但标题是与买家搜索关键词关系最大且最直接的一个因素，因为买家所输入的关键词，会在产品标题中进行匹配，一个优秀的产品标题可以带来更多的搜索展现。

在书写产品标题的时候，一定要符合产品的真实属性，切勿胡乱堆砌关键词，应讲求实事求是。标题中所包含的关键词，一定是在商品自身属性中真实存在的。比如，标题中写"纯棉"，但在实际商品属性中则有"含棉量 20%"的写法，这就属于属性不相关，顾客会对产品留下差评，严重的会被平台扣分。

产品的标题就好像捕鱼的渔网,关键词就是组成这张渔网的布片,每个布片越大,最后组成的渔网就越大,能捕到的鱼就会越多。关键词的类型主要包括以下几种。

(1) 类目主关键词,就是产品的名称。例如,羽绒服、休闲裤、连衣裙、计算机、手机。

(2) 属性关键词(又称二级关键词),就是在类目主关键词上加了一个修饰。例如,短款羽绒服、薄款休闲裤、新款连衣裙、苹果笔记本、智能手机。

(3) 长尾关键词,就是在主关键词上加多个修饰词。例如,"短款羽绒服男修身""薄款休闲裤大码潮""夏季新款连衣裙白色""苹果手机正品 64G""安卓智能手机正品包邮"。

通常类目主关键词所覆盖的人群最多但相对不精准,长尾关键词所覆盖的人群最精准但数量较少,属性关键词所覆盖的人群居中。

此外,还有蓝海关键词,指的是有搜索且竞争度不大的关键词,是众多小卖家梦寐以求的关键词。对于这些关键词,切记不要盲目使用,因为竞争度与市场容量存在正相关关系。对于一个竞争度不大的领域,意味着并没有太多的机会,假设对于某一个蓝海关键词,全部的流量都指向单一产品,那么在总量上也不会太多。如果店铺实力不强,产品竞争优势不大,可以花些精力去仔细挖掘这类关键词。如果店铺规模较大,每天对流量需求很大,就不适合了,应把精力放在竞争度大的词上,即使最后分到一小部分流量,也会比选择一个蓝海关键词要多得多。

Seller Picks(卖家精选)是 Lazada 免费为卖家的提供的流量展现,如图 5-60 所示,它能帮助产品获得更高的知名度和销售量,是中小卖家绝佳的促销工具。许多中小卖家会忽略此功能,随着时间的推移,这将影响到他们的销售。

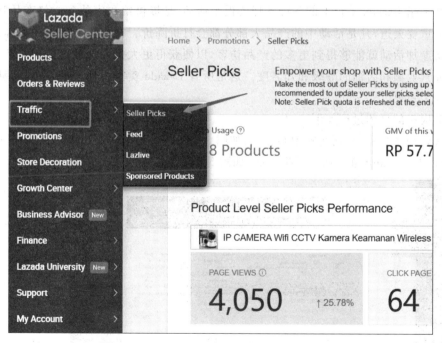

图 5-60　卖家精选界面

登录卖家中心,通过单击页面左侧功能栏中 Traffic,便可进入 Seller Picks 页面。

通常卖家的评分大于 70%,顾客即时消息响应率高于 85%,店铺超过 3 个活跃的商品,店铺装修良好,Lazada 系统便会在后台为卖家开启 Seller Picks 功能。通常平台会在每周一根据上周的 GMV(营业额)给店铺开启不同数量的槽位。如图 5-61 所示,营业额达到 79 019 080 印尼盾时,平台免费为店铺开启 4 个产品的广告位,卖家可自定义需要展现的产品,从而提高销量和知名度。卖家需定期检查广告位是否过期,以免减少产品的曝光和销量。

图 5-61　卖家精选奖励

二、活动提报

活动是指 Lazada 平台上的各种各样的促销活动,是提供给买家找到心仪产品和卖家出售产品的重要渠道,凡是活动中的产品大部分都会打折降价。在卖家所经营的店铺产品中,如果成功参加活动就能够得到更多的产品访客,以便获得更大机会让顾客购买其产品,以此提高店铺营业额和店铺的等级和知名度。这是所有 Lazada 卖家所期望的,所以活动提报这一环节至关重要。

活动提报的具体过程如下。

登录店铺账号后,来到卖家中心首页,如图 5-62 所示,先单击左边菜单栏的 Promotions 栏,再单击 Campaign 进入活动提报页面,如图 5-63 所示。

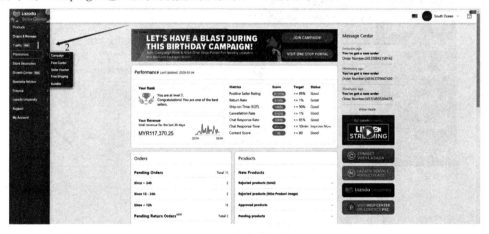

图 5-62　卖家中心主页

项目五 东南亚跨境电商平台操作——Lazada

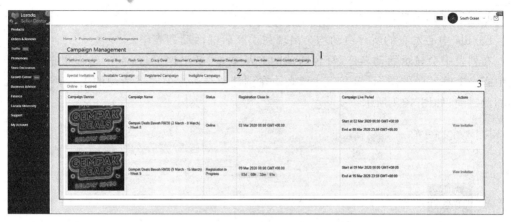

图 5-63 活动提报主界面

提报页面主要分为活动类型、活动状态、可提报的活动列表三大部分(图中标注 1、2、3), 每种活动类型有相对应的 3 或 4 个活动状态,不同类型活动有所区别。

1. 活动类型(从左往右依次)

(1) Platform Campaign,平台市场活动。

(2) Group Buy,团购。

(3) Flash Sale,闪购。成功提报闪购的产品都是打折促销和降价的产品,提报成功的产品显示在 Lazada 购物应用主页颇为明显的位置,访客量能明显上升。

为了最大限度地利用 Flash Sales 带来流量,卖家可应用调节促销活动购买量的方法鼓励顾客浏览店中的其他产品,增加商店访客量。

(4) Crazy Deal,疯购。能够成功提报 Crazy Deal 的产品价格比 Flash Sale 的产品更低,显示位置也更加显眼,促销力度更强。

(5) Voucher Campaign,优惠券活动。设置一定数量的优惠券有利于吸引顾客,提高商店的访客量。

(6) Reverse Deal Hunting,日常活动再次邀请。

(7) Pre-Sale,预热。

(8) Flexi Combo Campaign,灵活组合捆绑销售(多件折扣),适当设置多件折扣的活动,能够为店铺带来流量,在某种程度上也达到了提高客单价的效果。

2. 活动状态(从左往右依次)

(1) Special Invitation,特别邀请。平台特别邀请卖家参加的活动,卖家需要在一定期限内提报并审核。

(2) Available Campaign,待提报的活动。平台会把近期的活动发布在列表中,有以单日、一周、特别日期为期限的不同种类的活动,卖家可根据适合店铺产品的活动进行提报。

(3) Registered Campaign,已提报的活动。会显示卖家已提报的活动,可以定期查询提报的产品是否通过平台审核以确定能否参加其活动。

(4) Ineligible Campaign,无竞选的资格。

3. 可提报的活动列表

Lazada 中心发布的所有活动均会出现在卖家店铺活动列表中。

在列表中会显示活动名称、符合活动的产品数量、活动时间等,在活动提报最终时间一列中有一个倒计时的图标,卖家应注意必须在倒计时结束之前完成活动的提报,否则就无法参加此活动,如图 5-64 所示。

图 5-64 可参加闪购基础信息

了解了各种活动的基本情况,每个活动的提报基本相通,接下来举例 Flash Sale 的提报步骤。

(1) Flash Sale 中 Special Invitation 的提报

单击 Flash Sale→Special Invitation→View Invitation 进入邀请页面,如图 5-65 和图 5-66 所示。

图 5-65 Lazada 移动端主页

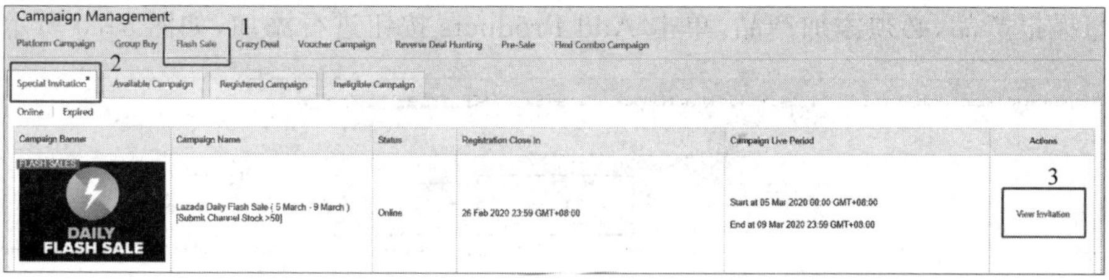

图 5-66 闪购(特别邀请)

单击 View Invited Products,如图 5-67 所示。

图 5-67 查看邀请的活动

进入页面审查活动产品价格和数量,即可提交特别邀请的产品。

(2) 在 Flash Sale 中 Available Campaign 的提报

单击 Flash Sale→Available Campaign→Join 提报活动产品,如图 5-68 所示。

图 5-68 提报闪购

单击 Join Now 按钮提报产品,如图 5-69 所示。

图 5-69 活动时间段

要想提报产品,必须添加产品,单击 Add Products 按钮进行添加,如图 5-70 所示。

图 5-70　添加活动商品

单击小方框选择想要参加活动的产品,如图 5-71 所示。

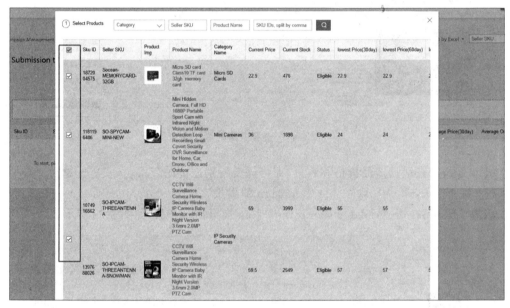

图 5-71　勾选活动商品

单击 Add 按钮添加,如图 5-72 所示。

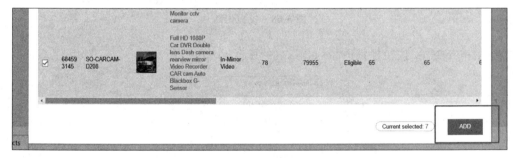

图 5-72　添加成功

接下来就可以对产品进行价格和活动数量的提报,平台会提供参考价格和活动数量,如图 5-73 所示。

卖家应根据店铺产品进行综合考量进行提报,如遇与产品本身不合适的价格或数量,可

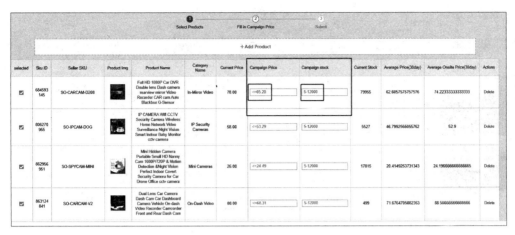

图 5-73 提报活动件数与价格

选择 Delete 删除该产品的提报,如图 5-74 所示。

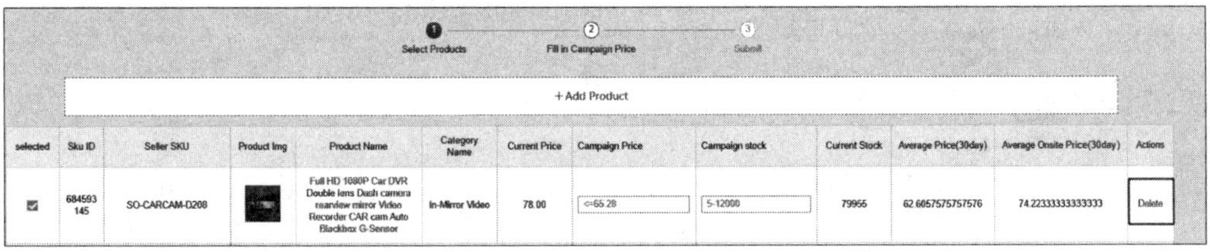

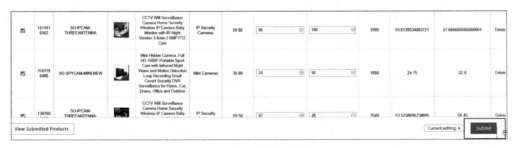

图 5-74 删除活动商品

当提报完所有产品,单击右下角的 Submit 按钮提交,完成活动提报,如图 5-75 所示。

图 5-75 提交活动

(3) Registered Campaign 已提报活动的查看

单击 Flash Sale→Registered Campaign→View detail 查看提报结果,如图 5-76 所示。
页面会显示出一栏提报产品的状态,如图 5-77 所示从左往右依次为以下内容。

① All Registration Products,所有提报此活动的产品。
② Pending Review,等待审核,平台审核需要相应的时间。
③ Pending Allocation,审核中。
④ Approved,通过审核,如果平台审核通过的产品就会出现在这一栏,说明这些产品可参加此次活动,单击 Approved,可以查看通过的产品,如图 5-78 所示。

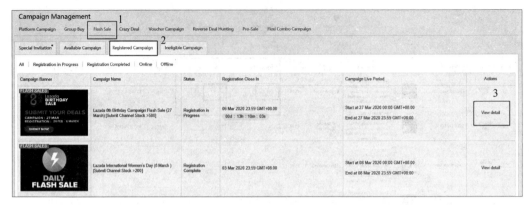

图 5-76 活动提报主界面

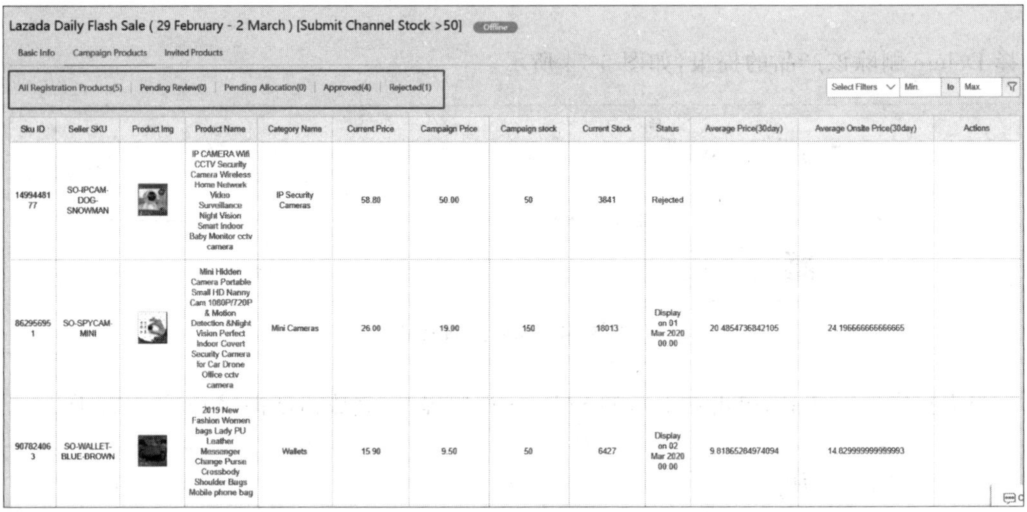

图 5-77 商品审核状态

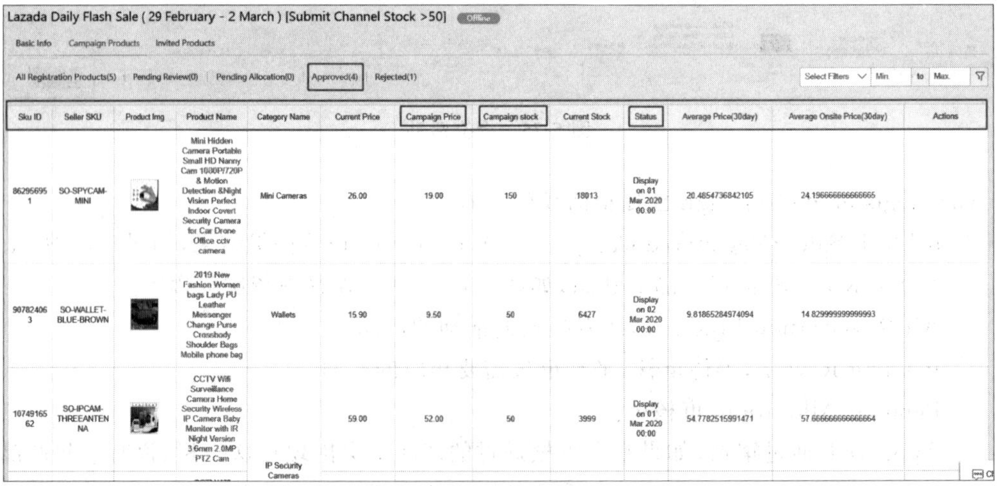

图 5-78 通过商品信息

在表格标题处会显示出产品的图片、名称、活动价格、活动数量和活动时间等,卖家可根据此表做好登记,以便店铺做相应的调整。

⑤ Rejected,拒绝,未通过后台审核,单击 Rejected,可以查看被拒绝的产品,如图5-79所示。

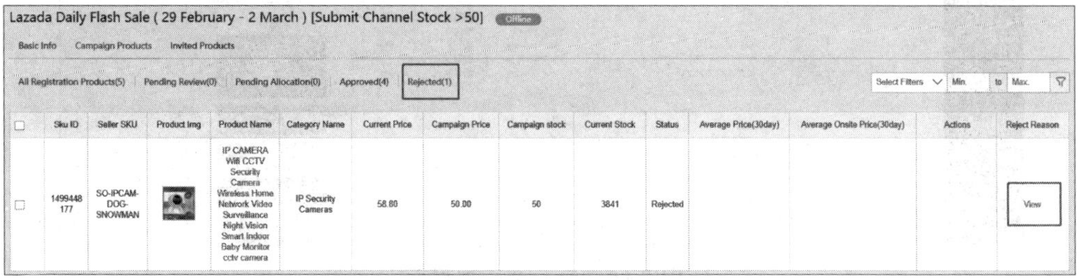

图 5-79　拒绝商品信息

单击 View,可查看拒绝原因,卖家应及时调整产品的价格或活动数量等,以便下次能够通过审核参加活动。

每个 Lazada 卖家都应该在提报活动之前做好充分的准备,比如市场调研、清点库存明细等;在活动后及时盘点数据,反思和总结活动经验,通过活动争取引进更多新顾客、激活老顾客、清理库存、传播品牌等。

三、Feed

Feed 流中的每一条状态或者消息都是 Feed,比如朋友圈中的一个状态就是一个 Feed,微博中的一条微博就是一个 Feed,在 Lazada 后台发布一条产品信息也是 Feed。Feed 的使用,一直致力于为商家、达人提供内容平台服务,是以关注关系为核心的生活消费类内容社区,为账号提供确定性的粉丝触达,为消费者提供最新的消费资讯。

Feed 对消费者来说是优质消费内容的聚集地,消费者可以通过 Feed,观看商家、达人的推荐内容,从而发现想购买的商品,通过更为真实的内容分享体验来进行购买决策;Feed 对商家来说,是面向消费者进行自营销的内容电商平台,通过 Feed,商家可以进行粉丝关系管理、品牌传递、精准互动、内容导购等;Feed 对达人来说,是达人通过个人真实推荐,向消费者安利生活好物的内容平台,可以生产深度垂直的内容,帮助消费者做出购买的决策。

在 Lazada 后台上发布 Feed 的步骤如下。

登录 Lazada 店铺账号后,来到卖家中心首页,如图 5-80 所示,先单击左边菜单栏的 Traffic 栏,再单击 Feed 进入发布页面。

图 5-81 为 Feed 发布页面。

Feed 发布页面主要分为两大部分,第一部分为 Feed 功能区,第二部分为发布的历史 Feed,卖家可以清楚地查看每条 Feed 浏览量、喜欢和分享的数量,从而总结经验。

这里主要对功能区进行介绍。功能区共分为五大类(每个国家略有不同,例如,菲律宾增加一个买家反馈),具体内容如下。

1. Free Style,自由模式

卖家可以自由发布文字和图片来对店铺活动主题或产品进行宣传。

图 5-80　卖家中心主界面

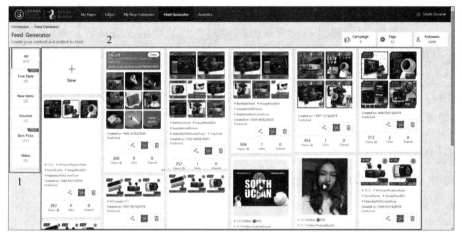

图 5-81　Feed 主界面

单击 Free Style 中的 New 图标，发布一个 Free Style，如图 5-82 所示。

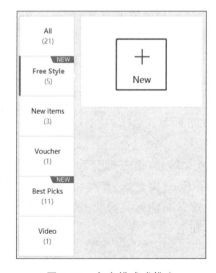

图 5-82　自由模式或推文

如图发布一个 Free Style 一共需要添加产品、描述、预览并发布三个步骤。

单击 Add 添加产品,如图 5-83 所示。

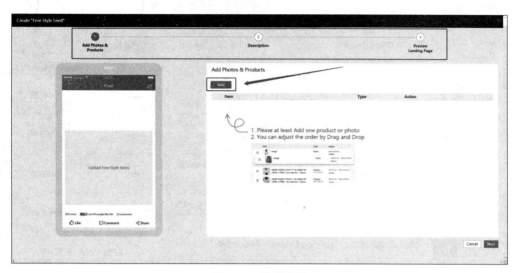

图 5-83　选择产品

单击 Upload Photo 按钮添加本地图片上传,或者单击 Select Product 按钮选择产品发布,如图 5-84 所示。

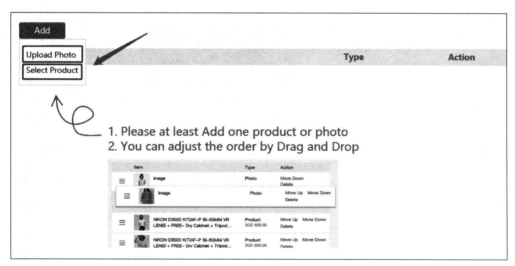

图 5-84　上传图片

单击 Select Product 按钮,左边图标选择需要发布的产品,最后单击 Confirm 按钮,如图 5-85 所示。

在 Descriptions 处完成 Feed 文案描述,再单击 Next 按钮进入下一步,如图 5-86 所示。

如图 5-87 左边会出现手机版页面的预览,同步更新操作的内容,单击 Next 按钮。

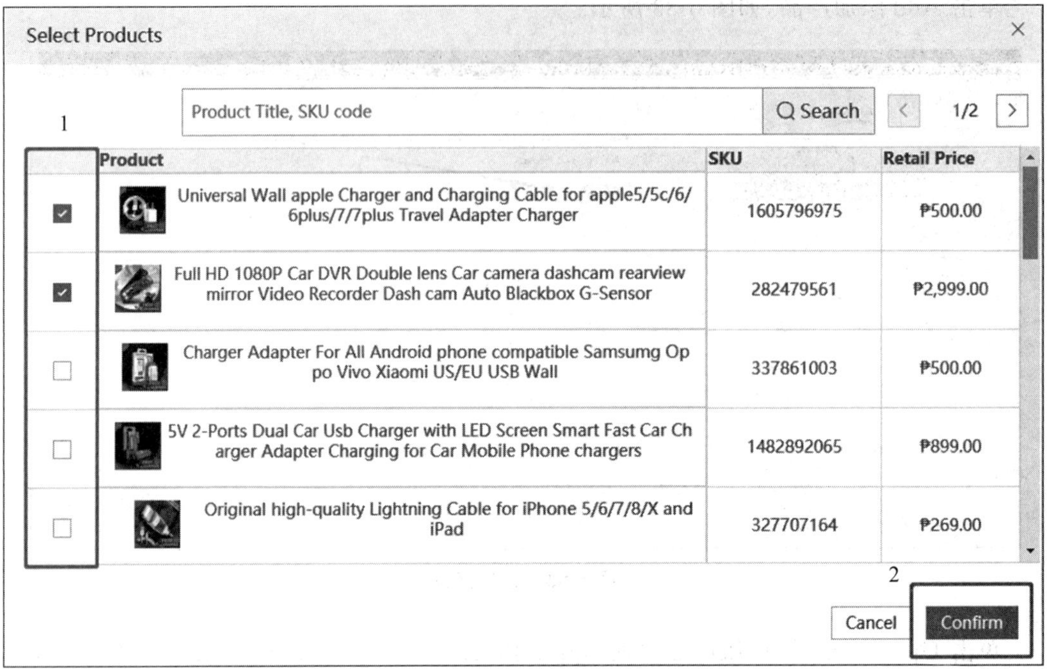

图 5-85 筛选产品

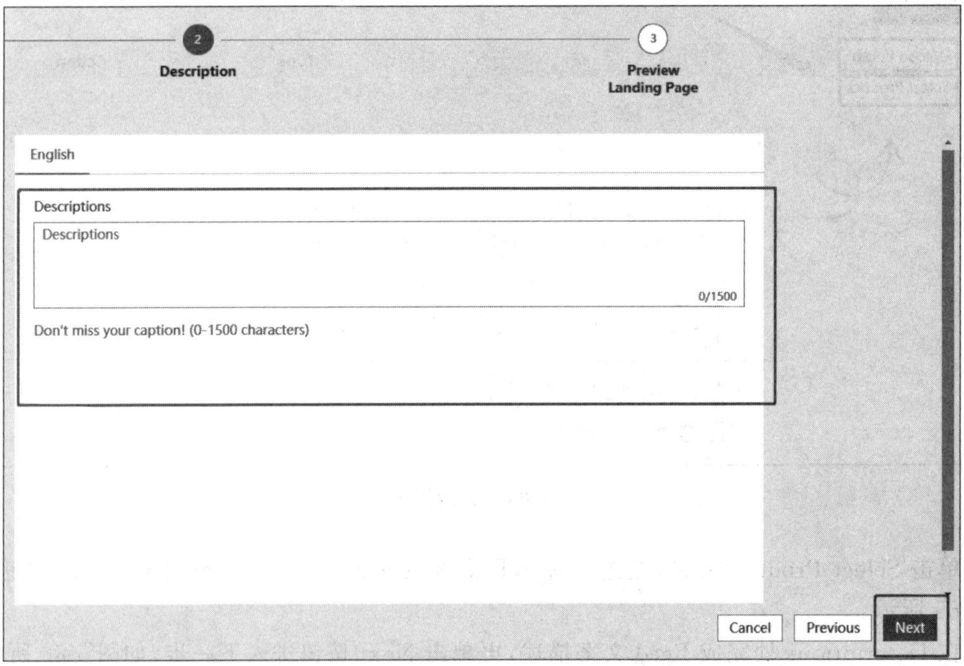

图 5-86 添加文案

图 5-87　检查推文信息

此处同步完整版的预览,检查完毕无误,单击 Punish 按钮完成发布,如图 5-88 所示。注意平台对每天发布不同类型的 Feed 数量有所限制,在右下角图标中会显示剩余可发布个数。

图 5-88　发布推文

2. New items,新产品

店铺上新,对新主题或产品进行简单描述,添加商品的数量也要控制好,注意排版。新品也不能滥发,要给买家提供好的浏览体验,得到更多的访客。

单击 New items 中的 New 图标,发布一个 New items,如图 5-89 所示。

发布新产品也由三步组成,即添加产品、描述、预览并发布。

店铺上新的产品会出现在列表中,单击选择产品,再单击 Next 按钮,进行产品描述,如图 5-90 所示。

完成新产品的描述,选择一个或多个话题(选择话题能够得到更多单击率),完成后单击

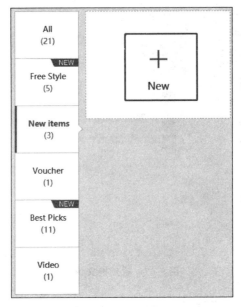

图 5-89 新产品推文

图 5-90 选择新商品

Next 按钮进行预览,准确无误后方可进行发布,如图 5-91 所示。

3. Voucher,优惠券

卖家发布优惠券信息,抓住消费者的消费心理,吸引更多买家到店铺浏览、收藏、加购、下单。

单击 Voucher 中的 New 图标,发布一个 Voucher,如图 5-92 所示。

优惠券的发布也由三个步骤完成,可以根据不同类别选择优惠券。每次只能选择其中一张发布,选择完优惠券会自动匹配出可使用这张优惠券的产品,单击 Next 按钮继续,如图 5-93 所示。

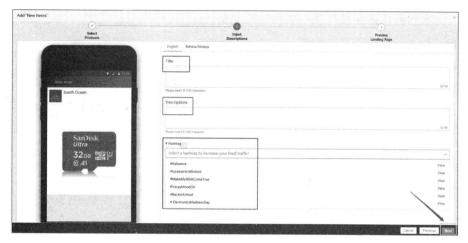

图 5-91　编辑文案信息

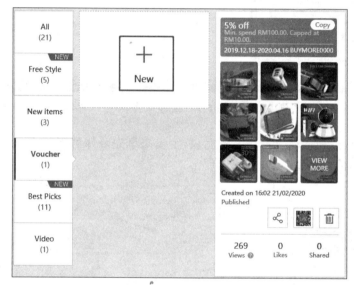

图 5-92　优惠券推文

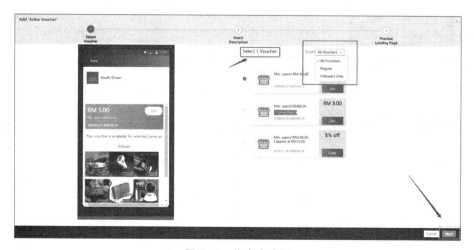

图 5-93　优惠券选择

完成优惠券的描述并进行下一步预览和发布。

4. Best Picks,精选

图文并茂,精心设计的文字搭配几款店铺主推的产品图片。

单击 Best Picks 中的 New 图标,发布一个 Best Picks,如图 5-94 所示。

图 5-94　文案编辑

Best Picks 的发布同样由三个步骤完成,由卖家事先分好的类目来选择想要发布的产品,单击 Next 进行文案填充,如图 5-95 所示。

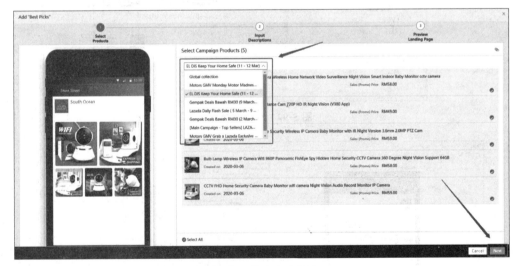

图 5-95　推文文案填充

完成文案填写,选择一个或多个主题,确认后单击 Next 按钮进行预览,准确无误后方可进行发布,如图 5-96 所示。

5. Video,视频

视频宣传给买家带来更为真实的体验,产品介绍更为直观,如果条件允许,可多利用视

项目五 东南亚跨境电商平台操作——Lazada

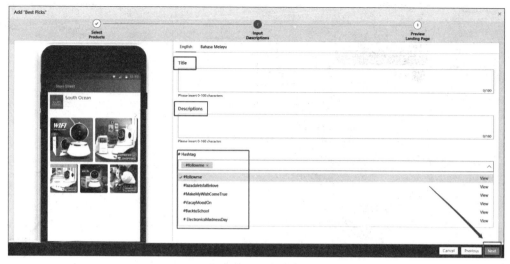

图 5-96 推文主题选择

频引流。

单击 Best Picks 中的 New 图标,发布一个 Video,如图 5-97 所示。

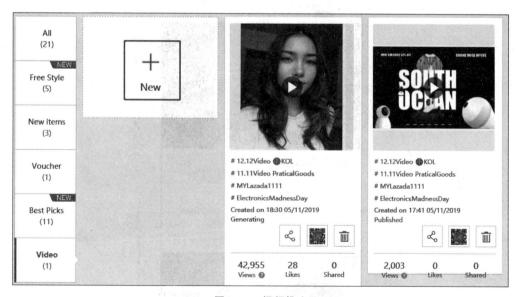

图 5-97 视频推文

Video 的发布步骤同样是添加本地视频上传,检查无误后发布,如图 5-98 所示。

Feed 在手机端如图 5-99 所示的位置显示,位于买家流量较大的优势位置,利用好 Feed 这个引流工具是每个 Lazada 卖家都应掌握的技能。

发布 Feed 有机会得到更多的浏览量,由于发布数量存在限制,每条内容都要精心设计。Feed 内容可以是教程(结合自家商店产品,教买家如何操作该商品,如何挑选该商品等,教会买家一些自家商品知识)、咨询(结合自家产品分析流行趋势,如颜色、款式、材质等)或互动(告诉买家一些店铺优惠活动,引导买家加购、收藏、购买)。Feed 的文案需精心设计,优

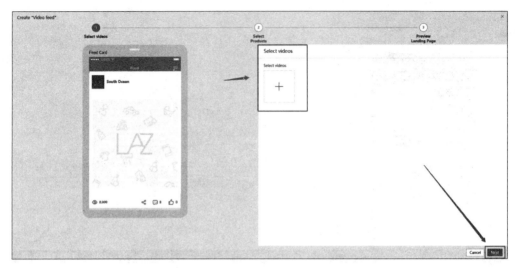

图 5-98　产品选择

图 5-99　视频推文展示

质的文案能够得到更多买家的浏览、收藏和分享,进而提升店铺的绩效,值得每个卖家仔细琢磨。

四、数据分析

在店铺运营中,最重要的就是数据分析。分析各项数据指标,可以了解店铺的运营状况,及时调整,使店铺更好的运营。

Lazada 平台的数据分析,大部分都体现在 Business Advisor 中。

Business Advisor 中提供的数据主要包含以下内容。

1. Dashboard 仪表盘

Dashboard 仪表盘主要包括 Revenue(销售金额)、Visitors(访客数)、Buyers(购买人数)、Pageviews(页面浏览数)、Orders(订单数)几项指数,在每项指数下方都有昨日数据和同比增长的比例数,统计图中的两条曲线则表示昨日与今日销售额的对比,如图 5-100 所示。

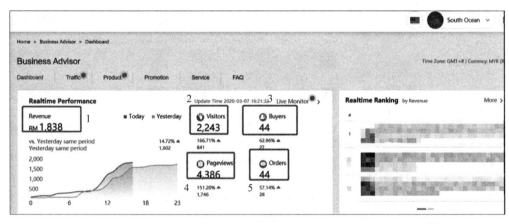

图 5-100 店铺实时数据

Key Metrics 通过选择昨天、过去七天、过去三十天、一周、一个月,分析每个周期的数据,帮助卖家分析增长与下降的原因,对店铺情况做出调整,如图 5-101 所示。

图 5-101 历史销售数据

Product Dashboard 显示在售的 SKUs 数量、被浏览的 SKUs 数、SKU 访客数、在该时段销售的 SKU 数、在该时段 SKU 销售的个数，如图 5-102 所示。

图 5-102　商品诊断

Promotion Tool Board 为促销工具的数据报告，这部分体现了由店铺设置的促销工具产生的订单数，如图 5-103 所示。

图 5-103　营销工具数据

2. Traffic 流量

（1）Traffic 中的 Performance。

Total Traffic 为店铺总流量，包括访客数、浏览数、粉丝数、新增粉丝数、取消关注数。可通过选择时间来查看店铺流量，如图 5-104 所示。

Traffic by Page 展示了店铺首页、产品详情页以及其他店铺页面的访客数，如图 5-105 所示。

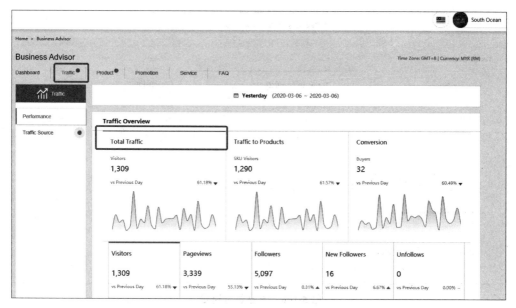

图 5-104 店铺访客流量

图 5-105 访客数的浮动变化

Traffic to Products 展示产品的流量数,包含 SKU 的访客数以及浏览数,如图 5-106 所示。

Conversion 为转化,包含购买人数、销售金额、转化率、访客价值。

(2) Traffic 中的 Traffic Source。

Traffic Structure 为流量结构,主要包括搜索、其他、闪购、Feed 等,通过不同的流量数

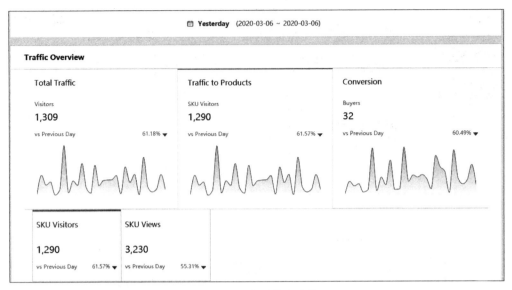

图 5-106　产品访客流量

据，卖家可以了解到店铺流量的主要构成，其中应区分来源于移动端和 PC 端的流量。

3. Product 产品分析

（1）查看 Realtime Ranking 中的 Revenue Top 100，根据销售额实时排名，可以得知该 SKU 的访客数、浏览量、销售额、购买人数以及转化率，也可根据 SKU 或产品进行选择并展示，如图 5-107 所示。

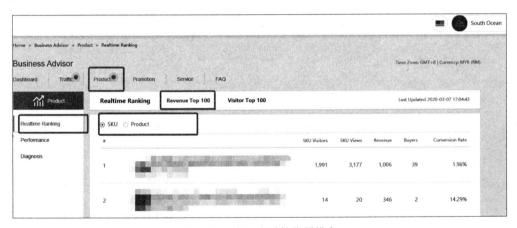

图 5-107　商品实时销售额排名

（2）查看 Product 中的 Performance 产品数据详细分析，包含流量与转化两大板块，可通过选择方框内的指标数据，找出需要分析的数据，如图 5-108 所示。同理，可通过 SKU 或产品进行分析。

（3）Product 中的 Diagnosis 为产品诊断，包含价格不适、低转化率、销售额下降、销售额流失数据，通过产品诊断，可以对店铺内的产品做出一个合理的判断，如图 5-109 所示。

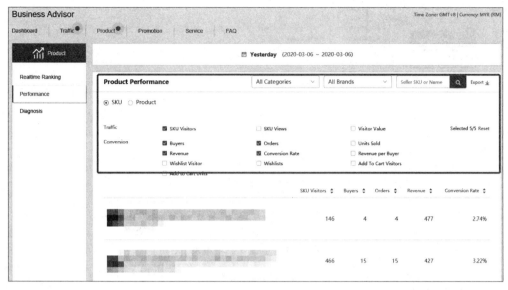

图 5-108　商品历史数据

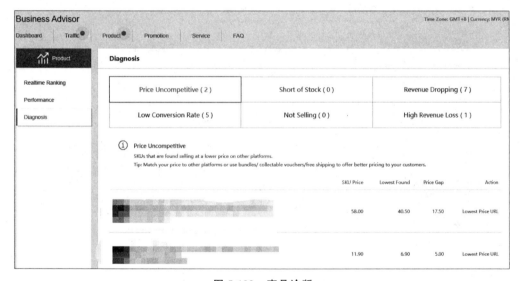

图 5-109　商品诊断

4. Promotion 促销分析

（1）Voucher 中的 Collectable Voucher 为收集优惠券，包含优惠券收藏数量、优惠券使用数、优惠券产生的销售金额等。图 5-110 中曲线可以展现出消费者都在什么时段领取优惠券。

其中，Performance by Voucher 为收集优惠券的各项指标，图 5-111 展示了店铺中所设置的收集优惠券，通过选择指标，可分析优惠券的使用情况。

（2）Voucher 中的 Voucher Code 为代码优惠券，包含优惠券使用数、优惠券产生的销售金额、ROI 等。图 5-112 所展现的曲线图，表示了一个月中每天被领取优惠券的数量及使用情况。

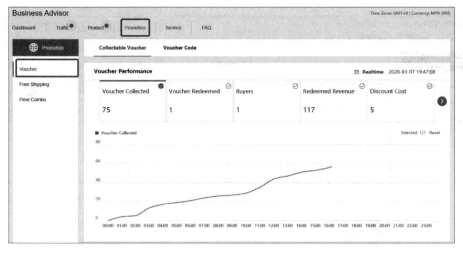

图 5-110　店铺优惠券概况

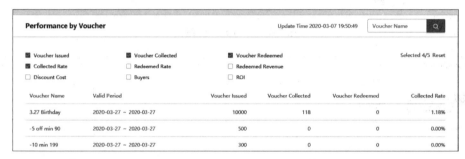

图 5-111　可收集优惠券投产

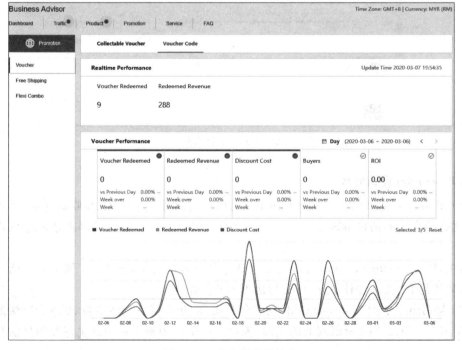

图 5-112　优惠券使用情况

Voucher Code Performance 显示代码优惠券的各项指标,图 5-113 展示了店铺中所设置的代码优惠券,通过选择指标,可分析优惠券的使用情况。

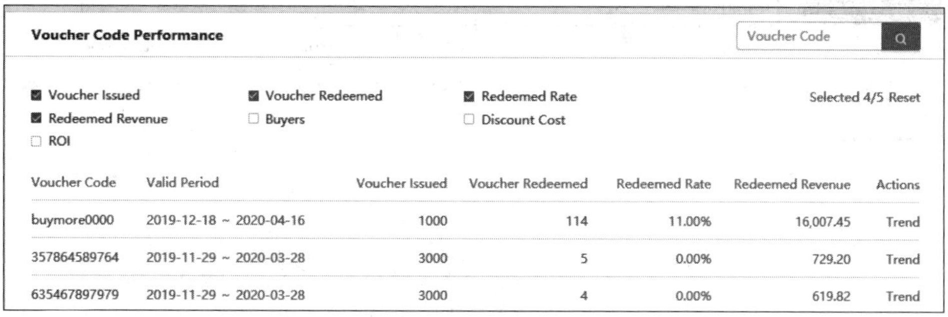

图 5-113 文字优惠券投产

5. Free Shipping 包邮

店铺包邮概况可在 Promotion 中看到,如图 5-114 所示。

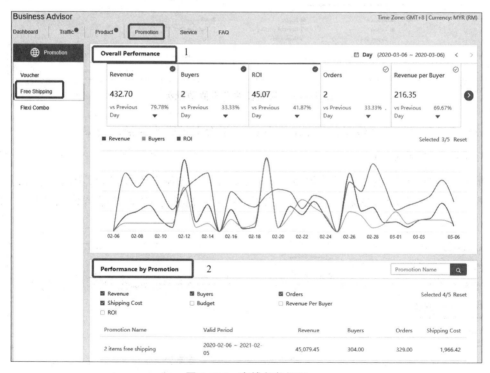

图 5-114 店铺包邮概况

(1)包含使用包邮促销活动后,产生的销售额、购买人数、订单量、ROI 等。曲线则表示在一个月中通过包邮来产生的销售金额、购买人数以及 ROI 的变化。

(2)通过各项指标来体现每种包邮促销带来的活动效果。

6. Flexi Combo 多件多折

(1)包含使用 Flexi Combo 组合后,产生的销售额、购买人数、订单量、ROI 等。曲线则表示在一个月中通过 Flexi Combo 产生的销售金额、购买人数以及 ROI 的变化,如图 5-115 所示。

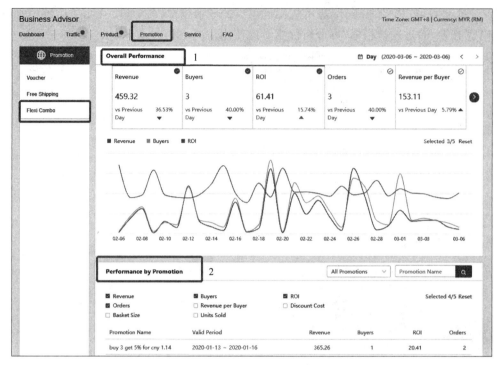

图 5-115　店铺多件多折活动概况

（2）通过各项指标来体现每种 Flexi Combo 组合促销带来的活动效果。

7. Service 中的 Chat

聊天工具的服务，包含访问的数量、咨询的数量、回复客户的数量、订单的支付数量，通过几项分析，了解咨询的数量与客服的服务水平，以及所带来的销售订单数，如图 5-116 和图 5-117 所示。

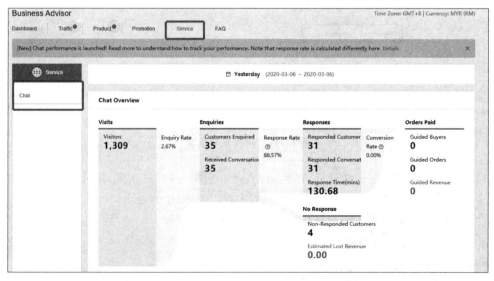

图 5-116　客服回复概况

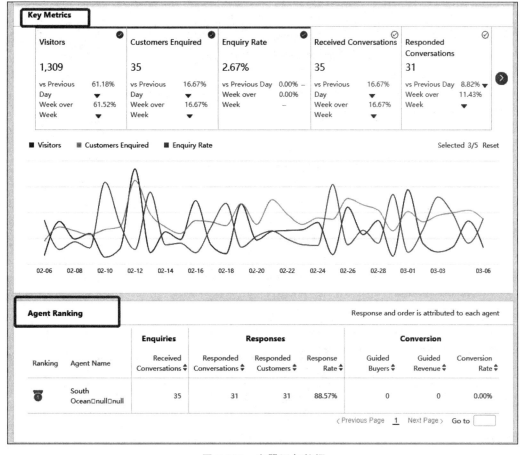

图 5-117　客服回复数据

(1) Key Metrics 包含访客数、客户询单数、询问率、询问对话数以及回复对话数。图 5-117 中曲线则表示在一个月中每天有多少的访客数、询单量以及、询单率。

(2) Agent Ranking 为客服排名,通过客服排名了解每个客服的服务水平,及时作出调整。

8. FAQ 常见问题

通过 FAQ 可以了解 Lazada 平台的一些常见问题,如图 5-118 所示。具体内容如下。

(1) 数据多久刷新 1 次？

实时数据每 2~5 秒刷新 1 次。此外,每天早上 8 点刷新数据。例如,1 月 2 日上午 8 点后,您可以开始查看 1 月 1 日的数据。

(2) 为什么我在某些日期选择中会看到破折号或空字段？

仅提供 2017 年 12 月以后的流量数据(页面浏览量、转化率)。原因是我们更新了追踪方法,以便解释同一产品详情页中不同颜色/尺寸的页面浏览量。

(3) 最低价格是指什么？其刷新频率如何？

最低价格表示相同的 SKU 在 Lazada 以外的其他平台上的最低价格,其已经根据保修服务、折扣和属性的差异进行了调整。针对畅销的 SKU,会每日刷新对比价格,其他 SKU

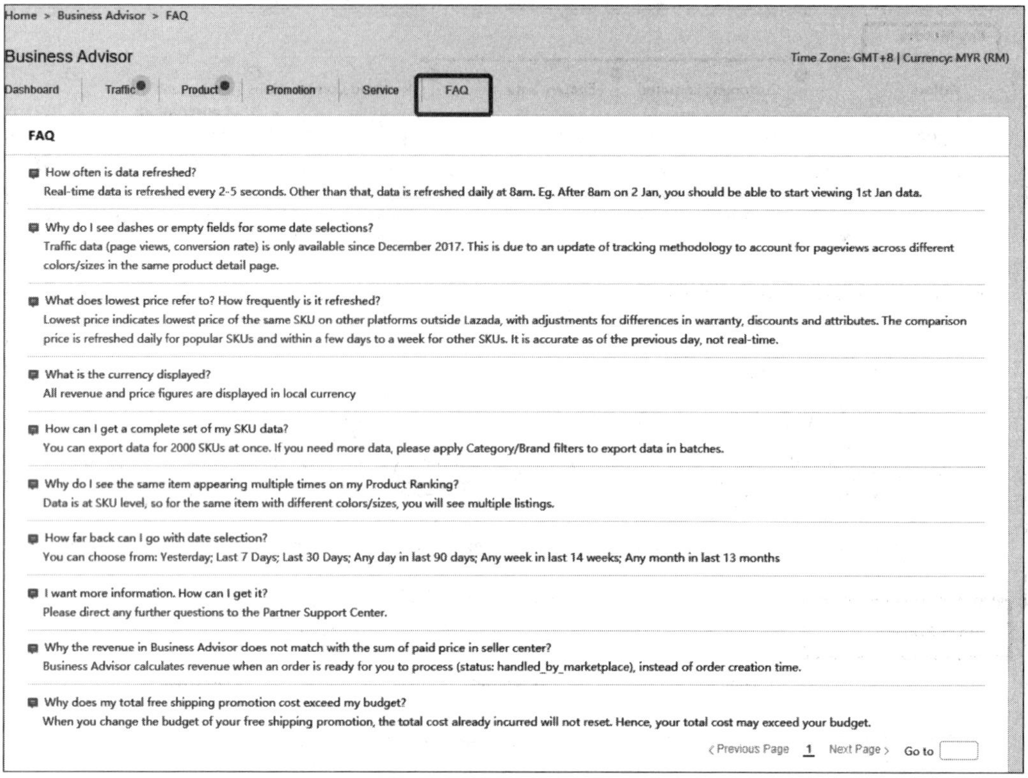

```
Home > Business Advisor > FAQ

Business Advisor                                              Time Zone: GMT+8 | Currency: MYR (RM)
Dashboard    Traffic    Product    Promotion    Service    FAQ

FAQ
  How often is data refreshed?
  Real-time data is refreshed every 2-5 seconds. Other than that, data is refreshed daily at 8am. Eg. After 8am on 2 Jan, you should be able to start viewing 1st Jan data.
  Why do I see dashes or empty fields for some date selections?
  Traffic data (page views, conversion rate) is only available since December 2017. This is due to an update of tracking methodology to account for pageviews across different colors/sizes in the same product detail page.
  What does lowest price refer to? How frequently is it refreshed?
  Lowest price indicates lowest price of the same SKU on other platforms outside Lazada, with adjustments for differences in warranty, discounts and attributes. The comparison price is refreshed daily for popular SKUs and within a few days to a week for other SKUs. It is accurate as of the previous day, not real-time.
  What is the currency displayed?
  All revenue and price figures are displayed in local currency
  How can I get a complete set of my SKU data?
  You can export data for 2000 SKUs at once. If you need more data, please apply Category/Brand filters to export data in batches.
  Why do I see the same item appearing multiple times on my Product Ranking?
  Data is at SKU level, so for the same item with different colors/sizes, you will see multiple listings.
  How far back can I go with date selection?
  You can choose from: Yesterday; Last 7 Days; Last 30 Days; Any day in last 90 days; Any week in last 14 weeks; Any month in last 13 months
  I want more information. How can I get it?
  Please direct any further questions to the Partner Support Center.
  Why the revenue in Business Advisor does not match with the sum of paid price in seller center?
  Business Advisor calculates revenue when an order is ready for you to process (status: handled_by_marketplace), instead of order creation time.
  Why does my total free shipping promotion cost exceed my budget?
  When you change the budget of your free shipping promotion, the total cost already incurred will not reset. Hence, your total cost may exceed your budget.
                                                        < Previous Page  1  Next Page >   Go to
```

图 5-118　店铺基础问答

的刷新频率为几日至一周。此数据为前一日准确数据，而非实时数据。

（4）显示的是什么货币？

所有支付金额和价格数据均以当地货币显示。

（5）我如何能获得完整的 SKU 数据？

您可一次导出 2000 条 SKU 数据。如您需要更多数据，请应用类目/品牌过滤器来批量导出数据。

（6）为什么我会在产品排名上发现多次出现相同商品？

数据为 SKU 级，因此对于颜色/大小不同的相同商品，您会看到多个列表。

（7）我最远能选择多久以前的日期？

您可以选择以下时间：昨日；过去 7 天；过去 30 天；过去 90 天内的任何 1 天；过去 14 周中的任何 1 周；过去 13 个月中的任何 1 个月。

（8）我想获取更多信息。应如何获取？

如有其他问题，请发送至"合作伙伴支持中心"。

（9）为什么"生意参谋"中的支付金额与卖家中心的支付总和不一致？

当订单已可供您处理后（状态：handled_by_marketplace）而非是订单创建时，生意参谋会计算订单支付金额。

（10）为什么我的包邮促销总费用超出了我的预算？

当您更改包邮促销的预算时，已产生的总费用将不会重置。因此，您的总费用可能超出预算。

数据分析可帮助卖家作出判断,以便采取适当行动。数据分析是有目的地收集数据、分析数据,使之成为信息的过程。在产品的整个寿命周期,通过对各项指标的分析,卖家可以及时对产品以及店铺作出调整,提高店铺的销量。

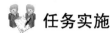 **任务实施**

(1) 着手学习店铺运营相关知识。
(2) 分析店铺存在的问题。
(3) 提出店铺存在的问题。
(4) 提出解决方案。

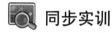 **同步实训**

登录卖家中心,了解平台所提供的各项数据指标,并结合实际生活中购物流程,分析其指标上的波动。

 习题

1. Feed 有什么作用?
2. 什么是 Flash Sale?
3. 优惠券的作用?
4. 流量增加与减少,需要如何处理?

项目六

跨境电商视觉设计

学习目标

知识目标

1. 了解什么是视觉设计、视觉设计的重要性及视觉设计在电商中的应用;
2. 熟悉不同产品或品类所适用的风格及配色;
3. 了解文案策划在电商中的应用及技巧;
4. 熟练掌握商品主图的设计标准及方法;
5. 了解店招的设计标准、设计方法及设计思路;
6. 了解如何进行 banner 广告、首页轮播、站外广告及海报的设计。

能力目标

1. 熟练运用配色知识进行风格把控;
2. 掌握各产品卖点提炼、营销策划,进而完成文案输出;
3. 熟练掌握商品主图构建所需元素及设计思路,能够独立进行主图设计;
4. 掌握店招的设计方法,能够独立完成店招设计;
5. 了解广告设计的技巧,能够独立完成广告图的设计。

素养目标

1. 培养良好的视觉审美;
2. 培养深度思考、分析数据的习惯;
3. 培养认真细心、严谨负责、高效办公的职业素养;
4. 培养善于模仿学习、勇于创新的精神。

 项目介绍

本项目包含了四个学习任务,具体如下。

任务一 视觉设计风格确定

任务二 文案策划

任务三 商品主图构建

任务四 店招及广告设计

通过本项目的学习,可以了解视觉设计的概念、重要性及视觉设计在电商中的应用,同时掌握各个模块,包括店铺装修、首页设计、主图、详情页、海报、banner 等各种广告图的设计标准以及设计方法和技巧,了解如何通过好的文案塑造店铺形象,提高品牌形认知度,引起买家兴趣,提升单击率和回购率,同买家建立信任等等。

任务一 视觉设计风格确定

 情境导入

在前期的不懈努力下,小凌及其团队对各大跨境电商平台的注册开通、选品、上架等基础后台操作已经十分熟练,对不同跨境平台的运营模式以及店铺运营技巧也已有了一定了解,店铺业绩蒸蒸日上。然而在运营一段时间后,小凌发现产品日销趋于平稳,达到一定数值后便不再增加,这使小凌团队再次陷入沉思。他们打开自己的店铺与其他卖家的店铺进行比较,发现别人的店铺页面风格统一、制作精美,强烈的视觉冲击让小凌团队开始反思自家十分杂乱的店铺装修和简陋的商品图片。找到了症结所在,如何通过优化店铺和产品来提高店铺单击率和产品销量,成了小凌及团队小伙伴们面临的首要任务。

 任务分析

要想通过视觉设计提升店铺和产品的单击率,首先需要了解什么是视觉设计,视觉设计能给店铺带来什么,进而通过关键词确定品牌视觉定位,根据配色规律为店铺制作配色方案,让店铺看起来风格统一,塑造店铺品牌感。

 知识链接

一、视觉设计的认知

进行店铺视频设计的目的是进行视频营销,这一概念最早源于美国零售行业,国内多名学者也进行了相关描述。视觉营销借助无声的视觉语言,实现与顾客的沟通,以此向顾客传达产品信息、服务理念和品牌文化,达到促进商品销售、树立品牌形象的目的,作为电商领域的一种营销技术手段,是视觉呈现技术与商品营销完美结合。视觉营销通过图形、文字、色彩等视觉符号,刺激顾客审美感官,使其产生想象、兴趣及购买欲望,最终达到单击、认可、购买商品,并推广产品及服务,进而获得品牌认知的目的。在视觉营销中,视觉传达设计是其核心要素,视觉技术与营销技巧的融合有利于培养适应当前行业、企业及市场所需的人才。

(一)视觉设计概念

视觉设计主要是指在设计活动中以眼睛官能为主要对象所展开的表现手法,并且由此产生一种设计活动。视觉设计对于所达到的设计效果是经由视觉生理分析、视觉认知关系分析、视觉效率分析以及视错心理研究展开的。简言之,视觉设计就是设计师通过对消费者心理需求的信息数据进行收集,融合到产品中,使得观众能够同所呈现出来的设计成果产生一种相互关系性,并由此影响观众的生活观念和生活方式。

(二)电商品牌视觉设计内涵

电商品牌视觉设计的内涵在于其能够挖掘电商品牌的市场精准定位,从而为电商品牌制定设计好高品质的设计项目体系,提供精细化的品牌视觉战略方案。视觉设计必须能够掌握好品牌文化,其目的是将电商品牌文化内涵、文化故事展现在电商平台界面上,达到一种宣传企业文化、增加企业产品底蕴的效果。因此在电商品牌设计中必须能够在视觉设计中导入企业的文化,做好电商企业的战略发展目标,找到其市场的精确定位,如此才能够让视觉设计更有活力和生命力。视觉设计还要以市场潜在客户需求为导向,展开设计项目体系规划。由于每个人的心理需求、认知分析能力都是不同的,因此在面对形式多样、内容丰富的视觉设计项目中,只需要达到某一方面或是细节上的契合,即达到了其营销目的。因此在视觉设计前应充分做好市场调查,对于电商品牌的市场定位和消费群体展开大数据分析,确保能够得出最佳的设计项目体系。

二、视觉设计的重要性

(一)增加店铺流量

当消费者进入网页搜索所需产品时会出现数不胜数的同类产品信息,如何让本店产品被一眼看到尤为重要,此时就需要利用视觉营销手段,通过色彩、图片、文字等来包装"产品",突出展现产品亮点,让产品独树一帜,从而增加产品浏览量,进一步提高产品人气。

在店铺营销中,能够带来单击率的图片包括产品主图、Banner 广告、关联图片等。如图 6-1 所示,相较之下,图一色彩艳丽,主图精美,活动信息突出,令人眼前一亮,忍不住要单击查看详情。

图 6-1 主图对比

(二)激发网络购物者购买欲,提高转化率

视觉营销策略是根据消费者心理而制定的,因此要深入了解消费者的真正需求,从消费者角度出发,尽可能引起消费者共鸣和兴趣,让消费者愿意在该店铺页面停留更长的时间,提高平均访问时长,为最终的成交提供更大的可能,即能够带来转化率的营销策略才是好的营销策略。

以行车记录仪为例，当消费者在浏览网店并犹豫是否真正需要购买该商品时，突然看到店铺图 6-2 所示的商品信息，联想到自己倒车时视觉盲区突然有儿童出现而没注意将其撞伤，行车途中与人发生刮擦或者碰瓷引起争执却没有行程记录自证清白等情况时，其购买欲便会增强。又如图 6-3 所示，当消费者在对多家产品进行比较无法抉择，此店铺 Banner 将优惠力度大、送货时效快，以及高清性能等信息传达给消费者后，更能得到消费者的青睐，促成成交的概率也就更大一些。

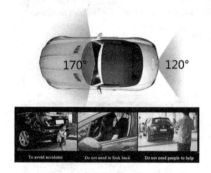

图 6-2 消费者痛点

图 6-3 主图对比

（三）提高品牌忠诚度、复购率

在如今众多的产品中，想要获得顾客的再次选择，很重要的一点是来源于消费者的购物初体验，如果消费者第一次购买产品的过程是愉悦的、满足的，那么消费者对这家网店会有很高的好感度和忠诚度，那么也就大大增加了复购的可能性，可见想要提高复购率，对老客户的维护是非常必要的。

要塑造品牌形象，提升品牌认知度，在视觉营销中做到色彩搭配、风格统一尤为重要，如图 6-4 所示。可以通过统一产品拍摄方式、统一色调风格、添加品牌 Logo、活动外框等，使店铺产品拥有共同点和一致性，让消费者一眼便能从海量产品中找到该品牌的产品，认可并购买它。

图 6-4　店铺内产品主图

三、店铺视觉设计风格选择

（一）店铺视觉定位

明确店铺视觉的定位十分重要。不同的产品对应不同的视觉定位，不同的消费群体有着不同视觉偏好，关键是要将产品的定位和消费群体的视觉偏好进行整合，使店铺在风格上能够呈现整体性的效果。

确定店铺装修风格首先需要通过综合使用用户研究、品牌营销、内部讨论等方式，明确体验关键词，如清爽、专业、有趣、活力等。然后邀请用户、网店美工人员或决策层参与素材的收集工作，使用图像展示风格、情感、行动，并定义关键词。接着了解选择图片的原因，挖掘更多背后的故事和细节。最后，将素材图按照关键词分类，提取色彩、配色方案、机理材质等特征，作为最后的视觉风格的产出物。

（二）店铺页面配色方案

营销界著名的"7秒定律"提到，人们在7秒内就可以确定是否有购买商品的意愿，色彩占有67%的决定因素。因此，善于利用色彩来突出关键信息在电商店铺设计中十分重要。通常在设计公司 VI（Visual Identity）时，设计师会根据 Logo 的形状、颜色或色系来进行其他物料设计,统一的色彩会让人有品牌认知感,店铺设计也是如此。当店铺有促销活动时,用红色来标注价格和让利折扣,更容易让买家心动;一大段文字描述中,关键信息用不同色彩高亮显示,更容易吸引买家眼球。

不同的色彩有着不同的寓意和作用,当人们看到色彩时,除了会感受到其物理方面的影响,也会形成不一样的心理感受和联想,如表 6-1 所示。

表 6-1　不同色彩带来的心理感受和联想

色相	心 理 感 受	通常会联想到的商品
红色	兴奋、热情、不安	敬酒服、年货、红包、口红
橙色	能量、激进、快乐	食品、暖光灯具
黄色	鲜明、欢快、喜悦	荧光笔、蜂蜜、柠檬
绿色	清新、活力、健康	药品、健身器材、环保袋、空气净化器、盆栽
蓝色	冷静、忧伤、严谨	男士用品、科技电子产品
紫色	高贵、气质、智慧	晚礼服、化妆品
黑色	肃穆、黯然、神秘	高端奢侈品、车饰、鼠标、键盘
白色	神圣、无邪、质朴	婚纱、医疗用品、餐饮器皿
灰色	科技、朴素、优雅	戒指、手机、电脑

 任务实施

一、以《什么是视觉设计,如何确定店铺风格》为课题展开学习

(1) 视觉设计的概念和内涵。
(2) 视觉设计的重要性。
(3) 如何进行店铺视觉定位。
(4) 店铺的配色方案。
(5) 店铺的主要风格有哪些。

二、学习结果分析和讨论

对学习内容进行梳理,为小凌的行车记录仪店铺制定一套主题和配色方案。

小提示:

在制订配色方案和风格的同时,需要让学生用简单的 Photoshop 技巧将配色方案直接应用到行车记录仪店铺中,可提前准备一些行车记录仪产品主图作为素材。

 同步实训

采集化妆品图片,用 Photoshop 软件做一张化妆品店铺的首页设计,要求主题明确,如清新、浪漫、高端等,并按照主题制定配色及风格。

习题

1. 简述视觉设计能给店铺带来的好处。
2. 举出 4 个能用蓝色调作为店铺视觉设计主色调的店铺类型。
3. 如果想突出活动氛围和折扣信息,可以怎么做?
4. 分析色彩的选择对数码类产品的影响。

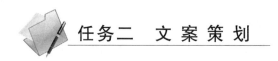

任务二 文案策划

情境导入

制订好配色方案,确定了店铺的风格之后,小凌及其团队马上展开页面的优化,而在用 Photoshop 软件作图之前,每张图应该用什么方式的构图以及配上什么样的文案,小凌团队依然没有头绪。因此,小凌决定先着手研究文案的编辑方法,以自家店铺为对象,打造一整套文案编辑模板。

任务分析

要打造一整套店铺文案模板,首先要知道都有哪些地方需要使用文案编辑,具体包括店铺名称、店招文案、广告、海报文案以及详情页文案等。其次,需要根据不同的营销模式和计划,梳理出不一样的文案编辑方式。

知识链接

一、店铺名称

一个好的店铺名称,除了要易于传播和和记忆,朗朗上口,还要具有一定的新颖性,在此基础上,要注意避免与其他店铺的名字雷同,只有这样才能够很好地区别于其他店铺,进而吸引人们的注意力。店铺名称有以下几种类型。

(一)通俗易懂型

如店铺经营品类多种多样,店名则可加入个人标志、地域特色或品牌理念,如 Tommy Center-mall、Yamaha、South Ocean。

(二)产品关联型

若店铺卖单一品类的产品,如只售卖汽车周边产品,取名时可加入产品关键词,如 Superlens、Blackbox Cam、Moni Cardvr。

(三)品牌型

若是在线下知名的品牌,店名则毋庸置疑以品牌名称为主,如 H&M、Azdome、Kelaide、

Clyde F.C。

二、店招文案

店招一般位于店铺首页的最顶端,是店铺的展示窗口,也是买家对店铺生成第一印象的主要来源。店招中的店铺信息让买家第一时间了解到该店铺卖什么产品,适合什么样的人群购买,是旗舰店、专卖店、专营店还是日杂百货等。要做出一个好的店招,首先应该明确产品、品牌、买家群体的定位,其次要充分体现出店铺的优势、品牌理念等,可用一句令人印象深刻的广告语作为 slogen,让品牌更加深入人心。

具体实施过程中,可以从以下几点展开。

(一) 店铺的定位

通过对产品、品牌及买家群体的定位,撰写能够引起买家共鸣的文案,建立品牌 slogen。slogen 应从解决买家痛点、树立品牌专业度、驱动买家消费入手,让买家看到文案第一时间便能想到本店品牌,更精准地吸引买家进店购买并转化成复购率较强的老买家。

如图 6-5 所示,店铺的定位是做行车记录仪中的销售冠军,该店铺 slogen 为 DASHCAM,YOUR CAR COMPANION,不仅是品牌树立的目标,更增加了消费者对品牌的认可和信任,进而吸引更多消费者为其买单。

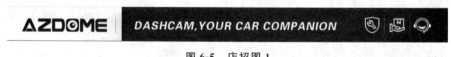

图 6-5 店招图 1

(二) 店铺的卖点和优势

店招一定要能体现出店铺的卖点和优势,主要从三方面体现,一是品质优势,二是服务优势,三是价格优势。例如,官方正品质量保证,支持产品个性化定制,快速的物流时效,7天无理由退换货,1 年保修期,厂家直销等,如图 6-6 所示。

图 6-6 店招图 2

(三) 近期的营销活动

广告引流尤为重要,而店招于店铺自身而言即是黄金广告位。因此在多数大型活动前期,卖家往往会根据活动的不同而进行店招修改,不仅能够预热和营造活动氛围,更可以将营销活动具体的时间和优惠力度展示到消费者。如图 6-7 所示为 Lazada 大促活动的店招。除此之外,不同平台的大促销时间不同,如亚马逊的"圣诞节""黑色星期五",Lazada 和 Shopee 的周年庆,速卖通的"8.28"等,还有一些店铺有自己的店庆,或者在不同的季节自行

图 6-7 店招图 3

设置一些营销活动,这些都可以在店招上展现。

三、海报文案

跨境电商视觉设计的目标导向是营销,是对品牌、产品、客户的综合。商家借用视觉符号向消费者传递品牌、产品信息达成营销目的,而消费者则通过视觉符号来识别品牌、产品的相关信息并实现消费目的。

海报便是进行视觉营销最好的手段之一,主要应用于店铺首页 banner 轮播、产品详情页的置顶广告、平台流量入口的广告位以及站外引流的宣传广告等。要制作一张极具营销效果的海报,可以从以下四个方向入手。

(一)活动促销营销文案

将促销活动设计成文案来吸引消费者,不要太过仔细地描述活动内容,只要提及活动的核心内容即可。促销信息字眼要突出,促销文案要让消费者感受到"划算""超值",促销营销文案中应有创意,促销信息一定要真实,如图 6-8 和图 6-9 所示。

图 6-8　banner 图 1

图 6-9　banner 图 2

(二)商品营销、商品卖点文案

虽然也是文案与图片相结合,但其内容重在直接突出商品特点。在撰写过程中,要注意以下几点。

(1)要描述商品的核心功能或典型使用情景。

(2)设计要具有情感化特征。

(3)要注意慎用疑问语气。

(4)要具有可读性。

(5)文案设计要有阅读层次性,以渐进式的文字设计引导消费者认知商品,以标题文字为核心,以内容解释文字为基础。

(6)一定要在两句话之内将商品的卖点说清楚。不要在文案中一次性放置太多的卖点,最好是从商品诸多卖点中选择一个最吸引人、最核心的卖点,如图6-10和图6-11所示。

图 6-10　banner 图 3

图 6-11　banner 图 4

（三）痛点营销文案

要站在消费者的角度去想问题,先罗列出消费者会面临的问题,然后从这些问题入手,将解决问题的办法融入文案。如关于苹果的痛点营销文案可设计为"甜过初恋";关于相机的痛点营销文案可设计为"以前是她记录你长大的每一瞬间,如今由你留住她那宝贵的时光",如图6-12所示。

图 6-12　banner 图 5

四、产品详情文案

商品详情页的设计是提高转化率的重要因素,当买家单击主图进入详情页面,最终能否下单付款,取决于详情页的商品描述。一个好的详情页如同优秀的推销员一样,能够出色地完成商品的推销。面对着各式各样的消费者,推销员使用话术打动消费者,而详情页则借助优秀的文案和视觉效果传达商品的特性,激发消费者的购物欲望,最终达成交易。

产品详情页的描述必须从消费者的角度出发来撰写,消费者在犹豫什么,卖家就在详情页文案中解答什么,以此来打消他们的疑虑。详情页应通过文字、图片等元素全面地展示商品的功能、特性,以及物流、售后等方面的信息。

商品详情页可以增加消费者对商品规格、细节的了解,方便消费者了解产品的功效,取得消费者的信任和好感,进而引导消费者下单。

通常人们在写文章时会先列出大纲,撰写商品详情页文案亦需要列出框架,如表6-2所示。

表6-2 商品详情页文案的内容框架

商品详情页的内容框架	作用
创意海报情景大图	符合文案主题,吸引消费者注意
商品卖点/功能/利益点	精简介绍商品,突出商品能带给消费者的好处
商品规格参数	款式、尺寸、材质、选择项目、配件等信息
与同类商品对比	商品有别于竞争对手的核心卖点
商品模特/全方位展示	场景化图片富有代入感,能拉近与消费者之间的距离
商品细节展示	突出工艺、质感、品相等
商品资质证书/检验结果报告	打消安全顾虑,提升消费者购买商品的信心
品牌/基地实力展示/公司介绍	简单说明制造商及品牌的发展历史
商品包装展示/售后保障/物流	介绍包装、交货、物流、维修等服务保障

根据框架内容,可将详情页的文案策划总结为以下几点。

(一)定位情景:让人产生联想

很多消费者在购买产品时并不清楚什么样的产品才能解决自己的需求。而此时若能将产品定位到使用的场景中,让消费者一眼看到自己的需求能被满足,那么极有可能引起买家的购买兴趣。例如,一款极其方便的充电宝,可能很多人不清楚它能做些什么,如果代入场景,把文案写成"玩游戏,看电影和电视节目不用担心电池""在强大而明亮的床头灯下学习""在家给设备充电,无须担心插座离得太远"等,买家就很有可能联想到自己生活中因为没有充电宝引起的不便而产生购买欲。所以好的文案重要的不是"这是什么",而是"消费者能够用它来做什么"。

(二)卖点提炼:引起卖家兴趣

在电商盛行的今天,同类目商品甚至同款商品成千上万,为了能够让买家在茫茫商品大海中找到本店的产品,引起买家的兴趣,在提炼卖点时势必要让买家一眼看出该商品区别于其他同类产品的亮点,尤其是产品升级或者新产品上市时更是如此,如图6-13所示。

图 6-13 行车记录仪卖点提炼

当产品功能较多时,其卖点也比较多。为了让买家快速了解到其主要卖点,可以参考和借鉴图 6-14 所示的描述手法,在详情页的首图后面,紧跟着用一张拼接的预览图让买家获知产品的主要功能,后面再用大图详解,如果买家对其功能与卖点有兴趣,就会继续往下翻。

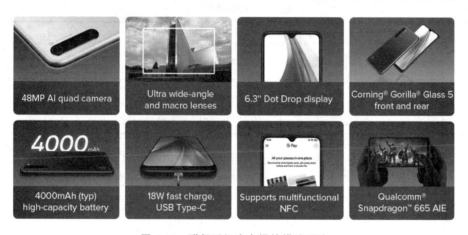

图 6-14 联想手机卖点提炼描述手法

(三)细节展示:获取更高认知度

网上销售的产品,消费者只能通过视觉来判断。因此所有销售平台都要求卖家对产品的描述必须真实并且能够全方位地展示产品,即要求必须有细节图的展示。此处可将产品的功能、用途、材料、技术、工艺等属性进行分解,用量化的文案搭配能够让人产生联想的画面,从而给人留下深刻印象,如图 6-15 所示。

图 6-15 耳机细节展示图

(四)利益引诱:引导消费者下单购买

这里的利益诱惑主要是指把产品的利益点说出来,比如这个产品具体可以给买家带来什么好处。在组织语言时,可以根据 FAB 原则来组织语言,阐述商品能带给买家什么好处,如表 6-3 所示。

表 6-3 FAB 原则文案

产品	Feature(特性)	Advantage(优点)	Benefit(益处)	举 例
护肤品	草本精华	快速补水	无副作用	这款护肤品是纯天然草本萃取,能够快速补水,并且使用之后无任何副作用
蓝牙耳机	3D 立体音质	精致小巧	方便携带	这副蓝牙耳机拥有 3D 立体音质,精致小巧,十分方便携带,再也不用担心耳机线缠绕的烦恼

除此之外,为了促成交易,卖家常用的"利益诱惑"还包括买家好评以及折扣信息。卖家可以在详情页上加入一些买家对该产品的好评截图,真实的好评会更有诱惑力,更容易被信服和促成交易。任何消费者都有求廉的心理,所以,详情页里展示完产品之后,再提醒下消费者商家优惠力度大,那么便可进一步提高交易的成功率了。

任务实施

一、选择店铺名称

为店铺取一个通俗易懂且便于记忆的名称。

二、撰写店招文案

(1)店铺的定位。

(2) 店铺的卖点和优势。
(3) 近期的营销活动。

三、撰写海报的文案

(1) 活动促销营销文案。
(2) 商品营销、商品卖点文案。
(3) 痛点营销文案。

四、撰写商品详情页文案

(1) 创意海报情景大图。
(2) 商品卖点、功能、利益点。
(3) 商品规格参数。
(4) 与同类商品对比。
(5) 商品模特、全方位展示。
(6) 商品细节展示。
(7) 商品资质证书、检验结果报告。
(8) 品牌、基地实力展示、公司介绍。
(9) 商品包装展示、售后保障、物流。

同步实训

给摄像头店铺进行一整套的文案设计,包括店铺名称、店招文案、广告图文案以及详情页文案。

习题

1. 简述在详情页文案撰写时,需要注意的问题。
2. 用 FBA 原则,给美的吸尘器写一句文案。
3. 什么样的文案是好的文案,举两个例子说明。

任务三　商品主图构建

情境导入

通过撰写文案,小凌不仅提升了自身的总结和策划能力,也对产品本身有了十分详尽的了解。如此,小凌团队需要做的就是将写好的文案通过设计更好地展示给消费者,吸引他们的注意,提升商品单击率,而第一步就是先将主图做好。

任务分析

要设计好主图,小凌需要先了解主图设计的标准,包括尺寸、格式、比例、平台要求等,其次小凌需要了解什么样的主图更容易吸引买家单击,进而掌握主图设计的方法及具体步骤。

知识链接

商品主图设计的目的在于提高消费者的关注度,吸引流量。这就要求主图既要展示商品的特点,又要具备丰富的营销功能。商品主图一般需要 5 张以上,并且每张的功能性分工不同,其设计原则可归纳为背景纯净不抢风头、商品的卖点突出、局部细节展示全面、角度多样、设计形式感强。

一、商品主图设计标准

跨境电商不同平台之间的主图规格和标准虽然都有所区别,但制作起来大同小异,现在以阿里巴巴国际站、速卖通、Lazada 和亚马逊为例,列举主图的格式、大小等标准,具体如下。

(一)阿里巴巴国际站

(1) 图片格式:JPG 或 JPEG。

(2) 图片大小:不超过 5M。

(3) 图片比例:近似正方形(比例在 1:1~1:1.3 或 1.3:1~1:1)。

(4) 像素大于 350 像素×350 像素(类似 750 像素×750 像素、1000 像素×1000 像素,近正方形的都是可以的)。

(二)速卖通

(1) 图片格式:JPG 或 JPEG。

(2) 建议背景底色为白色或纯色,图片尺寸 800 像素×800 像素及以上。

(3) 图片横向和纵向比例建议在 1:1~1:1.3。

(4) 图片要求无边框和水印,不允许拼图。

(5) Logo 统一放在图片左上角。

(三)Lazada

(1) 图片格式:JPG 或 JPEG。

(2) 图片尺寸大小在 330 像素×330 像素和 5000 像素×5000 像素之间。

(3) 同时可以上传多张图片,最多 8 张。

(四)亚马逊

(1) 在亚马逊平台中,上传产品图片分主图(Main Images)和辅图。主图 1 张,辅图 8 张,共 9 张,但在产品页面直接展示的只有 6 张,其余两张需要单击图片界面以查看。

(2) 亚马逊图片最长边至少为 1000 像素。当图片的高度或宽度超过 1000 像素时,该图片具有缩放功能,卖家能放大图片查看商品局部细节,这个功能具有增加销售量的作用。

(3) 图片最短的边长(相对的宽或高)不能低于 500 像素,否则无法上传到亚马逊后台。图片太小了,也不方便买家查看商品,建议卖家上传的商品图片,边长 1000 像素以上。

(4) 在上传主图与辅图时,建议尺寸一致,这样会比较美观。

(5) 图片的格式可以使用 JPEG、TIFF、GIF,建议使用 JPEG 格式的,这种格式的图片在上传时的速度比较快。

（6）图像的横向和纵向比例是 1∶1.3 时，这样可以在亚马逊的网站达到最佳的视觉效果。

（7）主图的背景必须是纯白色（亚马逊搜索和产品详情界面的也是纯白的，纯白的 RGB 值是 255,255,255）。

（8）主图中的产品最好是占据图片大约 85% 左右的空间。

（9）产品必须在图片中清晰可见，需要显示整个产品，不能只有部分或多角度组合图。

（10）有些类目允许有模特，如服装类，只能使用真人模特，不能使用服装店里的那种模型模特。模特必须是正面站立，不能是侧面、背面、多角度组合图、坐姿等，主图模特身上不能有非售物品。

二、商品主图设计

（一）主图设计要点

1. 颜色、字体，搭配调和

由于主图的区域不大，因此在其中添加文字和图片元素时，一定要注意颜色和字体的协调，不可滥用过多的颜色和字体，以免消费者产生视觉疲劳。

2. 创意素材，抓突破点

在选取素材时要有针对性，利用创意装饰素材作为突破口，直击消费者的核心需求。

3. 内容全面，重点突出

主图对于商品销售来说非常重要，那些内容不全面、抓不到重点的主图是很难吸引消费者的。因此，在设计商品主图内容时，一定要突出重点信息，同时内容要全面，将产品的卖点充分展现出来，并且加以修饰和润色。对于那些无关紧要的内容果断删除，不要影响主图的表达。

4. 结构清晰，主次分明

在设计主图时，文案内容要控制好，不能抢占了产品的风头，一定要做到主次分明。通常，建议主图中的产品图片约占 2/3，其他内容约占 1/3。当然，制作比较特殊的主图效果时，也可以适当采用满版型的设计方法。同时，可以提炼一些能引导消费者单击的卖点作为文案。

5. 视觉化设计+产品介绍

在制作商品主图时，大家容易进入一个误区，那就是太过重视视觉化的设计，而忽略了产品信息的展示，很多店铺主图看起来非常华丽、高雅，但消费者并不知道它要表达什么信息，从而不会进一步购买。

（二）流程展示

（1）在 Photoshop 中按快捷键 Ctrl+N 创建一个大小为 2000 像素×2000 像素，分辨率不低于 72dpi 的 RGB 颜色模式的空白文档，如图 6-16 所示。

（2）在 Photoshop 中按快捷键 Ctrl+R 调出参考卡尺，在视图选项卡下拉框内将对齐选项打上钩之后，鼠标选中上参考卡尺拉出一条水平参考线于空白文档中间，鼠标选左参考卡尺拉出一条垂直参考线于空白文档中间，确定空白文档的中心位置，如图 6-17 所示。

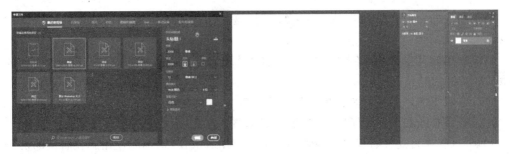

图 6-16　新建文件

图 6-17　拉参考线

（3）确定空白文档中心位置之后开始处理产品图片，将产品图拉进空白文档中。按快捷键 Ctrl+J 复制一份，将原文档改名为"主产品原图备份"，复制文档改为"主产品"之后关闭图片可见性，调整主产品文档在主图中的位置。通常建议主图中的产品图片约占 2/3，其他内容约占 1/3，如图 6-18 所示。

图 6-18　加入产品图

（4）为主图创建一个蓝色背景置于产品图层的下方。按快捷键 Ctrl+J 复制一份产品图层，按快捷键 Ctrl+T 旋转 180°，水平翻转该图层得到一份与产品主图相反的图片，命名为"主图倒影"，在该图片创建一个图层蒙版，选择渐变工具，将渐变选择为黑白非透明，在图层蒙版拉出一条合适的渐变使该图层变为主产品的倒影。创建 3 个圆形置于主图图层下方，主图倒影图层上方按快捷键 Ctrl+T 拉伸圆形以适应主图作为主图阴影，之后依次选择"滤镜""模糊""高斯模糊"，跳出弹窗转变为智能对象，单击确定，调整模糊边缘，使产品看起来自然。完成这一步之后使用画笔及橡皮工具擦除或补充多余或缺失部分，如图 6-19 所示。

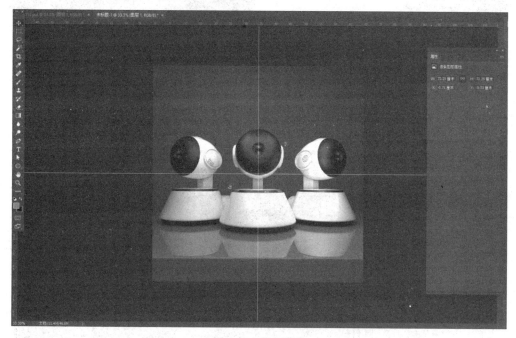

图 6-19　添加背景

（5）但图 6-19 中主产品与背景图层区分度不大，因此需要进一步调整背景与产品的区分度。

在背景图上方按快捷键 Shift+Ctrl+Alt+N 创建一个空白图层，选择渐变工具，调整渐变方式为"径向渐变"在空白图层中心点出向外拉伸得到一个内白外黑的图层。调整图层的混合模式使背景层中间高亮，调整不透明度至 30%，让蓝色图层中间亮一些而四周偏暗，使整个主图的视觉关注点都在中心位置。按快捷键 Shift+Ctrl+Alt+E 整合图层，如图 6-20 所示。

由于图中为电子类产品，因此较暗的背景视图更能使产品产生质感，创建 3 个调整图层，分别调整图层颜色的饱和度、明暗和色彩，如图 6-21 所示。

（6）这时背景和产品过于融合，不能展示出产品的具体形象和卖点，需要使产品与背景产生区分。

提取之前的透明主图调整至合成图层上方与合成图层产品一致的位置，调整产品的高光及细节，创建调整图层"曲线拉升"，曲线提升整体亮度。整体亮度提升之后得到一个过于

图 6-20　调整光线，突出产品

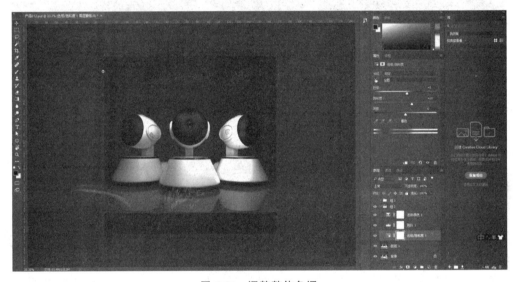

图 6-21　调整整体色调

曝光的主图，按快捷键 Shift+Ctrl+Alt+N 创建一个空白图层，按快捷键 Shift+F5 将选项更改为填充 50% 灰度，混合模式更改为正片叠底，调整不透明度至 50%。在该图层上创建图层蒙版，将画笔工具调整为黑色，硬度为 0，不透明度为 20%。在图层蒙版上进行涂抹，调整出合适的高光和暗部。按快捷键 Shift+Ctrl+Alt+E 创建合成图层，如图 6-22 所示。

(7) 整体图层创建完成之后需要添加相关的文字，文字大小需要适中，过小的文字在移动端不利于消费者阅读，过多的零碎装饰会显得主图杂乱没有重点。因此文字最好能简洁地展示产品卖点。

可以添加一些官方的标志、文字、口号以展示产品是受官方认可的，是有品质保证的，如在图片上添加 Lazada 的官方标志。为文字添加一些装饰可以加强视觉吸引力，如图 6-23 所示。

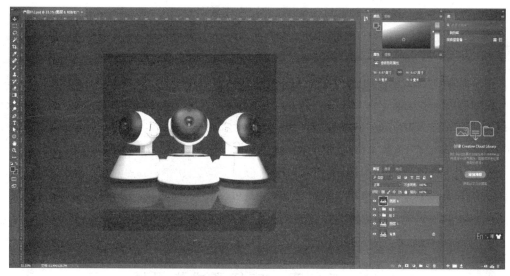

图 6-22　提亮产品

图 6-23　背景装饰和优化

任务实施

一、了解商品主图设计标准

调查各大平台主图设计标准。

二、着手进行设计

（1）了解主图设计的要点。
（2）确定主图构图方式、配色方案以及文案内容。
（3）收集相关素材。

（4）打开 Photoshop 导入素材和文案，进行主图设计。

同步实训

用摄像头产品的摄影图片，设计一张富有质感，吸引单击的主图。

习题

1. 简述亚马逊中，主图设计需要注意的事项。
2. 简述主图设计过程中，需要注意的要点。
3. 找一张做得不好的主图进行分析，说出其可优化的点。
4. 找一张做得极好的主图进行分析，列出其设计上的妙处，并进行临摹。

任务四　店招及广告设计

情境导入

小凌将所有的产品一一进行了优化，产品单击率和转化率都有了显著提高，店铺销量日益增长，这让小凌团队信心倍增。但是在运行过程中，小凌收到买家提出的疑问，为何店铺没有店招，也基本没有优惠活动信息和广告图，小凌意识到店招设计以及广告图还没有优化，于是她马上开始店招进行以及广告 banner 的设计。

任务分析

要进行店招以及广告图的设计，首先需要了解各大平台的店招尺寸及格式等设计标准，其次需要根据之前的视觉定位及配色方案制作店招以及广告图。

知识链接

一、店招图设计标准

（一）阿里巴巴国际站

（1）图片格式：JPG 或 JPEG。
（2）PC 端尺寸：1920 像素×280 像素。

（二）速卖通

（1）图片格式：JPG、JPEG 或 PNG。
（2）PC 端尺寸：1200 像素×100 像素～1200 像素×150 像素，建议高度 150 像素。

（三）Lazada

（1）图片格式：JPG、JPEG、PNG 或 GIF。

(2) PC 端尺寸为 1200 像素×128 像素，手机端尺寸为 750 像素×180 像素。
(3) 图片大小不能超过 1MB。

（四）亚马逊

(1) 图片格式：JPG、JPEG 或 PNG。
(2) PC 端尺寸为 1200 像素×128 像素，手机端尺寸为 750 像素×180 像素。

二、店招图设计

（一）店招设计要求

(1) 店招要便于记忆、有特色，要明确地告诉浏览者店铺的商品类型，因此在设计店招的过程中要通过图片、简短醒目的广告语等内容来增强店铺的认知度。

(2) 店招的内容元素一般包括店铺的名称、品牌、店标 Logo、广告语、商品图片、活动促销内容等。

(3) 当店铺进行促销宣传活动时，设计店招首先考虑的因素是优惠活动、促销产品等信息，其次才是店标、店铺名称、广告语等宣传为主的内容。为了便于用户体验还需要添加收藏按钮、导航、搜索栏等内容。

（二）流程展示

(1) 在 Photoshop 中按快捷键 Ctrl+N 创建一个 1200 像素×128 像素，分辨率不低于 72dpi 的 RGB 颜色模式的空白文档，如图 6-24 所示。

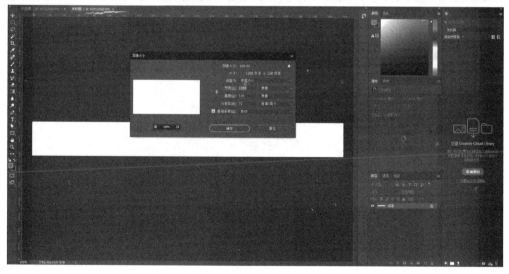

图 6-24　新建文件

(2) 添加一张与当前店铺主题相关的图片作为背景图片，如图 6-25 所示。

图 6-25　背景图

（3）选中矩形工具创建一个矩形，选中图层，单击属性，将圆角半径拉满，得到一个圆角矩形，填充颜色♯d12712，得到一个红色圆角矩形，创建"Follow US!"文字图层，填充为白色♯ffffff，与圆角矩形对齐，选中矩形工具创建两个矩形，上下拉开距离并编组，按快捷键Ctrl＋T旋转30°角后单击"确定"，复制一个编组，水平翻转摆放，如图6-26示。

图 6-26　添加引导信息

（4）添加店铺优惠信息图标，如图6-27所示。

图 6-27　添加优惠信息

（5）将图片上传至后台得到如下效果，如图6-28所示。

图 6-28　店招完成图

三、广告图视觉标准

（一）阿里巴巴国际站

（1）图片格式：JPG、JPEG 或 PNG，最多可上传 4 张。

（2）图片尺寸：990 像素×300 像素。

（二）速卖通

（1）图片格式：JPG、JPEG 或 PNG。

（2）PC 端尺寸为 1920 像素×320 像素，手机端尺寸为 750 像素×330 像素。

（三）Lazada

（1）图片格式：JPG、JPEG 或 PNG。

（2）PC 端尺寸为 1360 像素×480 像素，手机端尺寸为 1200 像素×50 像素～2500 像素。

（四）亚马逊

（1）图片格式：JPG、JPEG 或 PNG。

（2）PC 端尺寸为 1500 像素×750 像素，手机端尺寸为 1500 像素×750 像素。

四、广告图设计

(一) 设计原则

1. 对齐原则

对齐是指 banner 中的每一项元素应与页面上某个内容存在某种视觉联系,即使这些项并不靠近,但它们会彼此连在一起。

2. 留白原则

千万不要把 banner 排得过满,要留出一定的"呼吸"空间,这样既减少了 banner 的压迫感,又可以引导读者视线,突出重点内容。

3. 减法原则

颜色、字体的数量要少于 3 种,过多的字体、颜色和图形会分散读者的注意力,产生视觉疲劳,不利于所要表述的主要内容。

4. 层次感

层次感可以体现在很多方面,如颜色的渐变、空间的透视等。最常见的是通过上下叠加遮挡的手法,让画面变得很有空间层次感,设计感十足。

5. 对比

加大不同元素的视觉差异,或者使用对比色,较大的反差能够引人注目。

(二) 流程展示

(1) 在 Photoshop 中按快捷键 Ctrl+N 创建一个大小为 1360 像素×480 像素,分辨率不低于 72dpi 的 RGB 颜色模式的空白文档,如图 6-29 所示。

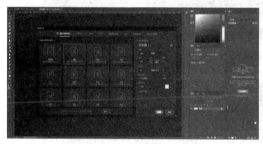

图 6-29　新建文档

(2) 在 Photoshop 中按快捷键 Ctrl+R 调出参考卡尺,在视图选项卡下拉框内将对齐选项打上钩之后,鼠标选中上参考卡尺拉出一条水平参考线于空白文档中间,鼠标选左参考卡尺拉出一条垂直参考线于空白文档中间,确定空白文档的中心位置,如图 6-30 所示。

(3) 开始制作 Lazada 的活动 banner,这次的活动是要宣传 Lazada 成立八周年,因此要充分展示 Lazada 周年庆的元素,并且加入自己店铺的相关产品。

因为是庆祝活动,所以选择比较明亮欢快的颜色,如黄色♯ffa200 和紫色♯371a5f 作为整体色调,黄色和紫色也是在页面中比较能够吸引人的颜色组合,如图 6-31 所示。

导入 Lazada 周年庆的相关素材,使整体画面变为"左文右图"结构,如图 6-32 所示。

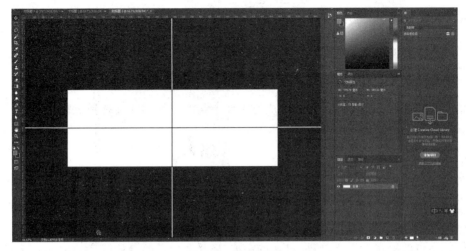

图 6-30　拉参考线

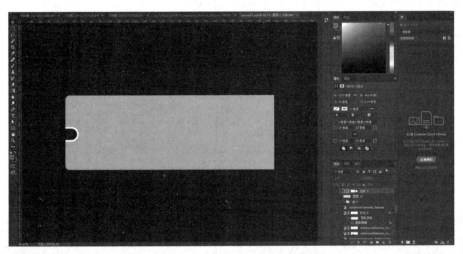

图 6-31　添加背景

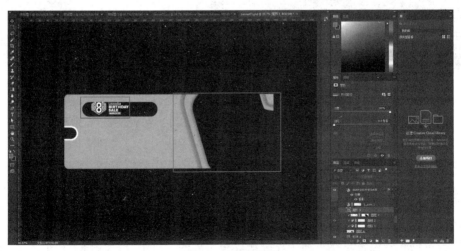

图 6-32　确定构图

（4）继续导入更多的周年庆活动元素，摆放位置依然参照左右结构进行，如图 6-33 所示。

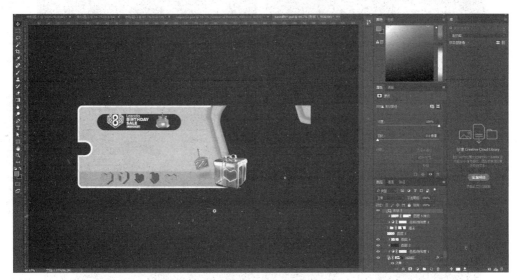

图 6-33　添加店庆素材

（5）制作文字。

使用微软雅黑 Blod 字体创建"BUY NOW!!!"文字图层，如图 6-34 所示。

图 6-34　添加文字内容

双击图层进入混合模式，添加斜面与浮雕，添加颜色♯371a5f，添加白色描边♯ffffff，添加内阴影，添加投影方向为 90°，以上操作使文字浮于背景，区别于其他紫色部分，如图 6-35 所示。

为使文字更加凸显，需要对文字进行修饰，按快捷键 Shift＋Ctrl＋Alt＋N 创建一个新的空白图层，选择画笔工具在空白文件上描绘出文字的高光，文字其他部分因为颜色偏暗，不需要再进行暗部的描绘，使用矩形工具创建一个矩形，使用钢笔勾勒出一个弯曲图形，选中两个图层右键合并图形，按快捷键 Ctrl＋J 复制一份该图形，将填充改为无描边、白色，双击原图形文件图层进入混合模式，添加渐变叠加，添加阴影。此时得到两个完成的基础图形编组，按快捷键 Ctrl＋T 进行透视变形，右大左小置于文字附近，按快捷键 Shift＋Ctrl＋Alt＋N 创建一个空白图层，在图层上画出一个笑脸，置于上述变形图层上，如图 6-36 所示。

（6）添加店铺中需要推销的产品，把渲染好的产品图调整好置入图中紫色部分，调整该产品的混合模式为强光，如图 6-37 所示。

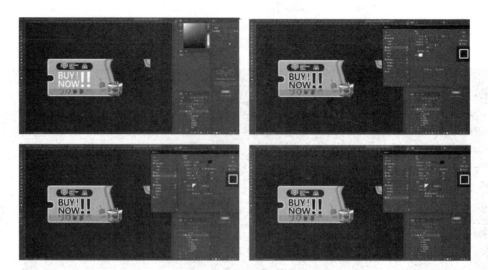

图 6-35　优化文字设计

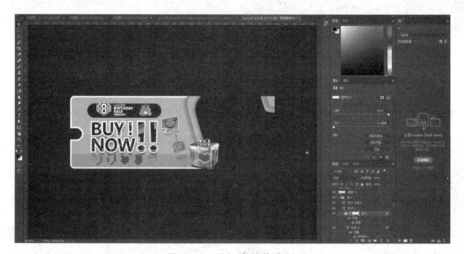

图 6-36　添加店其他素材

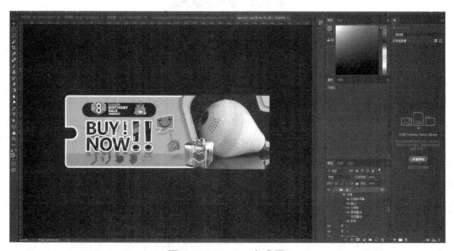

图 6-37　banner 完成图

任务实施

一、了解设计标准

了解各大平台店招设计的标准、了解各大平台 banner 图设计制作的标准。

二、着手进行店招设计

（1）了解店招的设计要点。
（2）确定店招配色方案以及文案内容。
（3）收集相关素材。
（4）打开 Photoshop 导入素材和文案，进行店招设计。

三、着手进行 banner 图设计

（1）了解 banner 图的设计原则。
（2）确定 banner 图的构图方式、配色方案以及文案内容。
（3）收集相关素材。
（4）打开 Photoshop 导入素材和文案，进行 banner 图设计。

同步实训

1. 给"三只松鼠"店铺设计一个好看的店招。
2. 以 Lazada 八周年店庆为主题设计一张 banner 图。

习题

1. 店招制作有几种方式，侧重点分别是什么，举例说明。
2. banner 图的构图方式有哪些，找出三种案例。
3. 以下面这张图为例，请同学们分析它的优点和缺点，并说出原因。

项目七

跨境物流认知

学习目标

知识目标

1. 理解跨境物流的概念；
2. 掌握各邮政物流、商业快递、专线物流、海外仓的特征；
3. 掌握阿里巴巴国际站、亚马逊、Lazada 的物流的操作方法；
4. 理解跨境物流网络规则。

能力目标

1. 能够区分各种物流方式的特征；
2. 能够选择合适的物流方式；
3. 能够掌握阿里巴巴国际站、亚马逊、Lazada 的物流的操作方法；
4. 能够认识到跨境物流网络规则重要性并熟悉相关规则。

素养目标

1. 培养成本意识；
2. 树立正确经营理念；
3. 具备对跨境物流行业发展宏观研判的素养；
4. 具备对跨境物流行业发展数据严谨细致分析的素养。

项目介绍

本项目包含了三个学习任务，具体如下。

任务一　跨境物流选择

任务二　三大平台物流操作

任务三　跨境物流运营技巧

通过本项目的学习，可以了解邮政物流、商业快递、专线物流、海外仓等跨境物流模式的特征，了解阿里巴巴国际站、亚马逊、Lazada 三大物流的操作方法，掌握跨境物流的运营技巧，为合理选择物流方式提供思路和参考。

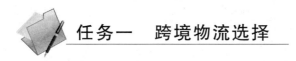

任务一　跨境物流选择

情境导入

随着产品的不断上新,小凌所经营的3个店铺订单越来越多。通过对店铺的经营数据分析,小凌发现物流成本较高。由于缺乏国际物流知识,小凌团队在店铺经营过程中一直都是随意选择物流方式。是否还有其他选择物流的方式呢?这些物流方式有哪些特点?是否可以根据产品、买家的特点来选择不同的物流方式?小凌决定用比赛的形式来考考在不同跨境电商平台经营店铺的3个小组。

任务分析

全面了解各种常见国际物流的种类及特点。

知识链接

跨境物流指的是在两个或两个以上国家(地区)之间进行的物流服务。由于跨境电子商务交易的双方分属不同的国家(地区),商品也需要从卖方国家通过跨境物流运送到买方国家,并在买方国家完成国内的物流配送,最终送到买家手中。跨境物流主要有以下几种形式。

一、邮政物流

邮政物流是指各国邮政部门所属的物流系统,包括 EMS、ePacket、中国邮政航空大包和中国邮政航空小包等。

(一) EMS

EMS(Express Mail Service,特快专递邮件业务),是中国邮政速递物流与各国及地区邮政合作开办的中国大陆与其他国家、中国港澳台间寄递特快专递(EMS)邮件的一项服务。由于是跟其他国家及地区的邮政合办的,所以 EMS 在各国及地区邮政、海关、航空等部门均享有优先处理权。这是 EMS 区别于很多商业快递的最根本的地方。

1. EMS 体积重量限制

EMS 体积重量限制如表 7-1 所示。

表 7-1　EMS 体积重量限制

资费区	通达国家(地区)	限重/千克	尺寸限制
一区	中国香港	40	标准1
	中国澳门	31.5	标准2
二区	日本	30	标准3
	韩国、蒙古	30	标准1
	朝鲜	30	标准2

续表

资费区	通达国家(地区)	限重/千克	尺寸限制
三区	马来西亚	40	标准1
	印度尼西亚	30	标准4
	新加坡、泰国、柬埔寨、越南	30	标准1
	菲律宾	20	标准2
四区	澳大利亚、新西兰	30	标准2
	巴布亚新几内亚	25	标准1
五区	英国、希腊、瑞士、德国、瑞典、法国	30	标准1
	爱尔兰、比利时、意大利	30	标准1
	丹麦、挪威、芬兰、奥地利	31.5	标准1
	卢森堡	31	标准1
	西班牙、马耳他	20	标准1
	葡萄牙	30	标准2
六区	美国	31.5	标准2
	加拿大	30	标准1
七区	斯里兰卡、土耳其、老挝	30	标准1
	巴基斯坦	30	标准2
	尼泊尔	31.5	标准2
	孟加拉	20	标准1
	印度	35	标准1
八区	圭亚那、巴拿马、秘鲁	30	标准1
	巴西、古巴	30	标准2
	墨西哥、哥伦比亚	20	标准1
	阿根廷	20	标准2
九区	约旦、阿曼、乍得、刚果、加纳、马里加蓬、科威特、突尼斯、乌干达、摩洛哥、卢旺达、科特迪瓦、塞内加尔、莫桑比克、尼日利亚、马达加斯加、埃塞俄比亚	30	标准1
	巴林、埃及、以色列、叙利亚、吉布提、卡塔尔、几内亚、博茨瓦纳	20	标准1
	伊朗	20	
	阿联酋、肯尼亚、尼日尔	31.5	标准1
	塞浦路斯、布基纳法索	30	
十区	捷克、俄罗斯、克罗地亚、爱沙尼亚	30	
	拉脱维亚、哈萨克斯坦	30	标准2
	波兰、乌克兰、白俄罗斯、开曼群岛	20	标准1
	匈牙利	31.5	标准1
	罗马尼亚	31.5	标准2

标准1：任何一边的尺寸都不得超过1.5米，长度和长度以外的最大横周合计不得超过3米。

标准2：任何一边的尺寸都不得超过1.05米，长度和长度以外的最大横周合计不得超过2米。

标准3：东京、大阪指定区域为1.8米×3米，其他地区执行标准1。

标准4：最长一边不得超过0.6米，长、宽、高合计不得超过0.9米。圆卷型长度不得超过0.9米，直径的两倍和长度合计不得超过1.04米。

2. EMS 资费标准

EMS 资费标准如表7-2所示。

表7-2 EMS 资费标准

资费区	起重500克及以内		续重500克或其零数
	文件	物品	
一区	90	130	30
二区	115	180	40
三区	130	190	45
四区	160	210	55
五区	180	240	75
六区	220	280	75
七区	240	300	80
八区	260	335	100
九区	370	445	120

3. EMS 参考时效

EMS 国际快递的投递时间通常为3～8个工作日（不包括清关的时间）。由于各个国家及地区的邮政、海关清关时间长短不一，有些国家和地区的包裹投递所需时间可能较长。

4. EMS 信息查询

关于收寄、跟踪信息可查询 EMS 快递官网 http://www.ems.com.cn/。

5. EMS 的优缺点

总的来说，EMS 的优缺点主要如表7-3所示。

表7-3 EMS 的优缺点

优　　点	缺　　点
1. 投递网络强大，覆盖范围广，价格较为便宜，以实际重量计费，不算抛重； 2. 享有优先通关权，清关时可不用提供商业发票，通关不过的货物可以免费运回国内，而其他快递一般要收费； 3. 寄往俄罗斯以及南美等国家具有绝对优势； 4. 比较适合小件的物品，以及时效性要求较低的货物	1. 相对于商业快递来说，速度较慢； 2. 网站信息更新不及时，出现问题后只能书面查询，耗费的时间较长； 3. 不能一票多件，运送大件货物价格较高

（二）ePacket

ePacket 即国际 e 邮宝（EUB），是中国邮政为适应国际电子商务邮寄市场的需要，为中国电商卖家量身定做的一款经济型国际邮递产品。国际 e 邮宝可以寄往美国、俄罗斯、乌克兰、新西兰、日本、越南、西班牙、泰国、以色列、英国、中国香港、法国、澳大利亚、德国、瑞典、挪威、加拿大、韩国、新加坡、马来西亚、土耳其、奥地利、比利时、瑞士、丹麦、匈牙利、意大利、卢森堡、荷兰、波兰、希腊、芬兰、爱尔兰、葡萄牙、墨西哥、沙特阿拉伯、巴西等国家。

1. ePacket 包裹体积重量限制

ePacket 包裹体积重量限制如表 7-4 所示。

表 7-4　ePacket 包裹体积重量限制

包裹形状	重量限制	最大体积限制	最小体积限制
方形包裹	单件邮件重量不超过 2 千克	单件邮件长、宽、厚合计不超过 90 厘米，最长一边不超过 60 厘米	单件邮件长度不小于 14 厘米，宽度不小于 11 厘米
圆柱形包裹		圆卷邮件直径的两倍和长度合计不超过 104 厘米，长度不得超过 90 厘米	圆卷邮件直径的两倍和长度合计不小于 17 厘米，长度不小于 11 厘米

2. ePacket 计费

ePacket 计费标准如表 7-5 所示。

表 7-5　ePacket 计费标准

序号	路向	资费标准 元/件	克	起重/克	限重/克	备注
1	爱尔兰	25	65	1	2000	
2	奥地利	25	60	1	2000	
3	澳大利亚	19	60	1	2000	
4	巴西	25	80	50	2000	
5	比利时	25	60	1	2000	
6	波兰	25	60	1	2000	
7	丹麦	25	60	1	2000	
8	德国	19	60	1	2000	
9	俄罗斯	17	55	1	3000	北京、上海、江苏、浙江、福建、广东、黑龙江、新疆乌鲁木齐
		18	55	1	3000	其他地区
10	法国	19	60	1	2000	
11	芬兰	25	65	1	2000	
12	哈萨克斯坦	8	70	50	2000	
13	韩国	20	40	1	2000	

续表

序号	路向	资费标准		起重/克	限重/克	备注
		元/件	克			
14	荷兰	25	60	1	2000	
15	加拿大	19	65	1	2000	
16	卢森堡	25	60	1	2000	
17	马来西亚	15	40	1	2000	
18	美国	15	65	50	2000	线下
		15	64	50	2000	速卖通（仅限线上发货总对总结算，不含线下结算；业务开办城市：北京、上海、广州、深圳、杭州）
		15	64	50	2000	wish
19	墨西哥	25	85	1	2000	
20	挪威	19	65	1	2000	
21	葡萄牙	19	65	1	2000	
22	日本	15	40	50	2000	
23	瑞典	19	60	1	2000	
24	瑞士	25	60	1	2000	
25	沙特阿拉伯	26	50	1	2000	
26	泰国	14	45	1	2000	
27	土耳其	25	60	1	2000	
28	乌克兰	8	75	10	2000	
29	西班牙	14	60	1	2000	
30	希腊	25	60	1	2000	
31	新加坡	15	40	1	2000	
32	新西兰	9	70	50	2000	
33	匈牙利	25	60	1	2000	
34	以色列	17	60	1	5000	
35	意大利	25	60	1	2000	
36	印度尼西亚	14	45	1	2000	
37	英国	18	55	1	499	本次英国路向价格调整只涉及线下业务，不含总对总结算
		25	45	500	1999	
		35	45	2000	5000	
38	越南	12	45	1	2000	
39	中国香港	17	30	1	2000	除广东以外其他地区
		17	20	1	2000	广东

3. ePacket 参考时效

国际 e 邮宝正常情况下 7~10 个工作日即可完成妥投。它在国内段使用 EMS 网络进行发运,出口至美国后,美国邮政将通过其国内一类函件网(First Class)投递邮件。ePacket 通关采用国际领先的 EMI 电子报关系统,保障投递的包裹迅速准确地运抵目的地。

4. ePacket 跟踪查询

提供收寄、出口封发、进口接收实时跟踪查询信息,不提供签收信息,只提供投递确认信息。客户可以通过 EMS 网站或拨打客服专线、寄达国邮政网站查看邮件跟踪信息。中国邮政未对 ePacket 做出承诺时限,这点需要卖家注意。

美国、澳大利亚和加拿大 ePacket 业务提供全程时限跟踪查询,但不提供收件人签收证明。英国 ePacket 业务不提供投递确认信息,但能提供收寄、出口封发和进口接收信息。

由于 ePacket 业务不提供查单,也不承担邮件丢失、货物延误赔偿,因此,一些价值较高的产品不适合选择 ePacket。

5. ePacket 优势

(1) 经济实惠,支持按总重计费,50 克首重,续重按照每克计算,免收挂号费。

(2) 时效快,7~10 天即可妥投,帮助卖家提高物流得分。

(3) 专业,为中国跨境电商卖家量身定制。

(三)中国邮政大包

中国邮政大包包括中国邮政航空大包 Air、中国邮政水陆路大包 Surface、中国邮政航空水陆路大包 Sal。一般提到中国邮政大包多指中国邮政航空大包。

中国邮政航空大包服务是中国邮政区别于中国邮政小包的新业务,可寄达全球 200 多个国家和地区,适用于对时效性要求不高而重量稍重的货物。

重量在 2 千克以上,通过邮政空邮服务寄往国外的大邮包可以称为国际大包。国际大包分为普通空邮(Normal Air Mail,非挂号)和挂号(Registered Air Mail)两种。普通空邮费率较低,邮政不提供跟踪查询服务;挂号费率稍高,邮政可提供网上跟踪查询服务。

1. 中国邮政大包包裹重量、体积限制

中国邮政大包对包裹重量体积有限制,具体限制如下。

(1) 重量限制。0.1 千克≤重量≤30 千克(部分国家不超过 20 千克,每票快件不能超过 1 件)。

(2) 体积限制。寄往各国包裹的最大尺寸限度分为两种,一种为单边≤1.5 米,长度+长度以外的最大横周≤3 米;另一种为单边≤1.05 米,长度+长度以外的最大横周≤2 米。横周的计算公式,横周=2×高+2×宽+长。

(3) 中国邮政大包最小尺寸限制,最小边长≥0.24 米,宽≥0.16 米。

2. 中国邮政大包计费方式

中国邮政大包计费时不计算体积重量,没有偏远附加费和燃油附加费,其计费公式如下。

$$总额 = 首重 1 千克的价格 + 续重 1 千克的价格 \times 续重的数量$$

此外,中国邮政大包需要收取 8 元/件的报关手续费。

3. 中国邮政大包运送时效

根据目的地的不同,中国邮政大包的运送时效也有所不同,通常到亚洲临近国为4～10天,到欧美主要国家为7～20天,到其他国家和地区为7～30天。卖家可在http://intmail.183.com.cn上进行跟踪查询。

4. 中国邮政大包优缺点

中国邮政大包优缺点如表7-6所示。

表 7-6 中国邮政大包的优缺点

优　　点	缺　　点
1. 成本低,价格比 EMS 低,且不计算体积重量; 2. 没有偏远附加费; 3. 覆盖范围广,清关能力强; 4. 运单操作简单、方便	1. 有限重; 2. 相对小包速度较慢; 3. 信息查询更新不及时

(四)中国邮政小包

中国邮政小包(China Post Air mail)即中国邮政航空小包,又称"中邮小包""航空小包""空邮小包",是指单件邮件重量小于2千克(寄往阿富汗限重1千克),外包装长、宽、高之和不超过90厘米,最长边不超过60厘米,通过邮政空邮服务寄往国外的小包裹,可寄达全球各个邮政网点。

1. 中国邮政小包的类型

中国邮政小包包含挂号、平邮两种服务。挂号服务费率稍高,可提供网上跟踪查询服务。中国邮政航空小包出关不会产生关税或清关费用,但在目的地国家进口时有可能产生进口关税,具体根据每个国家海关税法的规定而各有不同(相对其他商业快递来说,航空小包能最大限度地避免关税)。

2. 中国邮政小包寄送要求

中国邮政小包对包裹规格和寄送产品都做了限制,如表7-7所示。

表 7-7 中国邮政小包寄送要求

规 格 限 制	产 品 限 制
1. 重量不超过两公斤; 2. 非圆筒货物:长+宽+高≤90厘米,单边长度≤60厘米,长度≥14厘米,宽度≥9厘米; 3. 圆筒形货物:直径的两倍+长度≤104厘米,单边长度≤90厘米,直径的两倍+长度≥17厘米,长度≥10厘米; 4. 清楚的收件人地址和邮编; 5. 按照规定填写报关单及包面,申报物品使用中英文写明。	1. 禁止邮寄国家规定的不能邮寄和出口的物品; 2. 禁止邮寄带有危险性、爆炸性、放射性、易燃性的物品; 3. 禁止邮寄鲜活的动植物以及易腐烂的产品

3. 中国邮政小包资费标准

挂号资费:总额=标准资费×实际重量×折扣+挂号费8元。

平邮资费:总额=标准资费×实际重量×折扣。

例如,200 克到韩国,当前折扣为 7 折,标准资费 71.5 元/千克,则邮递费用如下。

平邮:71.5 元/千克×0.2 千克×7 折=10.01 元。

挂号:71.5 元/千克×0.2 千克×7 折+8 元挂号费=18.01 元。

备注:挂号件,每件加收挂号费 8 元。

4. 中国邮政小包寄送时效

当日中午 12 点以前交寄邮局,一般晚 8 时后可以在中国邮政官网查询包裹状态信息。其运输时效大致为到亚洲邻国 5～10 天,到欧美主要国家 7～15 天,到其他地区和国家 7～30 天。

5. 中国邮政小包优缺点

中国邮政小包优缺点如表 7-8 所示。

表 7-8　中国邮政小包的优缺点

优　点	缺　点
1. 运费相对来说较低,这是最大的优势; 2. 网络覆盖范围非常广,基本覆盖全球; 3. 在海关享有"绿色通道"特权,清关能力很强; 4. 包裹本质上属于"民用包裹",可邮寄的物品类型较多	1. 限重较低,只有 2 千克,阿富汗甚至为 1 千克,包裹如果超过限重需要将其分成多个包裹邮寄; 2. 总体来说,运送时间较长; 3. 跟踪查询不方便,许多国家不支持全程跟踪,官网只能跟踪国内部分,国外部分无法跟踪,卖家需要借助其他工具进行跟踪

6. 其他注意事项

(1) 平邮如丢失将不能获得赔偿;

(2) 如意大利,尼日利亚等国,邮包丢包率极高,请最好选用挂号或快递方式;

(3) 具体根据申报价值来赔偿,但最高不超过 320 港元,退还邮费,但挂号费不予退还;

(4) 中国邮政航空小包提供保险服务,具体保费可以咨询中国邮政或者保险公司。

(五) 其他邮政小包介绍

1. 新加坡邮政小包

新加坡邮政小包,即新加坡邮政航空小包裹,又叫新加坡挂号小包,是新加坡邮政推出的一项针对货物重量在 2 公斤以下的邮政小包服务,具有时效好、通关能力强的特点,可寄达全球各个邮政网点。

(1) 优势

① 价格低。相对于其他运输方式(如 DHL、UPS、Fedex、TNT 等)来说,小包服务有绝对的价格优势。

② 速度快。到达多数国家的正常运输时间需 7～15 个工作日。

③ 安全性高。新加坡邮政提供的国际小包服务是世界认可的优质产品,掉包率低,既快速又安全。

(2) 费用

平邮的运费计算方法:105 元/千克+0.5 元/件处理费。

挂号的运费计算方法:71.5 元/千克,挂号费用为 12 元人民币。

新加坡小包出关不会产生关税或清关费用,但在目的地国家有可能产生进口关税,具体根据每个国家海关税法的规定各有不同。

（3）物品规格限制

物品规格限制如表7-9所示。

表7-9　新加坡小包物品规格限制

包裹形状	重量限制	最大体积限制	最小体积限制
方形包裹	单件邮件重量不超过2千克	长＋宽＋高≤90厘米,单边长度≤60厘米	表面尺码不得小于9厘米×14厘米
圆柱形包裹		直径的两倍加上长度之和≤104厘米,单边长度≤90厘米	直径的两倍加上长度之和≥17厘米,单边长度≥10厘米

（4）禁运物品

新加坡邮政小包禁止邮寄以下物品。

① 国家法律法规禁止流通或者寄递的物品。
② 爆炸性、易燃性、腐蚀性、放射性和毒性等危险物品。
③ 反动报刊、书籍、窗口或者淫秽物品。
④ 各种货币。
⑤ 妨害公共卫生的物品。
⑥ 容易腐烂的物品。
⑦ 活的动物。
⑧ 包装不妥,可能危害人身安全、污染或损毁其他邮件设备的物品。
⑨ 其他不适合邮递条件的物品,包括液体、粉末、食品、茶叶、药物等。

2. 中国香港小包

香港小包是指通过中国香港邮政发送到国外客户手中的国际小包。由于目前大陆的eBay卖家大多选择通过中国香港邮政发货,习惯上也将国际小包称作香港小包,而实际上香港小包只是国际小包中的一种。

重量在2千克(含)以下,外包装长、宽、高之和小于90厘米,且最长边小于60厘米,通过中国香港邮政空邮服务寄往国外的小邮包可称为香港小包。香港邮政小包分为普通空邮平邮与挂号两种服务,香港邮局称邮政小包平邮为大量投寄空邮(Bulk Air Mail Service),称邮政小包挂号为易网邮服务(E-Mail Service),前者费率较低,邮政不提供跟踪查询服务,后者费率稍高,可提供网上跟踪查询服务。一般eBay卖家所销售的电子产品、饰品、配件、服装、工艺品都可以采用此种方式来发货。香港小包可寄达全球200多个国家和地区。

（1）优势

香港邮政具有如下优势。

① 高效。香港小包离岸处理时间一般只需要1天,最长不超过3天,远远优于中国邮政国际小包3～7天的处理速度。
② 可信。香港作为亚洲最大自由港,在全球各地具有比大陆更好的知名度。另外,中国香港是全球超级金融中心,拥有健全的法律体系,在全球各地拥有良好的声誉。将产品的物品所在地(Item Location)设置为香港(HongKong),能给予买家一个可信的形象,增强客

户购买的信心,这无疑对提高产品销售成功率、降低交易成本、增加业务量很有帮助。

③ 安全。香港邮政提供的国际小包服务是世界认可的优质产品,到达多数国家的正常运输时间仅需 5~9 个工作日,且掉包率低,既快速又安全。借助香港邮政来发货,再不必为买家能否及时收到物品而担心,更可节省由于丢包产生的大额成本。

④ 经济。相对于其他运输方式(如 EMS、DHL、UPS、FedEx、TNT 等)来说,香港小包服务有绝对的价格优势。采用此种发货方式可最大限度地降低成本,提升价格竞争力。

⑤ 简便性。香港小包服务交寄方便,且计费方式全球统一,不计首重和续重,大大简化了运费核算与成本控制。

⑥ 全球化。香港小包服务可以将产品送达全球几乎任何一个国家或地区的客户手中,只要有邮局的地方都可以到达,大大扩展了外贸卖家的市场空间。

(2) 费用计算

香港小包服务没有首重和续重,以千克计费。

平邮为 80 元/千克,挂号为 97 元/千克,每个包裹加 13 元挂号费(可以查询,丢包有赔偿的保险费用)。

(3) 发货要求

重量要求为单件包裹重量不得超过 2 千克,超过 2 千克需要多件分发。

长度和体积要求为长、宽、高之和小于 90 厘米,最长径小于 60 厘米且大于 12 厘米。

写有清楚的收件人地址和国家,部分易混淆国家须特别注明,如 Austria(奥地利)、Iceland(冰岛)。

地址标签以合适的比例贴于包裹最大面的中部区域。

地址及条码最好以透明胶布覆盖,以防水湿、磨损、脱落等导致无法派递或其他问题。

(4) 邮寄格式

① 挂号件。账号标贴+报关单+收件人姓名、地址+香港邮件编号+航空标贴。

② 平邮件。账号标贴+香港回邮地址+航空标签+报关单+客户订单编码。

报关单填写的注意事项如下。

A 为选择物品的类别。

B 为描述内载物品的名称与数量。

C 为单个物品的重量。

D 为单个物品的价值(建议用美金 USD 申报)。

E 为物品协制编号及物品的原产地。

F 为物品的总重(请准确填写)。

G 为物品总价值(注意申报的价格超过一定价值时,收货的客户是要缴纳一定税款的)。

(5) 报关单的填写事项

① 每件邮包应由寄件人填写一枚 CN22 报关签条。品名申报栏不能仅仅以 GIFT,SAMPLE,ELECTRONIC 等笼统的名称作为品名,应该具体到产品的名称。例如邮递的货物为手机,不应该在品名申报栏内填写 ELECTRONIC,而应该直接填 CELL PHONE,对于预报为电子类或者衣物类笼统的物品名称一律不予以查询。

② 填写报关单时要使用英文、法文或寄达国通晓文字,并将小包内每件物品的名称、价值和净重(精确到克),详细、具体地填写在指定位置。

③ 与价值有关的栏目应标明币种,建议用美金 USD 报价。

④ 报关单上的每一栏空格都应该认真填写,否则可能会造成退件。

(6) 参考时效

中国香港是全世界物流最发达的地区,每天均有直飞航班到达全世界任意一个国家和城市。香港邮政的航空小包服务,几乎都能做到当天投递,当天上飞机开始运送,运至大部分国家只需要 5~12 天,如英国、爱尔兰、美国、加拿大等国家,有时候 3 天即可到达。

具体投递时间大致为(括号内的是最新上网时效,可参考)亚洲国家 3~7 个工作日(韩国签收 6 天),英国、爱尔兰 3~10 个工作日,美国、加拿大、澳大利亚 5~12 个工作日(美国签收 10 天),西欧国家 7~21 个工作日。

(7) 跟踪查询

香港小包货交中国香港邮政后可以在其官网进行实时跟踪,或者可以登录目的地国家邮政进行进一步跟踪,全球多数国家都可以跟踪到包裹签收妥投。

在官网中输入运单条码,选择目的地国家,就可以查询邮件最新情况。

(8) 注意事项

在填写报关单的时候,尽量将物品描述写得具体一些,不要使用笼统的词汇,这样有利于加快清关的速度。在填写申报价值的时候,不要统一都写 5 美元或者 10 美元,最好按照实际价值进行申报。

3. 瑞士邮政

瑞士邮政小包业务是瑞士邮政开展的一项可寄达全球 200 多个邮政网点的邮政小包服务,是经济实惠型国际邮件运输服务项目。它包含瑞士邮政挂号、瑞士邮政平邮两种服务。瑞士邮政是欧洲最发达的邮政机构,几乎在每一个国家都设立有分支机构,拥有强大的邮件处理能力。

(1) 优势

① 价格实惠,适合小件非紧急物品的邮寄。

② 操作简便,计算价格简便。

③ 在欧洲邮寄速度快,欧洲地区主要国家平均投寄时间只需 6~10 个工作日,有利于客户开拓欧洲市场,具体时效见表 7-10 所示。

表 7-10 瑞士邮政参考时效

地区	参考时效(工作日)/日
欧洲	6~10
北美	7~12
其他	7~14

(2) 基本运费

平邮(CHBAM)为 90 元/千克,挂号(CHBRAM)为 100 元/千克+13 元/个,但此报价仅限广东地区的客户。

(3) 其他费用

瑞士邮政小包出关不会产生关税或清关费用,但在目的地国家有可能产生进口关税,具体根据每个国家海关税法的规定各有不同。

(4) 禁运物品

不得寄运瑞士邮政规定的禁运物品。

不得寄运寄达国家(地区)法律所规定的禁运物品。

不得寄运航空公司禁止承运的物品。

详细内容可参照网站"帮助中心"里面的"禁运物品"栏目。

(5) 体积和重量限制

① 重量限制：2千克以内。

② 体积限制：方形货物最大为长＋宽＋高≤90厘米，单边长度≤60厘米；卷轴状货物直径的两倍加上长度之和≤104厘米，单边长度≤90厘米；方形货物表面尺码不得小于9厘米×14厘米。

(6) 清关注意事项

在做电子档的预报信息的时候，尽量将物品描述写得具体一些，不要使用笼统的词汇，如electronics、clothes、jewelry等，这样有利于加快清关的速度。在填写申报价值的时候，不要统一都写5美元或者10美元，最好按照实际价值进行申报。

二、商业快递

国际商业快递主要包括TNT、UPS、FedEx、DHL等。不同的国际快递公司具有不同的特点，在资费、服务、时效上也有所区别。

(一) TNT

TNT全称是Thomas National Transport，是全球四大商业快递公司之一。TNT快递为企业和个人提供快递和邮政服务。总部位于荷兰阿姆斯特丹的TNT集团，在欧洲和亚洲可提供高效的递送网络，且通过在全球范围内扩大运营分布来优化网络域名注册查询效能。提供世界范围内的包裹、文件以及货运项目的安全准时运送服务。

1. TNT服务类型

TNT可以提供限时和限日快递服务，其中包括能够翌日送达的快递服务和经济快递服务，如表7-11所示。对于不太紧急的包裹或者是较重的货物，可以选择限时和限日快递服务中的经济快递服务。

表7-11 TNT服务类型

服务类型 特点	12:00经济快递	经济快递
送达时效	指定工作日的中午之前送达	指定工作日下班之前送达
可寄物品	包裹和货物	包裹和货物
送达范围	25个以上欧洲国家的主要城市	全球
货物限重	最多500克	最多1500千克

2. 资费标准

TNT除了要收取基本运费，还要收取相应的附加费用，包括燃油附加费、偏远地区附加费、加强安全附加费。所谓加强安全附加费,是指 TNT 已经执行了额外的程序、活动和投资,为客户的货物提供安全保护,为了抵消部分附加费用,所有货物均收取加强安全附加费。由于燃油价格不断波动,燃油附加费也会有所变动,可登录官网 http://www.tnt.com 查询。

关于附加费的计算,TNT 对所有国际快递、经济快递和特殊快递服务货物均收取附加费,费率为每千克 0.05 欧元,每票最低 0.50 欧元,最高 10.00 欧元。对于空运货物,附加费按照每千克 0.09 欧元收取。最低附加费基于 100 千克重量,没有最大计费重量限制。

TNT 使用体积换算系数来计算货物应按照统计重量还是体积重量的费用收取——两者取其大。体积重量的计算公式为:长(厘米)×宽(厘米)×高(厘米)÷5000。

3. TNT 体积重量限制

TNT 对包裹也有体积重量限制,即单件包裹的三条边的长度分别不能超过 240 厘米、150 厘米、120 厘米,单件包裹重量不得超过 70 千克。

4. TNT 的优缺点

TNT 的优缺点如表 7-12 所示。

表 7-12 TNT 的优缺点

优 点	缺 点
1. 速度快,通关能力强,提供报关代理服务; 2. 无偏远派送费; 3. 信息更新快,可及时跟踪查询货物,遇到问题及时响应; 4. 纺织类大货运到新西兰、西欧、澳大利亚有较大优势; 5. 在欧洲、中东及政治军事不稳定地区有优势	价格相对较高,要计算产品体积重量; 对货物限制较多

(二) UPS

UPS 全称是 United Parcel Service,联合包裹速递服务公司,是世界上最大的快递承运商与包裹递送公司,同时也是专业的运输、物流、资本与电子商务服务的领导性的提供者。

1. UPS 的业务类型

UPS 可以为客户提供 4 种保证确定时间和确定日期的全球快递服务。大部分的货代公司都可以提供 UPS 的 4 种主要业务服务,即 UPS worldwide express plus(全球特快加急服务)、UPS worldwide express(全球特快服务)、UPS worldwide saver(全球速快服务)、UPS worldwide expedited(全球快捷服务)。在 UPS 的运单上,前 3 种快递服务都是用红色标记的,第 4 种是用蓝色标记的。但是,通常说的红单是第 3 种,即 UPS worldwide saver,蓝单是第 4 种,即 UPS worldwide expedited。第一种服务派送速度最快,资费最高;第四种速度最慢,资费最低。具体资费标准可以咨询 UPS 官方或者货代。

2. UPS 体积重量限制

UPS 国际小型包裹服务一般不接收超重或超过尺寸标准的包裹,否则要对每个超重或超长包裹收取相应的附加费(每个包裹最多收取一次超重超长费)。货物体积重量的计算公式为:体积(立方厘米)÷5000 重量(千克)。

具体的体积重量限制标准如下。
- 每个包裹的重量不得超过 70 千克;
- 每个包裹的长度不得超过 270 厘米;
- 每个包裹的长与周长之和不得超过 330 厘米,周长=2×(宽度+高度)。

3. 资费标准

卖家可登录 UPS 官网 http://www.ups.con 查询相关资费和进行货物跟踪查询。

值得注意的是,一票多件货物的总计费重量取运单内每个包裹的实际重量和体积重量中较大者,不足 0.5 千克的按 0.5 千克计算,超过 0.5 千克的按 1 千克计算。则每票包裹的计费量为该票包裹中每一件包裹的计费重量之和。

4. UPS 的优缺点

作为世界最大的快递公司,UPS 主要的优缺点,如表 7-13 所示。

表 7-13 UPS 的优缺点

优　　点	缺　　点
1. 速度快,服务好; 2. 美洲等线路具有绝对优势,向日本、加拿大、美国、英国和南美,比较适合发快件; 3. 货物可送达全球 200 多个国家和地区; 4. 提供在线发货,全国 109 个城市提供上门取货,可覆盖的国家和地区广,支持一票多件	1. 运费较贵,要计算产品包装后的体积重量; 2. 对托运货物有比较严格的限制; 3. 计算单件超重费、超长费; 4. 适合发 6~21 千克的货物

(三) FedEx

Fedex,全称是 Federal Express,联邦快递,隶属于美国联邦快递集团,是集团快递运输业务的中坚力量。总部位于美国田纳西州孟菲斯,在中国香港、加拿大安大略省多伦多、欧洲比利时布鲁塞尔、拉丁美洲美国佛罗里达州迈阿密设有分支机构。

1. Fedex 的服务类型

Fedex 分为联邦快递优先服务(Fedex IP, International Priority/IP)和联邦快递经济服务(Fedex IE, International Economy/IE),二者的区别详见表 7-14。

表 7-14 Fedex 的两种服务类型及其特点

服务类型	特　　点
联邦快递优先服务(Fedex IP)	时效快,一般为 2~5 个工作日
	清关能力强
	覆盖范围广,可达全球 200 多个国家和地区
联邦快递经济服务(Fedex IE)	较于优先型服务价格更优惠
	运送时效一般为 4~6 个工作日,比优先型服务慢
	与优先型服务有同等的清关能力
	可送达全球 90 多个国家和地区

2. Fedex 体积重量限制

体积限制为单件包裹最长边≤274 厘米,(最长边+其他两边)×2≤330 厘米。

重量限制为单票的总重量≤300 千克,超过 300 千克需提前预约;若一票多件,其中每件 Fedex 体积、重量限制的重量≤68 千克,单件或者一票多件中的单件包裹超过 68 千克,也需提前预约;

Fedex 的体积重量计算公式为:长(厘米)×宽(厘米)×高(厘米)÷5000,如果货物体积重量比实际重量大,则按体积重量计费,具体的资费标准卖家可登录官方网站 http://www.fedex.com/cn/进行查询。包裹的跟踪查询也可在其官网上进行。

3. Fedex 的优缺点

Fedex 的优缺点如表 7-15 所示。

表 7-15　Fedex 的优缺点

优　点	缺　点
1. 适宜运送 21 千克以上的大件,到南美洲和欧洲的价格较有竞争力; 2. 包裹一般在 2~4 个工作日可以送达; 3. 网络覆盖全,网站信息更新快,查询响应快	1. 价格较贵,需要计算产品体积重量; 2. 对托运货物有较严格的限制; 3. 会收取偏远附加费、单件超重费、地址更改派送费等

(四) DHL

DHL 是全球知名的邮递和物流集团 Deutsche Post DHL 旗下公司,DHL 的三个字母来自三个创始人的名字。DHL 隶属德国邮政,是全球快递、洲际运输和航空货运的领导者,也是全球第一的海运和合同物流提供商。它的业务遍布全球 200 多个国家和地区,是全球国际化程度最高的公司。

1. DHL 体积重量限制

体积重量计算公式为:长×宽×高÷5000。

计费时取货物的实际重量和体积重量二者中较大者。根据包裹寄往的国家不同,体积重量限制也有所不同。对寄往大部分国家的货物,21 千克内的小货都是按首重续重计费,21 千克以上的大货按重量来计费。但单件包裹的重量不得超过 70 千克,单件包裹的最长边不得超过 120 厘米,具体标准可登录官网查询。

2. 运送时效

通过 DHL 运送的货物,一般在客户交货后的 1~2 个工作日就会有物流信息,可在网址 www.cn.dhl.com 进行跟踪查询,并可以查到签收时间和签收人。参考妥投时效为 3~7 个工作日(不包括清关时间)。

3. DHL 的优缺点

DHL 寄送物品的优缺点如表 7-16 所示。

4. 使用 DHL 注意事项

选择使用 DHL 时需要注意以下三点事项。

表 7-16　DHL 的优缺点

优　　点	缺　　点
1. 适合走大件，5.5 千克以上，或者 21 千克以上 70 千克以下货物； 2. 可送达的网点多，到西欧、北美有绝对优势； 3. 网站信息更新快，遇到问题可及时解决	1. 小件没有优势； 2. 价格相对较高，要计算产品体积重量； 3. 对货物限制较多； 4. 对秘鲁、巴西、乌拉圭、阿根廷、巴拉圭、叙利亚、沙特、俄罗斯不提供服务

（1）物品描述

寄件人不得寄送礼品或样品，申报商品时要如实填写商品品名和数量。

（2）申报价值

DHL 对商品的申报价值没有要求，客户可以自行决定填写金额，但是为了避免多交关税和罚金，最好填写货物的实际价值。

（3）收件人地址

有一些国家不接受 PO BOX 邮箱地址，因此，寄件人必须提供收件人的联系电话，且所有资料必须使用英文填写。

三、专线物流

专线物流，又称货运专线，指物流公司用自己的货车、专车或者航空资源运送货物至其专线目的地。一般在目的地有自己的分公司或者合作网点，以便货车来回都有货装。而跨境电商中的专线物流一般是通过航空包仓的方式将货物运输到国外，然后通过合作公司进行目的地国内的派送。

（一）Special Line-YW

Special Line-YW 即燕文航空挂号小包，简称燕文专线，是北京燕文物流有限公司整合全球速递服务资源，利用直飞航班配载，由国外合作伙伴快速清关并进行投递的服务。

燕文航空挂号小包已开通拉美专线、俄罗斯专线、印度尼西亚专线。拉美专线直飞欧洲，并在欧洲完成快速中转，使得妥投时间大大缩短；俄罗斯专线实行一单到底，堪称无缝可视化跟踪，一般情况下，俄罗斯人口 50 万以上的城市最长 17 天可完成派送，其他城市最长 25 天可完成派送；印度尼西亚专线采用中国香港邮政挂号小包服务，并经中国香港地区中转，达到印度尼西亚的平均时效要优于其他小包。

1. 燕文专线资费计算

燕文专线资费按实际重量计算，1 克起重，每个单件包裹限重在 2 千克以内。具体资费查询官网运价表。

2. 参考时效

正常情况 16～35 天到达目的地，特殊情况 35～60 天到达目的地。特殊情况包括节假日、特殊天气、政策调整、偏远地区等。

3. 燕文专线的体积重量限制

燕文专线的体积重量限制如表 7-17 所示。

表 7-17　燕文专线的体积重量限制一览表

包裹形状	重量限制	最大体积限制	最小体积限制
方形包裹	小于2千克(不包含)	长、宽、厚度之和小于90厘米,最长一边小于60厘米	至少有一面的长度大于14厘米,宽度大于9厘米
圆柱形包裹		两倍直径及长度之和小于104厘米,长度小于90厘米	两倍直径及长度之和大于17厘米,长度大于10厘米

4. 燕文专线的操作注意事项

包装材料及尺寸选择应按照所寄物品的性质、大小、轻重选择适当的包装袋或纸箱;包装袋或纸箱上不能有文字、图片、广告等信息;由于寄递路程较远,冬天寒冷,需选用适当的结实抗寒的包装材料,以防止以下情况发生。

(1) 封皮破裂、内件露出、封口胶开裂、内件丢失。
(2) 伤害处理人员。
(3) 污染或损坏其他包裹或分拣设备。
(4) 因寄递途中碰撞、摩擦、震荡或压力、气候影响而发生损坏。

(二) Ruston

线上发货中俄航空 Ruston(Russian Air)专线是由黑龙江俄速通跨境物流有限公司提供的中俄航空小包专线服务,是通过国内快速集货、航空干线直飞、通过俄罗斯邮政或当地落地配进行快速配送的物流专线的合称。

1. Ruston 的资费标准、体积重量限制

资费标准为 85 元/千克+8 元挂号费,体积重量限制参照中邮小包的标准。

2. Ruston 的参考时效

在正常情况下,15~25 天到达俄罗斯目的地;在特殊情况下,30 天到达俄罗斯目的地。

3. Ruston 的优势

Ruston 的优势如下。

(1) 经济实惠。Ruston 以克为单位精确计费,无起重费,为卖家将运费降到最低。
(2) 可邮寄范围广泛。Ruston 是联合俄罗斯邮局推出的服务产品,境外递送环节全权由俄罗斯邮政承接,因此递送范围覆盖俄罗斯全境。
(3) 运送时效快。Ruston 开通了哈尔滨——叶卡捷琳堡中俄航空专线货运包机,大大提高了配送效率,使中俄跨境电子商务物流平均用时从过去的近两个月缩短到 13 天。
(4) 全程可追踪。48 小时内上网,货物全程可视化追踪。

(三) Aramex

Aramex 快递,即中外运安迈世,在国内也称为"中东专线",是将货物发往中东地区的重要渠道,可通达中东、北非、南亚等 20 多个国家,在当地具有很大优势。

1. Aramex 资费标准

Aramex 的标准运费由基本运费和燃油附加费两部分组成,其中燃油附加费经常有所变动,卖家可登录官网了解相关详情,其运费计算方式如下。

$$运费 =(首重价格＋续重价格×续重重量)×燃油附加费×折扣$$

Aramex体积重量的计算方法如下。

$$体积重量 = 长(厘米)×宽(厘米)×高(厘米)÷5000$$

计算时取实际重量和体积重量二者之中较大值。

2. 体积重量限制

Aramex快递对包裹的体积和重量分别有限制,即单件包裹的重量不得超过30千克,体积不得超过120厘米×50厘米×50厘米。若单件包裹重量超过30千克则体积必须小于240厘米×190厘米×110厘米。

3. Aramex的优势

Aramex快递是国际货物邮寄中东国家的首选,它具有以下几点优势。

(1) 运费较低,寄往中东、北非、南亚等国家在价格上非常具有优势,且无须附加偏远费用。

(2) 速度较快,时效有保障,包裹寄出后3~5天即可投递。

(3) 网络信息更新及时,包裹可随时进行跟踪查询。

4. Aramex操作注意事项

Aramex的操作比较复杂,需要注意以下几点事项。

(1) 必须用英文填写运单上收件人的姓名、地址、电话、邮编、国家以及商品信息、申报价值件数、重量等信息。

(2) 单票货物申报不得超过5万美元。

(3) 收件人地址不能是PO BOX的邮箱地址。

5. Aramex的参考时效

一般会在收件后两天内上网,中东地区派送时效为3~8个工作日。

(四) 中俄快递—SPSR

线上发货"中俄快递—SPSR"服务商SPSR Express是俄罗斯优秀的商业物流公司,向卖家提供经北京、香港、上海等地出境的多条快递线路,运送范围为俄罗斯全境。

中俄快递—SPSR的资费计算项目与中邮挂号小包一致,包括配送服务费和挂号服务费两部分。运费根据包裹重量按每100克计费,不满100克按100克计,每个单件包裹限重在15千克以内,包裹尺寸限制在60厘米×60厘米×60厘米以内。

中俄快递—SPSR承诺包裹入库后最短14天、最长32天内必达(不可抗力除外),因物流商原因在承诺时间内未妥投而引起的速卖通平台限时达纠纷赔款,由物流商承担。

中俄快递—PSR的寄送限制如下。

(1) 单件包裹重量不超过15千克,体积在60厘米×60厘米×60厘米以内(单边长度不大于60厘米)。

(2) 电池寄送限制。不能寄送手机、平板电脑等带电池的物品及纯电池(含纽扣电池)等,包括任何可重复使用的充电电池,如锂电池、内置电池、笔记本长电池、蓄电池、高容量电池等,都无法通过机场货运安检。但是插电产品,如摄像头、烘甲机、卷发器等可以寄送,合金金属等也在可发的范畴(不含管制刀具等违禁品)。

（五）芬兰邮政

芬兰邮政—速优宝是由速卖通和芬兰邮政（Post Finland）针对2千克以下的小件物品推出的由中国香港口岸出口特快物流服务，分为挂号小包和经济型小包，运送范围为俄罗斯及白俄罗斯邮局可到达区域。芬兰邮政—速优宝具有在俄罗斯和白俄罗斯清关速度快、时效快、经济实惠的特点。

芬兰邮政—速优宝挂号小包的资费计算项目与中邮挂号小包一致，包括配送服务费和挂号服务费两部分，价格计算方式为：运费＝配送服务费×邮包实际重量＋挂号服务费。芬兰邮政—速优宝经济型小包则只有配送服务费，没有挂号服务费，价格计算方式为：运费＝配送服务费×邮包实际重量。芬兰邮政—速优宝起重为1克，运费会根据每月初的最新汇率进行调整。

芬兰邮政—速优宝对包裹的重量和体积有严格的限制，如表7-18所示。

表7-18 芬兰邮政—速优宝对包裹的重量和体积限制

包裹形状	重量限制	最大体积限制	最小体积限制
方形包裹	小于2千克（不包含）	长、宽、厚度之和小于90厘米，最长一边小于60厘米	至少有一面的长度大于14厘米，宽度大于9厘米
圆柱形包裹		两倍直径及长度之和小于104厘米，长度小于90厘米	两倍直径及长度之和大于17厘米，长度大于10厘米

要特别注意，芬兰邮政—速优宝对于电池寄送有着严格限制，不能寄送手机、平板电脑等带电池的物品及纯电池（含纽扣电池）。芬兰邮政—速优宝的优势如下。

（1）运费价格优势。寄往俄罗斯和白俄罗斯的价格较其他专线具有显著的优势。

（2）时效优势。时效有保障，包裹寄出后大部分在35天内可以投递，挂号包裹因物流商原因在承诺时间内未妥投而引起的速卖通平台限时达纠纷赔款，由物流商承担，以降低卖家风险。经济型小包直到包裹离开芬兰前均有物流轨迹，离开芬兰前包裹丢失、破损及因时效延误而延期的速卖通平台限时达纠纷赔款，由物流商承担。

四、海外仓

（一）海外仓的含义

海外仓指的是在其他国家设立存货仓库，卖家先将货物运至海外仓，在买家通过跨境电商平台下订单后，卖家指示海外仓将货物通过当地物流系统配送给当地的买家。海外仓模式如图7-1所示。

由图7-1可以看出，海外仓模式整个流程包括头程运输、仓储管理、本地配送3个部分，即卖家将要销售的货物存储在当地的仓库，当有买家需要时，仓库立即做出响应，并及时对货物进行分拣、包装以及递送。海外仓可以分为两类，一类是自建仓（自营海外仓），即有实力的跨境电子商务卖家在境外客户所在地建设自用仓库；另一类是租货仓（第三方海外仓），即由提供海外仓储服务的物流商建设海外仓并向跨境电子商务的卖家提供货物仓储、分拣、包装和派送的一站式控制与管理服务。目前，大多数实力较弱的卖家均采取租赁海外仓的服务模式。

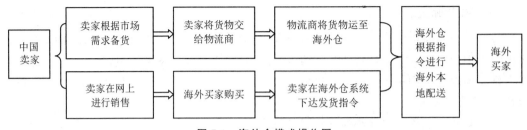

图 7-1 海外仓模式操作图

使用租赁海外仓需要支付一定的海外仓储费用,计算方法如下。

海外仓储费用＝头程费用＋仓储及处理费＋本地配送费用

(二)海外仓的选品

海外仓选品是困扰卖家们的一个问题,究竟哪些产品必须使用海外仓?哪些产品可以选择性地使用海外仓?下面以全球速卖通为例,介绍海外仓选品定位与思路。

1. 海外仓选品定位

海外仓选品定位有 4 种情况,如表 7-19 所示。

表 7-19 海外仓选品定位

销售特点	产品类型
高利润、低风险	日用快消品,与海外仓本地需求相适应,以及需要快速送达的产品(母婴用品、工具类产品、家居用品)
高利润、高风险	体积大货超重的大件物品,国内小包无法运送,或费用太高的产品(户外用品、家具、灯具、大型汽配)
低利润、高风险	国内小包、快递无法运送的产品(带锂电池、液体类产品)
低利润、低风险	在国外市场热销,适合批量运送、均摊成本的产品(3C 配件、长效标品类、爆款服饰)

通常来说,高利润、低风险类产品以及高利润、高风险类产品适合选择使用海外仓,而低利润、低风险类产品和低利润、高风险类产品则不太适合做海外仓。

2. 海外仓选品思路

海外仓的选品思路应该以当地买家的市场需求为基础来构建。具体来说,包括以下 4 个部分。

(1)选择国家。尽量选择可以辐射周围市场的国家建立海外仓。例如,在美国设海外仓,其发货国除了美国,还可以辐射到加拿大、墨西哥、巴西、智利。卖家也可以通过参考选品专家中的热销词来选择海外仓地址。

(2)了解市场。开展市场调查,通过当地电商平台了解当地的市场需求。

(3)开发产品。了解了海外市场的需求后,在国内寻找类似的产品进行开发。开发产品的参考指标包括产品的单个销量、单个毛利及毛利率、月毛利、单个到仓费用、成本收益率。

(4)选择产品。参考数据纵横中选品专家的热销词、热搜词来选择产品。要重点关注成交指数小、购买率小、竞争指数小的产品词。

任务实施

一、划分任务小组

根据所经营的跨境电商平台不同分成3个小组,布置比赛任务,阐明比赛规则。

二、各小组着手收集资料,编写比赛汇报大纲

根据收集的资料,各小组将常见国际物流进行分类,编写比赛汇报的大纲。

三、进一步分析资料,完善汇报内容

(1) 各邮政物流介绍。
(2) 各商业快递介绍。
(3) 各专线物流介绍。
(4) 海外仓介绍。

四、进行汇报,力求让大家对常见跨境物流有一定认识

(1) 制作汇报PPT。
(2) 进行汇报。

小提示:

各小组派1位组员进行汇报,其他成员可以补充;也可以采取小组团体汇报的形式。其他小组成员可以提问,或者对该组汇报进行点评。进行总评并公布本轮比赛成绩。

同步实训

登录各跨境物流官网,了解各种跨境物流的规则及运用技巧。

习题

1. 什么是跨境物流?
2. 邮政物流有哪些?它们有什么共性和区别?
3. 商业快递的优势是什么?
4. 什么是海外仓?建立海外仓要考虑哪些因素?

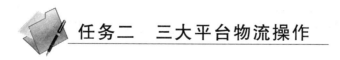

任务二 三大平台物流操作

情境导入

经过上一轮的比赛汇报,小凌团队发现各小组对常见的跨境物流模式已经有了一定的认识和了解。一天,小凌和自己的一个老同学聊天,无意中得知那位同学也在做跨境电商业

务,而且这位同学说他们选择的物流是平台自有物流。那么,小凌团队的 3 个小组对自己经营的平台的自有物流是否了解并熟悉呢? 小凌决定在团队内开展第二轮比赛。

任务分析

在阿里巴巴国际站、亚马逊、Lazada 开展店铺运营的 3 个小组必须对跨境平台自有物流有比较详细的了解,这样才能在这一轮的比赛中取得一个好的成绩。

知识链接

一、阿里巴巴国际站的物流

阿里巴巴国际站物流主要指的是阿里巴巴供应链物流服务以及一达通。

(一) 阿里巴巴供应链物流服务

阿里巴巴供应链物流服务是针对不同类型的订单(样品单、试订单、常规订单、大单)提供的一站式物流、贸易等综合解决方案,通过集约化操作,最大限度降低成本,促成订单成功交易。

目前已经开放 28 国海运专线(包括一体化的进出口贸易代理服务)、52 国/地区 114 个港口的海运拼箱服务、33 国 56 个港口的海运整箱服务、送达俄罗斯 90 多个主要城市的中俄欧服务以及全球的国际快递服务(包括 UPS、DHL、FedEx、TNT、EMS、TOLL)。

1. 国际快递

阿里巴巴国际站的国际快递目前有四大操作中心,分别是上海仓库、深圳仓库、杭州仓库、邮政速递物流仓库。国际快递主要是和国际知名快递公司,如 Fedex、DHL、UPS、TNT、EMS、TOLL 等进行合作,发往全球各地。使用这种物流方式,卖家可以获得比市场更优惠的价格,也就是阿里最低协议价。以货物从深圳/上海仓库发往美国为例,一般市场价比阿里最低协议价高出 15 元/千克~40 元/千克(人民币)。

2. 海运

(1) 海运专线(仓到门)。深圳出口,上海、宁波、义乌、苏州、广州五城同步收货,可以发往欧美、东南亚、澳洲等 28 个国家和地区,并且包揽目的港清关及配送,既简化了物流繁杂手续,也节约了买卖双方的时间及费用。

(2) 海运拼箱。深圳出口,上海、宁波、义乌、苏州、南京、广州六城同步收货。覆盖全球 52 个国家/地区、114 个港口。

(3) 海运整箱。上海、深圳、宁波出口,覆盖全球 33 个国家/地区、56 个港口。

(二) 一达通服务

深圳市一达通企业服务有限公司是阿里巴巴旗下外贸综合服务平台,也是我国专业服务于中小微企业的外贸综合服务行业的开拓者和领军者,为中小企业提供专业、低成本的通关、外汇退税及配套的物流和金融服务,如图 7-2 所示。一达通外贸服务通关服务快捷简单;外汇服务安全高效、结算快、成本低;退税服务合规办理,最快 3 个工作日到账。

图 7-2 阿里一达通服务

1. 一达通准入条件

一达通平台对申请企业、出口产品以及开票人资质均有一定的要求,只有符合要求才可享受一达通服务,具体要求详见表 7-20。

表 7-20 一达通准入条件

项 目	具 体 要 求
企业类型	非境外(中国香港、中国台湾地区除外)。 个人或非出口综合服务尚未覆盖地区企业(如福建莆田等)
出口产品	出口的产品在一达通可以出口的产品范围内
开票人资质	与一达通签约的企业注册地在浙江省的,开票人要求为: ① 生产型工厂,具有一般纳税人资格且一般纳税人认定时间大于等于 6 个月。 ② 委外加工型企业,需具有一般纳税人工厂资格、具备出口产品的生产线、具备最后加工的环节
	与一达通签约企业注册地在福建省的,开票人要求为: 生产型工厂,具有一般纳税人资格,一般纳税人认定时间大于等于 1 年
	与一达通签约企业注册地在河南省的,开票人要求为: 生产型工厂,具有一般纳税人资格,一般纳税人认定时间大于等于 2 年
	与一达通签约企业注册地在其他省份的,开票人要求为: 生产型工厂,具有一般纳税人资格,一般纳税人认定时间大于等于 2 年,且开票人注册地非内蒙古赤峰巴林右旗、福建莆田、天津武清区(武清区的自行车及其零配件、电动车及其零配件企业除外);H.S.编码是 61 章的产品开票人,需满足一般纳税人认定时间满 2 年

2. 开通一达通的方法

用户可以登录 http://onetouch.alibaba.com，报名后申请开通一达通。

如果用户有阿里巴巴国际站账号，则可以在申请一达通服务时直接输入国际站账号和密码登录，根据页面提示留下自己的联系方式等信息，会有客户经理联系处理相关事宜。如果没有阿里巴巴国际站账号，可以先免费注册阿里巴巴国际站，然后再登录到一达通平台（http://onetouch.alibaba.com）单击申请一达通服务，后续流程同上。

如果提交后长时间没有反馈，用户可通过在线人工提交公司信息进行加急处理。

3. 一达通服务流程

一达通外贸综合服务平台可以为外贸企业提供通关、外汇、退税等一系列服务，针对不同性质的出口企业，一达通的服务流程有所不同。

（1）针对一般纳税人、工厂、贸易公司

对于一般纳税人、工厂、贸易公司来说，一达通的服务流程如图 7-3 所示。

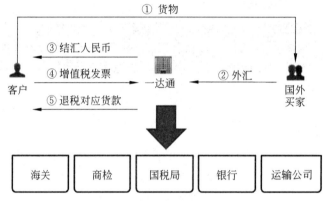

图 7-3　一达通的服务流程（针对一般纳税人、工厂、贸易公司）

（2）针对非一般纳税人、小规模个人、中国香港公司

对于非一般纳税人、小规模个人、中国香港公司来说，一达通的服务流程如图 7-4 所示。

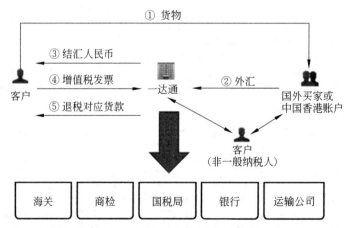

图 7-4　一达通的服务流程（针对非一般纳税人、小规模个人、中国香港公司）

4. 一达通通关服务流程

客户通过一达通通关时,首先联系拍档/一达通对接人、告知自己的需求,然后自行在下单系统自助下单或委托拍档/一达通对接人辅助自己下单,核对下单及出货信息后选择"提交订单",按系统指引签署"出口服务委托函",随后一达通安排通关(或下载报关资料安排自行报关)、通关放行(自行报关部分需要客户及时上传报关单至订单系统)。

二、亚马逊的物流

FBA 的全称是 Fulfillment By Amazon,中文翻译为亚马逊物流,它能够帮助卖家处理客户服务等日常琐事。参加 FBA 的卖家可以将其库存中的部分产品或全部产品运送到亚马逊的仓库中,由亚马逊代理销售,并负责产品的配送和相关的客户服务,同时也支持退货服务。

(一) FBA 的服务流程

FBA 提供包括仓储、拣货打包、派送、收款、客服与退货处理一条龙式物流服务,其服务流程主要包括 5 个流程。

(1) 发送货物。卖家通过 FBA 头程运输服务商将货物发送到亚马逊海外仓。

(2) 接收并存储。亚马逊仓储接收并编录卖家货物信息。

(3) 买家下单。买家搜索并购买卖家产品。

(4) 分拣、打包产品。亚马逊利用先进的系统分拣、打包客户订单。

(5) 配送及跟踪服务。亚马逊使用买家选择的物流商配送产品,并为买家提供订单跟踪信息。

在选择头程运输物流商的时候,需要卖家注意一点,最好选择 FBA 的合作商,因为 FBA 入仓需要预约,DHL、UPS、Fedex、UPS 4 家物流商有固定的入仓时间,不需要与仓库预约,而其他物流公司需要提前在网站上预约,并且只有在预约的时间内送货,仓库才收货,非预约时间内仓库不会收货。

(二) FBA 包裹尺寸规格

FBA 中对产品尺寸规格的要求分为标准尺寸(Standard-Size)和超大尺寸(Oversize)。两者又可继续划分,标准尺寸又分为小标准尺寸(Small standard-Size)和大标准尺寸(Large Standard-size);超大尺寸又分为小超大尺寸(Small Oversize)、中超大尺寸(Medium Oversize)、大超大尺寸(Large Oversize)、特殊超大尺寸(Special Oversize)。

1. 标准尺寸与超大尺寸

单个包装单位的商品满足以下所有要求的为标准尺寸。

重量≤20 磅(约 9 千克),最长边(A)≤18 英寸(约 46 厘米),中长边(B)≤14 英寸(约 36 厘米),最短边(C)≤8 英寸(约 20 厘米)。

以上各个条件中,只要有一个条件不满足,即为超大尺寸。

2. 小标准尺寸与大标准尺寸

标准尺寸中又包括小标准尺寸和大标准尺寸,两者各个边长以及重量的最大规格标准详见表 7-21。

3. 小超大尺寸、中超大尺寸、大超大尺寸、特殊超大尺寸

小超大尺寸、中超大尺寸、大超大尺寸、特殊超大尺寸如表 7-22 表示。

表 7-21　小标准尺寸与大标准尺寸具体规格的最大限制标准

尺寸规格	最长边	中长边	最短边	重量
小标准尺寸	15 英寸	12 英寸	0.75 英寸	媒介产品：14 盎司
				非媒介产品：12 盎司
大标准尺寸	18 英寸	14 英寸	8 英寸	20 磅

注：1 英寸＝2.54 厘米；1 磅＝0.45 千克。

表 7-22　超大尺寸各个层级具体规格的最大限制标准

尺寸规格	小超大尺寸	中超大尺寸	大超大尺寸	特殊超大尺寸
最长边	60 英寸	108 英寸	108 英寸	＞108 英寸
中长边	30 英寸	不适用	不适用	不适用
最短边	不适用	不适用	不适用	不适用
长度＋周长	130 英寸	130 英寸	165 英寸	＞165 英寸
重量	70 磅	150 磅	150 磅	＞150 磅

注：1 英寸＝2.54 厘米；1 磅＝0.45 千克。

4. FBA 费用构成

FBA 的费用包括配送费和仓储费两大部分，其中配送费包括订单处理费（Order Handling）、分拣包装费（Pick&Pack）、重量处理费（Weight Handling）。以上费用标准是指产品从美国仓库到顾客手中的费用，FBA 头程运输（卖家将货物从中国运到美国仓库）的费用需要具体咨询 FBA 头程运输合作商。

5. FBA 的优缺点

作为一个全程的物流服务，FBA 具有其自身的优点和缺点详见表 7-23。

表 7-23　FBA 的优缺点

优缺点	具体表现
优点	提高 Listing 排名，提高客户的信任度，帮助卖家成为特色卖家和抢夺购物车，进而提升销售额
	物流经验丰富，仓储遍布全球，管理职能化仓库大多靠近机场，配送速度快
	拥有亚马逊专业客服，帮助卖家减轻客服压力
	由 FBA 引起的中差评符合亚马逊中移除中差评的政策，有助于改善账户表现
	对于单价超过 300 美元的产品可免费
缺点	一般来说，费用偏高（尤其是非亚马逊平台的 FBA 发货）
	灵活性差，其他第三方海外仓可以有中文客服处理一些问题，而 FBA 只能用英文与客户沟通，且邮件回复通常不太及时
	FBA 仓库不为卖家的头程发货提供清关服务
	如果前期工作没有做好，标签扫描出现问题，会对货物入库造成影响，甚至无法入库
	使用美国站点的 FBA，退货只支持美国地区

三、Lazada 的物流

LGS 全称是 Lazada Global Shipping，是 Lazada 平台官方指定的全球物流配送方案，其宗旨是实现"点对点物流方案,全程轻松掌控"。

LGS操作流程为中国卖家将订单寄往国内的分拣中心,再由分拣中心统一送往东南亚。中国的3个分拣中心设在香港、深圳和义乌。中国卖家产生订单时,应在48小时内将订单状态转换为Ready to Ship,并保证7天内将包裹送达分拣中心。包裹到达分拣中心后,直到货物妥投之间的5~11天时间,物流责任由Lazada负责。对于派送不成功的情况,包裹会被退回Lazada当地仓库,由Lazada当地仓库退回中国香港仓,包裹抵达香港仓后卖家会收到退货通知和包裹。

对于买家退货的情况,包裹会被退回Lazada当地仓库,由Lazada对商品进行质量检查,价值超过10美元的商品会被安排退运给卖家,同样是先抵达中国香港仓后再退回给卖家。

入驻Lazada平台的卖家须知,LGS全球物流配送方案具有如下优势。

(1) 时效性强。LGS保证每日直接将包裹寄送至东南亚,大幅度缩短了包裹配送时间。

(2) 运费低。LGS通过统一货运及当地物流运送,大大降低了包裹运送费用。

(3) 掌控度高。LGS通过发货、收货地的内部分拣管理机构,有效提升了对交货及物流的掌控度。

(4) 灵活性强。LGS采用模块方式,可灵活地、大规模地管理不同的合作伙伴,能够应对包裹配送高低峰及其他突发情况。

(5) 订单取消率低。LGS更高的派送成功率降低了包裹丢失的可能,有效降低了订单取消率和派送失败率。

(6) 销量高增长。LGS的优异表现缩短了交货时间,提高了客户满意度及店铺评级。使用LGS,卖家还可以参加特定促销等平台奖励活动,赢得更多商机。

此外,卖家还要深入了解LGS全球物流配送体系。关于LGS全球物流配送的适用服务范围、定价解决方案、运送时间、退货流程、卖家包裹邮寄程序、卖家服务条款、标签规格和标准、付款及收费机制以及付款时间等服务内容,入驻Lazada平台的卖家应自行查阅学习。

任务实施

一、布置任务,阐明比赛规则

给各小组布置任务,阐明比赛规则。

二、各小组着手收集资料,编写比赛汇报大纲

根据收集的资料,总结各平台物流特点,编写比赛汇报的大纲。

三、进一步分析资料,完善汇报内容

(1) 阿里巴巴国际站的物流。
(2) 亚马逊的物流。
(3) Lazada的物流。

四、进行汇报,力求展示小组的专业素养

(1) 制作汇报PPT。

(2)进行汇报。

小提示：

各小组派 1 位组员进行汇报，其他成员可以补充；也可以采取小组团体汇报的形式。其他小组成员可以提问，或者对该组汇报进行点评。进行评析，公布本轮比赛结果。

同步实训

登录三大跨境电商平台官网，了解各平台自有物流的规则及运用技巧。

习题

1. 什么是一达通？
2. 什么是 FBA？
3. 什么是 LGS？
4. 选择平台自有物流的好处是什么？

任务三　跨境物流运营技巧

情境导入

通过前两次的比赛，团队成员对跨境电商物流有了一定的认识。但是在选择跨境物流方式时要考虑哪些因素？如何选择合适的物流方式？大家仍然难以判断。小凌准备让 3 个小组结合自己的跨境电商平台，从各自店铺随机抽取一笔订单，让小组来说说他们选择的物流方式及原因，并说明选择某种物流方式的过程及注意事项。

任务分析

各小组成员必须清楚各种常见跨境物流方式的区别，明确选择物流模式时要考虑的问题，并与平台自有物流相比较，才能真正做到选择合适的物流方式，提升店铺运营绩效。

知识链接

一、各种跨境物流模式的对比

通过分析各种跨境物流模式在体积重量限制、计费标准、物流时效、优劣势等方面的介绍，能够对各种跨境物流模式有更清晰的认识。在主要的跨境物流模式中，国际（地区间）邮政小包与国际（地区间）快递使用较早，且是主要的跨境物流使用模式。国际（地区间）邮政小包得益于万国邮政联盟的物流网络体系，在全球范围内网络最密集，能够辐射全球近 200 个国家或地区，它的成本是最低的，相应的时效性也是最差的，跨境物流周期基本在半个月以上，有时甚至几个月，还容易出现丢包等问题。国际商业快递基于成熟的全球性国际快递公司,如 UPS、DHL、Fedex、EMS 等,在跨境电商市场中使用率也很高,其主要优势在于物流速度快。海外仓近几年出现后,发展极快,已成为诸多跨境电商极佳的物流解决方案,它可以有效解决本地化及退换货问题,其使用率正处于快速上升趋势。规模性优势显著的国际(地区间)物流专线,在物流时效性与成本方面具有一定的优势,但是在适用性上具有显著的局限性,这不仅体现在地理、时间等方面,还存在于企业与商品方面。而各跨境电商平台自有物流有平台的限制,适用性有限。综上所述,并不存在占绝对优势或劣势的跨境物流模式,需要根据卖家的具体情况和买家的需求等因素来确定。不同跨境物流模式也有其最佳的适用范围,各模式对比如表 7-24 所示。

表 7-24 跨境物流模式对比

物流模式	速度	价格	适用性	目前使用率
邮政小包	慢	低	广	高
商业快递	快	高	广	高
专线物流	较快	较低	局限性明显	低
海外仓	较快	较低	广	较高
平台自有物流	较快	较低	局限性明显	较高

二、选择跨境物流时需考虑的因素

跨境电商卖家在选择物流服务商的时候,关键是选择方便买家、适合自己的运输方式,这需要卖家从三个方面考虑。

(一)了解自己的实际需求

卖家首先要清楚自己到底需要何种物流方式,需要哪个地区的物流服务商。因为跨境物流有多种模式,每种模式都有自己的优劣势和适用性,这就需要卖家根据自身需要来筛选符合自己要求的物流方式。

(二)了解各种物流模式的特点以及所能提供的服务内容

要清楚各种物流模式都能提供何种服务,如是否提供仓储服务、是否提供打包服务、是否提供系统软件服务等。以仓储服务来说,卖家需要清楚其提供的仓储在何处、仓储条件如何等。

(三)多方对比,选择最适合的物流方式

最好选择几种符合自己要求的物流方式进行对比,再从中选择最合适的方式。卖家在选择物流服务商的时候要遵循以下原则。

1. 安全、可追踪性强

要尽量能让买家随时了解货物的物流信息。

2. 时效性和可控性强

要尽量保证产品在买家期望的运送时间内送达。

3. 服务好、性价比高

在保证安全、可追踪、时效性强、可控制性的前提下,选择性价比高的物流方式。

三、跨境物流网规认识

卖家除了要了解各种常用的跨境物流知识、熟悉自己选用平台的物流方式外,也需要对跨境物流的相关规定有一定的认识,避免因违反规定而受到处罚。跨境物流的相关规定主要包括以下几个方面。

(一)要了解各种跨境物流模式的禁限寄物品

跨境电商出口禁限寄物品因卖家选择的物流方式不同而存在差异,具体的以各物流官网公示为准。禁限寄物品主要是指国际航空条款规定的不能邮寄或限制邮寄的货物,如很多物流模式就规定粉末、液体、易燃易爆物品等危险品,以及烟酒、现金及有价证券、侵权产品等均不适宜寄递,具体包括以下内容。

- 国家法律法规禁止流通或者寄递的物品。
- 爆炸性、易燃性、腐蚀性、放射性和毒害性等危险物品。
- 反动报刊、书籍、宣传品或者淫秽物品。
- 各种货币。
- 妨害公共卫生的物品。
- 容易腐烂的物品。
- 活的动物(包装能确保寄递和工作人员安全的蜜蜂、蚕、水蛭除外)。
- 包装不妥,可能危害人身安全、污染或损毁其他邮件设备的物品。
- 其他不适合邮递条件的物品。

卖家在选品和发货时需要注意排查。

(二)要熟悉所选择平台支持使用的物流方式

卖家一定要熟悉所选择平台支持使用的物流方式。例如,全球速卖通只支持卖家使用航空物流方式,支持包括 EMS、TNT、UPS、Fedex、DHL、顺丰,以及中国邮政、中国香港邮政航空包裹服务和其他全球速卖通日后指定的物流方式。

(三)卖家发货所选用的物流方式必须是买家所选择的物流方式

未经买家同意,卖家不得无故更改物流方式,即使卖家出于好意选择了更快的物流方式,仍需获得买家同意,以免后续产生纠纷。

(四)所写运单号一定要真实可查询

卖家填写发货通知单时,所填写的运单号必须真实并可查询。

(五)注意不良订单率或不良评价对自己店铺的影响

注意不良订单率或不良评价对自己店铺的影响。例如,速卖通就规定过去 30 天内小包"未收到货"纠纷大于等于 2 笔且小包"未收到货"纠纷率大于 15% 的卖家会员,速卖通有权限制卖家使用航空大小包。

（六）谨慎选择物流发货渠道

卖家需要谨慎选择物流发货渠道。例如，速卖通只认可以下物流跟踪信息，即线上发货物流跟踪信息、各国邮政、EMS、TNT、UPS、Fedex、DHL 等的官方网站提供的物流跟踪信息。对于无法核实真伪的物流跟踪信息，速卖通有权不予认可。

以上是对跨境物流方式的简要介绍，由于各种物流方式的规定和标准经常发生更改，所以本书所提及的一些数据可能与现实不符，请各位卖家以各官方网站发布的信息为准。

任务实施

一、抽取订单，布置任务

随机从各店铺抽取 1 个订单，布置任务。

二、编写汇报大纲

各小组根据任务安排，对之前的资料再次进行整理消化，编写汇报大纲。

三、进一步分析资料，完善汇报内容

（1）对比各种跨境物流。
（2）选择跨境物流需要考虑的因素。
（3）对跨境物流网规的认识。

四、进行汇报，力求有理有据

（1）制作汇报 PPT。
（2）进行汇报。

小提示：

各小组派 1 位成员进行汇报，其他成员可以补充。也可以采取小组团体汇报的形式。其他小组成员可以提问，或者对该组汇报进行点评。进行评析，评出本轮比赛的优秀小组。结合前两轮比赛结果，评选出跨境物流竞赛最佳小组和最佳个人表现奖。

同步实训

登录各跨境物流官网，了解物流的规则及运用技巧。

习题

1. 各种物流模式适用性如何？
2. 选择物流方式时应该考虑哪些因素？
3. 了解跨境物流网规有什么意义？

项目八

客户服务与维护

学习目标

知识目标

1. 阐述客户服务的含义、重要性及遵守的原则;
2. 列举客户服务工作一般流程及内容;
3. 列举询盘类别并举例说明其特点;
4. 列举提高询盘回复率的方法;
5. 理解卖家服务等级规则;
6. 列举提高卖家服务等级的办法;
7. 理解平台纠纷规则。

能力目标

1. 能运用通讯、邮箱、翻译等各种工具辅助客户沟通;
2. 尝试售前客户服务工作;
3. 尝试售中客户服务工作;
4. 尝试售后客户服务工作;
5. 能分析辨别询盘真伪、评估询盘价值,并回复询盘;
6. 尝试处理客户纠纷。

素养目标

1. 遵守职业道德,服从企业制度与平台规则;
2. 具备较强的沟通能力、应变能力;
3. 具备较强的团队意识和服务意识;
4. 具备一定的创新能力和学习能力;
5. 能灵活利用网络资源和搜索工具。

 项目介绍

本项目包含了三个学习任务,具体如下。

任务一　客户服务的原则与流程

任务二　客户询盘分析与回复技巧

任务三　纠纷处理技巧

通过本项目的学习,能掌握跨境电商客户服务工作中售前、售中、售后服务的基本技能,能熟练应对跨境电商客户服务工作中涉及的关键问题,具备询盘处理能力和服务营销能力,具备订单处理能力,具备售后问题解决能力,同时具备较强的沟通能力、应变能力,具备较强的团队意识和服务意识,以适应将来的跨境电商企业的跨境电商客服相关岗位。

任务一 客户服务的原则与流程

情境导入

小凌接触跨境电商工作以后,发现客户服务工作非常重要,不仅要熟悉产品、企业文化,还要了解国外客户的特点和文化。在日常工作中与客户进行沟通,解决客户在购买和消费过程中出现的各种问题,客户服务工作对交易成功有着直接、重要的影响。然而公司刚刚运营跨境电商业务不久,客服部的同事们对跨境电商客户服务工作缺乏系统的学习,于是小凌想编制跨境电商客服岗位的说明书供同事们学习。

任务分析

岗位的说明书一般包括岗位介绍、工作内容和工作流程等。因此要编制跨境电商客服的岗位说明书,要学习客户服务工作的含义及重要性、应该遵守的原则、工作内容及流程,然后根据公司文化、业务等具体情况进行提炼,最后形成适合公司跨境电商客服的岗位说明书。

知识链接

一、提升客户服务的重要性

客户服务(Customer Service),主要体现了一种以客户满意为导向的价值观,它整合及管理在预先设定的最优成本,即服务组合中的客户界面的所有要素。广义而言,任何能提高客户满意度的内容都属于客户服务的范围。而在跨境电商整个交易过程中,客户服务工作主要是指客服为客户提供的询盘回复、解答咨询、处理订单、解决纠纷等一系列的服务。

跨境电商客服在服务客户工作中,要熟悉公司产品、跨境电商平台规则、订单处理流程、纠纷处理技巧等,为客户解决售前、售中、售后的各种问题。通过提供一系列的客户服务,提升客户体验和客户满意度,促进销售,降低风险,从而提高店铺评分、树立品牌形象。由此可见,客服在众多的跨境电商岗位中,具有极其重要的作用。

(一)有利于树立店铺的品牌形象

客户在跨境电商平台上购买所需要的产品时,除了通过详情页文字、图片、视频信息和购买客户的评价了解产品外,还会与客服进行直接沟通。通常情况下,客户会向客服详细咨询产品的质量、材质以及发货物流等信息,还会与客服讨价还价。在整个服务过程中,客服就代表着店铺,客服的服务态度和质量会直接影响店铺在客户心中的品牌形象,也会影响到客户在购买后的评价中给予店铺和产品好评、中评还是差评。因此,提升客户服务有利于树立店铺良好的品牌形象。

(二)有利于促成交易的成功

客户在购买过程中一般都会存在对产品、购买流程等方面的疑虑和问题,而客服的主要工作之一是帮助客户解答这些疑虑和问题,通过客服热情、专业的引导与服务,客户可以更加顺利地完成订单,从而促进交易的成功完成。客服与客户沟通时的态度、语气和解答问题的能力都影响着客户的满意程度,关系着交易是否能够成功完成。因此,提升客服的客户服务水平和整体素质,使其能够掌握正确的营销方式,有利于促成交易的成功完成。

(三)有利于提高客户的忠诚度

客户在跨境电商平台购买产品时,由于没有实体店的体验,购买的体验绝大多数来自客服的服务。如果客服的服务能给客户留下深刻良好的印象,客户在收到产品后一般会给予很高的评价,在未来有同样需求的时候,就会倾向于选择熟悉和了解的店铺,经常到店进行复购,长此以往,店铺的回头客户则会越来越多,交易的成功率也会越来越高。因此,提升客户服务有利于提高客户的忠诚度。

(四)有利于企业的止损

客户在购买产品时会对产品产生诸多的疑问,如产品的材质、规格等,如果客服没有给予真实、准确的解答,造成客户收到的产品与客服描述有差别,可能就会造成退货的发生,给企业带来经济效益的损失。而客服真实、准确的解答可以减少企业可能发生的损失,提高企业的效益。因此,提升客户服务,将客户的疑虑完全解答好,有利于促进整个交易的成功,为企业创造更好的收益,减少损失。

二、客户服务应遵循的原则

任何能提高客户满意度的内容都属于客户服务的范围,要出色地完成这项工作,除了需要具备"客户至上"的服务观念和良好的人际关系沟通协调能力外,还应该遵循以下原则。

(一)换位思考的原则

在与客户的沟通过程中,客服应遵循换位思考的原则,站在客户的角度去考虑问题,将心比心地理解和认同客户的感受,解答问题时,为客户着想,理解其意愿。客服也应该尊重客户的立场和观点,对客户的看法和观点表示理解和赞同,争取用真诚打动客户,最终达成交易,同时增加客户的复购机会。

(二)实事求是的原则

在客户购买产品的过程中,客服应具备产品专业知识,为客户真实、准确地介绍产品优点与缺点。由于产品设计、生产工艺等条件的限制,任何产品都会存在缺点,坦诚的介绍、合理的解释、适当的描述可能更能够让客户理解与赞同。尽量避免在介绍产品的优点时滔滔不绝,对产品缺点避而不答,这种解答只会给客户留下不好的印象。

（三）勇于担责的原则

客户发起售后咨询通常是由于收到的产品存在物流、质量、服务等方面的问题，造成了不佳的购物体验。客服在接待售后咨询时，客户提出的问题可能是卖家的责任，可能是物流的责任，甚至可能是客户自己的责任，客服面对客户的提问应首先安抚客户情绪，然后再分辨责任。如果是卖家的责任，客服应第一时间承担责任，补偿客户损失；如果不是卖家的责任，客服可以表示对客户困扰的理解，并且积极主动地帮助客户解决问题。

（四）投其所好的原则

不同客户的需求、情绪、态度等存在较大差异，对待不同的客户要善于投其所好。热情、自信的客户往往乐于在购物的过程中与人沟通，客服要抓住客户特点，了解客户需求，恰到好处地赞美，客户可能因此更乐于达成交易，并且可能成为店铺的忠实客户。

三、客户服务的一般流程

随着经济的发展和生活水平的提升，网络购物成为人们购物不可或缺的方式之一。人们对卖家提供客户服务质量的要求越来越高，客户服务的分工也越来越专业化和精细化。客户服务在商业活动中一般会分为售前服务、售中服务和售后服务，在这三类服务过程中客服可按照以下的内容和流程为客户提供服务。

（一）售前服务

售前服务是企业在顾客未接触产品之前所开展的一系列刺激顾客购买欲望的服务工作。售前服务的主要目的是协助客户做好工程规划和系统需求分析，使得产品能够最大限度地满足用户需要。

1. 运用工具辅助客户沟通

跨境电商客服一般会通过站内信、电子邮件等与客户沟通，但由于客服服务的客户来自世界各国，不仅语言不通，而且需要处理的贸易问题具有时效性和复杂性，所以还需要综合利用多种工具辅助沟通。

（1）即时通信工具

即时通信工具指通过即时通信技术实现在线聊天、交流的软件，具有时效强、成本低、交流直接的特点。以下介绍几款跨境电商客服常用的即时通信工具。

① TradeManager。TradeManager 又称国际版阿里旺旺，是阿里巴巴国际站的在线即时通信工具，也是供阿里巴巴国际站的卖家及买家用户进行在线交流的软件，拥有在线沟通、联系人管理、消息管理、登录记录查询等基本功能。用户可以通过 TradeManager 主动和同行业的买家进行交流联系，还可以直接登录到 My Alibaba 操作系统。对于卖家来说，它不仅仅拥有在线沟通功能，而且支持旺铺、网站快捷入口、定位沟通对象以及文件图片互通等强大功能，方便卖家与买家更轻松地沟通。

② WhatsApp。WhatsApp 是一款方便用户发送信息又无须支付短信费用的跨平台应用程序。作为 Facebook 旗下的消息应用，WhatsApp 在欧美、东南亚、南美等地区的下载量多居首位。WhatsApp 有免费短信、多媒体短信、离线消息、显示状态等功能，具有手机号码注册、无须登录或退出、支持群组对话、保密性强等特点。

③ Skype。Skype 是目前最流行的语音沟通软件,是最清晰的网络电话,同时具备 IM(Instant Messaging,即时通用)所需的其他功能,如文字聊天、视频聊天、传送文件、多人文字语音视频会议等。Skype 间的通话完全免费,通过 Skype 拨打全球任何一部座机或手机则是收费服务,但费用低廉。此外,Skype 还提供一系列增值服务,不同语言的用户在使用多种语言进行沟通时,可以选择读出聊天文字,且 Skype 支持连续性实时口语翻译。

除了以上 3 种即时通信工具外,还有诸如 MSN、Viber、Wechat 等多款即时通信工具,在此不作全部介绍,读者可以通过网络等途径进行了解。

(2) 电子邮箱

电子邮箱既可以为用户提供发送电子邮件的功能,又能自动地为用户接收电子邮件,同时还能对收发的邮件进行存储。电子邮件是跨境电商客服与国外客户沟通的主要方式之一。客服可以通过电子邮箱在任何地方、任何时间收发信件,突破了时空的限制,提高了工作效率。

目前邮件服务商主要分为两类,一类针对企业提供付费企业电子邮箱服务,另一类针对个人用户提供个人免费电子邮箱服务。企业邮箱是以企业自己的域名为后缀的信箱,例如 name@企业域名。企业邮箱具有体现企业形象、克服员工流动影响、便于企业管理、增强企业内部信息沟通和协同办公能力的功能,在安全性、稳定性和服务品质等方面优于个人邮箱。国内常用的个人邮箱有网易邮箱、新浪邮箱、搜狐邮箱等,国外有 Gmail 邮箱、微软 Outlook 邮箱等,都提供免费邮件服务,注册后可立刻使用。

(3) 翻译工具

语言是跨境电商客服面临的巨大挑战,除了英语之外,其他语种的使用也是不可避免的,要解决语言不通的障碍,就要学会运用各种翻译工具。

① 有道词典。有道词典是由网易有道出品的全球首款基于搜索引擎技术的全能免费语言翻译软件。它集成中、英、日、韩、法等多语种专业词典,切换语言环境,即可快速翻译所需内容,网页版有道翻译还支持中、英、日、韩、法、西、俄 7 种语言互译。

② Google 翻译。Google 翻译是谷歌公司提供的一项免费翻译服务,可提供 103 种语言之间的即时翻译,支持任意两种语言之间的字词、句子和网页翻译。

网址:https://translate.google.cn/。

③ GCNKI 翻译助手。CNKI 翻译助手,是"中国知网"开发制作的大型在线辅助翻译系统,主要用于专业术语的翻译。

网址:http://dict.cnki.net/。

2. 撰写开发信

开发信对客户开发有着至关重要的作用,在撰写开发信之前,要对潜在客户进行分析,在了解客户需求、客户规模等信息的基础上,结合卖家自己的产品特点和优势,遴选出有针对性的产品,再根据客户特点将开发信模板进行个性化修改,这样获取客户的成功率将大大提高。要撰写获取客户成功率高的开发信,应注意以下要点。

(1) 设计标题

有吸引力的标题,是开发信成功的一半。客户每天接收到很多的邮件,要想客户打开邮件,标题必须要有吸引力。只有客户愿意打开邮件,才有外贸沟通得以实现的可能,否则无论邮件内容多么具有针对性,客户也没有兴趣打开,最终会导致开发信被客户忽略、成为垃圾邮件。

（2）撰写正文

撰写开发信的正文要简明扼要地描述公司实力、产品价值、服务水平等信息，切忌长篇大论；要站在客户的立场，针对客户特点撰写正文内容；开发信页面要简洁。

（3）使用模板

可以通过外贸论坛、外贸博客等渠道搜索适合的开发信模板，在根据卖家、客户的具体情况进行修改后使用，提高工作效率。

以下为一个开发信范例。

Subject: Children toys you need / Children toys good quotation

Dear ×××:

We glad to get your information posted on ×××. That you are in the market for ×××. We would like to take this opportunity to introduce our company and products, with the hope that we may work together in future.

This is(Name) from(Company Name) which has been specialized in(Products Name) for many years. According to your information posted on ×××, we'd like to introduce this item for you, and its feature have ×××(products infomations)...

If you want to know more details, please visit our website www.×××.com. If any of these items be of interest to you, please let us know. We will be happy to give you a quotation upon receipt of your detailed requirements.

We look forward to hearing from you soon.

Best regards,

Kira

NAME: ×××Children toys Co.Ltd.

ADDRESS: ×××

WEBSITE: www.×××.com

MAIL: ×××@×××

TEL : ×××-×××

3. 解答客户售前咨询

客户遇到疑难问题向客服咨询时，客服要通过自己的专业销售技巧进行处理，并且始终保持热情、耐心的态度。客户可能遇到产品、物流、清关和发货等方面的问题。以下是部分常见问题回答的建议。

（1）询问库存

如库存充足，回复客户该产品还有库存，可以正常购买，并催促尽快下单；如库存短缺，回复客户该商品目前缺货，并提供两种方案给客户选择，一是推荐类似款产品，二是补货后联系客户。

以下为询问产品库存的回复（有货）示例。

Dear ×××,

Thank you for your inquiry.

Yes, we have this item in stock. How many do you want? Right now, we only have

×××lots of the ×××color left. Since they are very popular, the product has a high risk of selling out soon. Please place your order as soon as possible. Thank you!

Best regards,

(name)

以下为询问产品库存的回复(断货)的示例。

Dear ×××,

We are sorry to inform you that this item is out of stock at the moment. We will contact the factory to see when they will be available again. Also, we would like to recommend to you some other items which are of the same style. We hope you like them as well. You can click on the following link to check them out.

(Website address)

Please let me know for any further questions. Thanks.

Best regards,

(Your name)

(2) 询问价格

如可以降价,告知买家店内促销信息;如不可以降价,向买家强调商品品质或向买家推荐价格较低的类似款。

以下为询问产品价格的回复的示例。

Dear ×××,

Thank you for your interests in my item.

I am sorry but we can't offer you that low price you asked for. We feel that the price listed is reasonable and has been carefully calculated and leaves me limited profit already.

However, we'd like to offer you some discounts on bulk purchases. If your order is more than ××× pieces, we will give you a discount of ×××% off.

Please let me know for any further questions. Thanks.

Sincerely,

(name)

(3) 询问产品尺寸

熟悉目标国家的产品尺码表,尽量使用公制,如千克、米等,提供具体参数,例如不要笼统地答复衣服是S、M、L码等,而是提供衣长、袖长等具体参数。

以下为询问产品尺寸的回复的示例。

Dear ×××,

Thank you for your interest in our item,

Please choose the size according to your feet length. The size you select is US size. The length of size 9(from heel to toe)is about 9.84 inches. I'd like to advise you to choose one or two sizes if your feet are a little wider or a bit higher.

Thank you again. If you have any questions, please do not hesitate to contact us.

Best regards,

(name)

(4) 询问物流方式

物流方式支持,回复顾客可以用该物流方式发货,以及发货时间和配送时间;物流方式不支持,向客户解释为什么不能用该物流方式发货,并提供替代的物流方式。

以下为询问物流方式的回复的示例。

Dear ×××,

Unfortunately, free shipping for this item is unavailable. I am sorry for the confusion. Free Shipping is only for packages weighing less than 2kg, which can be shipped via China Post Air Mail. However, the item you would like to purchase weighs more than 2kg. You can choose another express carrier, such as UPS or DHL(which will include shipping fees, but which are also much faster). You can also place the orders separately, making sure each order weighs less than 2kg, to take advantage of free shipping.

If you have any further questions, please feel free to contact me.

Best regards,

(name)

(5) 询问关税

告知买家有产生关税的可能性,且告知买家关税由谁承担,避免事后纠纷。

以下为询问关税问题的回复的示例。

Dear ×××,

Thank you for your inquiry and I am happy to contact with you. I understand that you are worried about any possible extra cost for this item. Based on past experience, import taxes falls into two situations.

First, in most countries, it did not involve any extra expense on the buyer side for similar small or low-cost items.

Second, in some individual cases, buyers might need to pay some import taxes or customs charges even when their purchase is small. As to specific rates, please consult your local customs office.

I appreciate for your understanding!

Sincerely,

(name)

(6) 询问支付方式

告知买家支持的支付方式,并附上支付方法和流程。

以下为询问支付方式的示例。

Helllo ×××,

Thank you for the message. Moneybookers, Western union, Qiwi wallet and Alipay are accepted through secure payment processor ESCROW on Aliexpress. The mentioned payment methods are monitored by the platform and you can trust them. You have 3 days to pay after you place an order successfully.

Hope my reply is helpful to you. If you have any questions, please leave us messages.

Best regards,

(name)

4. 关联产品推介

客服在适当的时候,可以为客户推荐与产品相关联的其他产品,做到二次营销以提升店铺销量。主要有以下两种情况。

(1) 客户不满意选择的产品,推荐关联产品

如果客户在询问之后发现感兴趣的产品不满意,客服可以把其他类似的产品推介给客户,并告诉他这些是类似的热销产品,希望客户能够喜欢。

(2) 客户下单后,推荐产品的关联产品

如果客户下单,客服可以抓住机会,继续推荐与其订单相关联的产品,告知客户继续购买的优惠信息,刺激客户继续下单。

5. 促成交易

售前服务促成交易表现在催促下单、催促付款及采取多渠道赢取客户下单。例如,对于回复不够及时,向客户表示歉意,同时主动打折并给予订单截止日期,便是采取多渠道赢取客户下单的做法之一。至于催促付款,可以通过提醒客户库存不多,提醒折扣/活动快要结束,请尽快付款等,以达到催付目的。

(二) 售中服务

1. 产品装配及发货

客户下单付款后都希望能尽快收到购买的产品。因此,当买家付款后,卖家应尽快装配商品并打包,在最短的时间内发货。发货后及时填写物流单号,并第一时间联系买家,告知物流运送情况。

2. 物流跟踪

客户购买的产品发货后,要实时跟踪物流的状态。有时候物流会遇到各种各样的问题,若发生意外事件导致客户收货时间延迟,一定要事先与客户沟通,请求客户的谅解,并尽快与物流公司联系,解决问题,保证客户顺利收到货物,以避免买家提起纠纷或者留下不好的印象。若货物能够在预计时间内顺利到达,卖家也需要及时告知买家相关货运进展情况。

货物抵达海关后,要通知买家关注动态,确保能及时收到货;货物到达客户所在城市,可以提醒买家关注派送信息,还可以提醒买家在收到货物后给予好评和反馈;货物妥投后,物流服务就基本结束了,可以询问买家收到的货品是否完好无损,如果满意此次服务,请给予五星好评,如果有问题也请及时联系以便尽快帮他解决问题。

(三) 售后服务

售后服务是在商品出售以后所提供的各种服务活动。售后服务的质量是衡量店铺服务质量一个很重要的方面,好的售后服务不仅可以提高店铺的形象,还能留住更多顾客。

1. 评价管理

客户的售后评价会直接影响到店铺的好评率,从而影响店铺的销售,买家的好评可以给店铺增加信誉,提高店铺的总体评分。因此,评价管理是客服售后服务中不可或缺的工作之一。

(1) 催促评价

有些客户收到货物后没有及时给予评价,客服可以适当地提醒客户进行评价。在客户收货后客服可以主动发询盘和邮件咨询客户收到的货物是否符合其需要和期待,是否有问题需要客服帮忙解决,主动提醒可能会增加客户对卖家的信任感,更容易得到好评,同时也会提高客户的忠诚度。

(2) 收到好评

如果收到好评,一定要对客户进行答谢,有助于客户再次转化。

(3) 收到中评

客户给中评是对店铺的提醒,告知店铺存在某些问题,需要去整改。此时要客观地面对中评,根据中评的原因,及时与客户进行沟通,尽可能消除不利影响,甚至创造出积极效应。

(4) 收到差评

客户给以差评,要第一时间跟客户交流,了解清楚客户给以差评的原因,如果是卖家自身的问题导致客户给以差评,首先要向客户进行解释,同时给以客户一定的补偿,在争取得到客户谅解的基础上,请求客户修改差评。

2. 纠纷处理

客户收到货物后,在使用过程中可能出现某些问题,此时,客户一般会返回店铺,找到客服进行反馈,或是直接在评论中进行描述。若直接找到客服进行反馈,客服一定要认真对待,先安抚客户的情绪,再根据实际情况进行处理,尽量优先考虑顾客的利益。纠纷的处理会在后面的内容详细介绍。

3. 客户维护

售后服务还有一个重要的内容就是客户维护。客户维护可以增加客户的黏性,加深客户对店铺的印象。客服可以通过短信、邮箱等方式进行回访,回访的内容不要是毫无技巧的推销,可以在节日时对客户进行问候,简单告知店铺的最新活动,吸引顾客主动购物的兴趣,或邀请客户参加店铺的产品质量调查,让客户感受到自身地位的重要性,提高产品的附加价值。

任务实施

一、学习客户服务知识

学习并理解跨境电商客户服务的含义及重要性、应该遵守的原则,学习并掌握客户服务的工作内容及流程。

二、编制客户服务说明书

根据公司文化、业务等具体情况,编制公司跨境电商客服的岗位说明书,包含以下内容。

(1) 公司跨境电商客服岗位概述(包括含义、重要性)。

(2) 跨境电商客服售前服务工作内容及流程。

(3) 跨境电商客服售中服务工作内容及流程。

(4) 跨境电商客服售后服务工作内容及流程。

小提示：

进行跨境电商客服岗位说明书编制时，考虑客户服务工作内容较多，可分小组进行教学，每个小组负责编制一部分内容，编制完成后进行展示，由教师和其他小组作为观察员进行评析，结束一组训练后，小组之间进行轮流扮演。

要成为一名合格的跨境客服人员，除了要掌握显性的技能素质外，还要具备"处变不惊"的应变力、挫折打击的承受能力、情绪的自我掌控及调节能力等隐形的心理素质。这些都需要在日常学习、工作、生活中不断地修炼。

同步实训

撰写一封开发信，并说明标题设计、正文撰写的理由是什么？

习题

1. 客户服务的重要性包括哪些？
2. 客户服务应该遵守哪些原则？
3. 客户服务分哪几种类型？工作内容和一般流程分别是什么？

任务二　客户询盘分析与回复技巧

情境导入

小凌在公司从事跨境电商工作一段时间以后，为了拓展公司业务，在阿里巴巴国际站上运营 B2B 外贸业务。在这类的业务中，作为 B2B 跨境电商平台的在线客服就类似于传统外贸业务中的外贸销售员或外贸业务员，其主要售中任务之一是处理询盘。因为公司刚开展B2B 业务，负责询盘处理的客服部同事们对这项工作不是很了解，于是小凌想编制询盘处理说明书供客服部的同事们学习。

任务分析

询盘处理是获得客户资源的重要途径之一，对公司开展 B2B 跨境电商业务有至关重要的作用。而工作的说明书一般包括工作概述、工作内容及工作流程。因此，要编制询盘工作说明书，要先学习什么是询盘、怎么辨别询盘、怎么处理询盘。

知识链接

一、分析辨别询盘要点

询盘是指买方或卖方为了购买或销售某项产品，向对方询问有关交易条件的表示。在国际贸易的实际业务中，一般多由买方主动向卖方发出询盘。可以询问价格，也可询问其他一项或几项交易条件以引起对方发盘,目的是试探对方交易的诚意和了解其对交易条件的意见。询盘的内容可涉及价格、规格、品质、数量、包装、装运以及索取样品等,而多数只是询问价格。所以,业务上常把询盘称作询价,询盘可采用口头形式、书面形式、电子邮件等形式,如图8-1所示为阿里巴巴国际站的询盘界面。

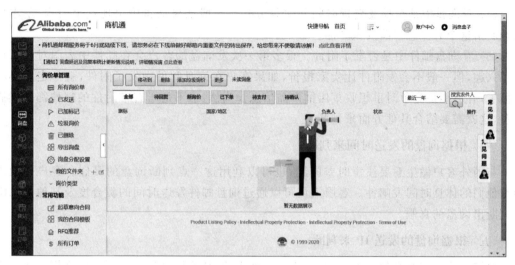

图 8-1　阿里巴巴国际站询盘界面

店铺在销售过程中,经常会收到来自各国客户的询盘,有问产品规格的、也有问产品报价的,还有要求寄样品的。当然也有一些没有购买意愿的客户甚至竞争对手发送的询盘,他们发送询盘的原因有寻找产品、建立档案、从其他供应商处了解产品最新情况等,并没有真正的购买意图。这些询盘质量良莠不齐,需要客服去分析辨别真假好坏,做相应的处理,这样做既可以抢到商机获得客户,又可以尽量避免掉进陷阱将重要信息泄露给竞争对手。对询盘的分析辨别,可以从以下几个方面着手。

（一）根据询盘标题来判断

在询盘邮件中,标题是第一眼看到的内容,客服首先可以通过判断标题辨别好坏真伪。如果一个询盘标题一看就是跟产品不相关的内容或者赤裸裸的广告,可以直接将其从邮件中剔除。此外,通过查看邮件标题,还可以看出买家是群发的询盘还是单独发的询盘。

（二）根据询盘的结尾来判断

通过询盘标题判断不出真实性的,可以通过查看询盘的结尾进行判断。一般一个来自正规公司的真实询盘,其结尾会留下完整的署名、公司名称、详细的地址和联系方式,甚至有的还会留下公司的网址。而有的垃圾询盘,不是没有公司名就是没有联系方式,一般看到这样的询盘,虽然不会马上将其剔除,但可以将其放到最后来处理。

（三）根据询盘的内容来判断

看了询盘的标题和结尾之后,可以根据询盘邮件的具体内容判断询盘的好坏真假,主要查看以下内容。

（1）看邮件中是否问到产品详细信息,如产品名称、产品的具体型号、功能、技术参数等。

(2) 看询盘内容中是否问到产品的订单数量及价格。

(3) 看客人在询盘中是否提及产品认证的问题，如果客人要求产品获得某个行业产品认证，那客户可能是走超市或其他渠道的。

(4) 看询盘中是否提及交货时间和付款方式。一般如果询盘中出现这个内容，基本可以判断出这个客户急于购买该产品。

(5) 看询盘邮件中是否发了附件。很多第一次发询盘的客户会在邮件中表明对什么产品感兴趣，但一般不会发附件让卖家报价，如果客户在询盘邮件中发了附件，就一定要小心谨慎了，有可能是竞争对手想收集店铺产品信息。当然，也不是所有带附件的邮件都是虚假询盘，这就需要结合其他方面来判断。

（四）根据询盘的发送时间来判断

与国外客户做生意要注意时差问题，也可以利用这一点判断询盘的真假。客户一般不会在他们的休息时间发邮件。客服人员可以通过询盘邮件发送时间的契合度及其他信息综合判断出询盘的真假。

（五）根据询盘的发送 IP 来判断

要进一步确定询盘的真实性的话，查看发件人的 IP 地址也是一个不错的判别方法。通过查看 IP 地址，可以判断出这封邮件来自哪个区域，之后看跟客户描述的国籍及地址是否吻合来判断询盘真伪。查看 IP 地址的方法是右键单击收到的邮件，选择属性，查看详细信息，查找发送邮件的 IP 地址，然后通过网站 https://www.iplocation.net 查询 IP 所属的区域。

通过以上方法，基本可以辨别大多数的询盘，但还有少数难以辨别的询盘，可以通过多次的沟通并结合已掌握的资料判断询盘的真实性。

二、处理询盘

询盘的处理在外贸业务中有着举足轻重的作用，企业可以从以下两个方面对国外客户询盘进行有效处理，达成交易。

（一）分析归类询盘，提高工作效率

在收到询盘后，要进行初步分析。按照询盘质量，一般把询盘分为三种类型，即优质询盘、垃圾询盘和可疑询盘。

(1) 优质询盘是客户发来的真实的、诚意度较高的询盘，一般需要优先回复。

(2) 垃圾询盘为广告邮件、格式化询盘、无价值的群发邮件等。

(3) 可疑询盘可能是同行业的竞争对手为了打探信息而发来的询盘，也有可能是买家为骗取免费样品而发来的询盘，甚至有可能是骗子设的陷阱，需要格外警惕。

（二）及时回复询盘，建立客户信任

对客户发送的询盘进行分析归类后，就可以按照回复优先等级进行回复。回复询盘需要注意以下询盘回复的技巧。

(1) 回复邮件的语言应该是正式又亲切的，二者缺一不可。在称呼对方时，尽量使用礼貌称谓、职位、姓名等。很多客服人员回复邮件时,开头一律使用"Thanks for…"或"Thank you for…"如果能使用客户的母语打招呼,会给人以温暖、亲切的感觉。

(2)快速响应。在第一时间对客户发送的询盘进行回应,不因为回复时间而错过任何促成交易的机会。此外,跨境电商客服应掌握主要目标市场所在国家与我国的时差,以便统筹时间。

(3)回复邮件要有技巧,不要直接点回复,因为标题有可能是客户群发的,直接点回复,客户就无法知道那哪一封是哪个店铺寄来的。不可千篇一律,否则会给对方造成一种不专业的感觉,这样往往会失去客户。但回复邮件的格式可以统一,即把主要的相关内容填写进去,其他的如抬头、署名、公司信息等已经设置好,目的在于节约时间,提高企业的服务效率。

(4)跟进客户。对于迟迟不回复的优质客户,要进行定期跟进,但如果每次发送相同主题的邮件,容易造成客户反感。客服人员不妨以节日问候、放假通知、价格变动等为由,向客户发送跟进邮件。在避免引起客户反感的同时,还能拉近彼此的距离。

三、提高及时回复率

(一)什么是及时回复率

及时回复率是指一个卖家在回复买家咨询上的回复速度,主要包含邮件类的询盘及时回复情况和通过及时沟通工具 TradeManager 的回复情况。及时回复率集中体现了卖家的服务态度与意愿。

及时回复率的计算公式如下。

$$及时回复率 = \frac{30\ 天内询盘\ 24\ 小时回复的买家数 + TradeManager\ 在\ 1\ 小时内回复的买家数}{30\ 天内收到的询盘买家总数 + 收到的\ TradeManager\ 买家总数}$$

其中,询盘及时回复率指 30 天内收到的所有询盘(去除重复询盘、被退回、举报垃圾的询盘、注册地为中国的、IP 为中国的)中,在 24 小时内卖家回复的占比。

TradeManager 及时回复率指 30 天内收到的所有 TradeManager 咨询(去除当天重复、被拉入黑名单、举报的咨询,注册地为中国的,IP 为中国的)中,在 1 小时内卖家回复的占比。

(二)提升及时回复率的好处

(1)网站 Products/Suppliers 搜索结果页面,显著展示及时回复率,能吸引更多的买家。
(2)产品详情页面的企业名片中增加展示,彰显企业服务能力,能吸引更多的买家。
(3)开通及时回复率的供应商,30 天内平均询盘数比未开通展示的供应商的询盘多。
(4)及时回复率≥40%的供应商,30 天内平均询盘数比小于 40%的供应商多。
(5)及时回复率≥80%,更有机会赢得采购直达(RFQ)"报价直达"特权。

(三)如何提升及时回复率

(1)询盘及时回复率不算询盘数,只算买家数,如果同一客户发了 1 封以上的询盘,只需要回复客户最早的那封询盘即可。
(2)询盘必须在 3 天内进行回复,TradeManager 必须在 1 小时内进行回复,自动回复、注册地为中国、发送 IP 为中国的询盘回复不计入及时回复率。
(3)如果是不想回复的询盘,要做退回询盘操作。
(4)收到垃圾询盘,要做举报处理。

(5) 如果是企业/个人邮箱跟进的,要设置"同步询盘恢复数据"。

(6) 在线的时候,TradeManager 在线,并且做到 1 小时内回复;不在线的时候 TradeManager 记得下线,下线之后会转为询盘。

四、卖家服务等级提升

卖家的商品质量及服务能力对于买家的购买决策有着至关重要的影响,特别是商品描述及评价、沟通效率、纠纷处理效率和态度等方面。而卖家服务等级是衡量商家商品质量和服务能力的主要标志之一,它体现了卖家为买家服务的各项能力,其既有助于提升买家购物体验,又能激励卖家提升店铺服务水平。

(一) 卖家服务等级规则

卖家服务等级是用来衡量卖家交易及服务能力的一项综合性指标,卖家服务等级每月末评定一次,次月 3 号前在后台更新,根据每个月月底倒推 30 天的每日服务分均值计算得得来,根据计算结果将卖家划分为优秀、良好、及格和不及格卖家,不同等级的卖家将获得不同的平台资源。

1. 考核方式

对卖家服务等级考核,平台采用百分制计算,分数每日更新,称为每日服务分。每日服务分数越高,对搜索排序越有利(排序受多个维度影响,服务分为其中一个影响因素)。每日服务分由 8 个指标的分数相加得出,具体计算公式如下。

每日服务分(满分100)＝成交不卖率得分(单项满分5)＋纠纷提起率得分(单项满分5)
＋货不对版仲裁提起率得分(单项满分10)
＋货不对版仲裁有责率得分(单项满分15)＋好评率得分(单项满分10)
＋DSR 商品描述得分(单项满分30)＋DSR 卖家服务得分(单项满分15)
＋DSR 物流服务得分(单项满分10)

如图 8-2 所示为速卖通每日服务分。

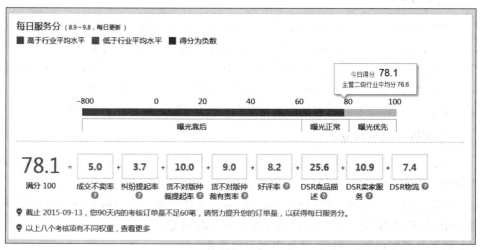

图 8-2 速卖通每日服务分

每个单项最高分为单项满分,单项做得特别差时,会得到负分。各考核项的考核阈值,是参考平台所有卖家的该考核项指标分布来计算确定,0分的指标值,即平台认为该考核项是可以接受的最差水平临界点,差于该值,该考核项即得负分,最低得分为-100分,具体指标阈值如表8-1所示。

表8-1 每日服务分各项指标阈值

指标		成交不卖	纠纷提起	货不对版仲裁提起	货不对版仲裁有责	好评率	DSR商品描述平均分	DSR卖家服务平均分	DSR物流服务平均分	对应的服务分
各指标阈值		0%	0%	0%	0%	100%	5	5	5	单项满分
		11%	17%	7%	7%	84%	3.9	3.9	3.9	单项0分
		31%	37%	17%	17%	64%	1.9	1.9	1.9	单项-100分
单项权重（单项满分）		5	5	10	15	10	30	15	10	

以货不对版仲裁提起率的得分为例,该项分数根据货不对版仲裁提起率计算得来,货不对版仲裁提起率越低,那么货不对版仲裁提起对应的得分即越高。比如：

货不对版仲裁提起率=0,即得到该项满分,即10分;

货不对版仲裁提起率=7%,即得到0分;

货不对版仲裁提起率>7%,即得到负分;

货不对版仲裁提起率≥17%时,该单项得分即为-100;

如图8-3所示,该店铺DSR商品描述为4.8分,指标阀值在"3.9～5",那么对应的服务分就在"单项0分～单项满分30分",系统根据该区间内所有卖家商品描述分的分布情况,计算出最终该项权重得分为25.65分。

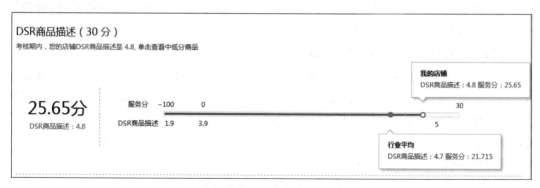

图8-3 速卖通DSR商品描述得分

2. 考核周期

每日服务分的考核周期,如表8-2所示。

表 8-2　每日服务分考核周期

项　目	定　义	服务分考核周期
不考核服务分	90 天考核订单量＜60 笔	不考核
考核服务分	90 天内考核订单量≥60 笔且开店时间＜180 天	90 天
	过去 90 天内考核订单量≥60 笔且过去 30 天考核订单＜60 笔且开店时间≥180 天	90 天
	过去 30 天考核订单≥60 笔且开店时间≥180 天	30 天

卖家具体是属于每日服务分的哪个考核周期，后台会有提示，位置如图 8-4 所示。

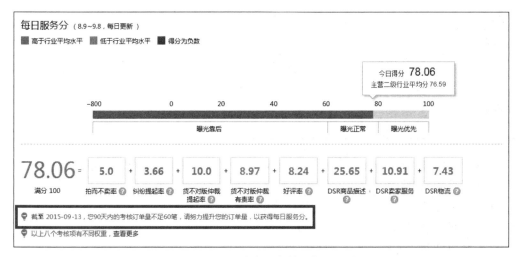

图 8-4　速卖通考核周期

3. 考核的订单

考核订单指以下任一时间点发生在考核期内的订单：卖家发货超时时间、买家选择卖家原因并成功取消订单的时间、买家确收或确认收货超时时间、买家提起纠纷时间、仲裁提起/结束时间、评价生效/超时时间。

4. 服务等级的分级标准与资源奖励

当月服务等级是根据上月的每日服务分均值计算得来，用于给予每日服务分持续较好的卖家更多的奖励，不同等级的卖家将在橱窗数量、平台活动、店铺活动等方面享有不同的资源。等级越高的卖家享受的资源奖励越多，指标表现较差的卖家将无法报名平台活动，且搜索排序上会受到不同程度的影响，具体奖励如表 8-3 所示。每月 1～3 号，是服务等级计算及资源发放周期，期间会逐步完成各项奖励资源的发放。

表 8-3　服务等级与资源奖励

项　目	优　秀	良　好	及　格	不及格	不考核
标准	上月最后一天之前 30 天服务分均值≥90	90＞上月最后一天之前 30 天服务分均值≥80	80＞上月最后一天之前 30 天服务分均值≥60	上月最后一天之前 30 天服务分均值＜60	

续表

项　目	优　秀	良　好	及　格	不及格	不考核
橱窗推荐数	3	1	0	0	0
Top Rated 特殊标识	有	无	无	无	无
平台活动	优先参加	正常参加	正常参加	不允许参加	正常参加
营销邮件数	2000	1000	500	0	500

卖家具体得到哪些资源奖励,后台会有提示,位置如图8-5所示。

图8-5　速卖通资源奖励

(二) 提高卖家服务等级的重要性

(1) 对于速卖通平台来说,卖家服务等级是平台对店铺服务考核的重要方式,考核的结果覆盖所有店铺,有助于提升买家购物体验,激励卖家提升店铺服务水平。

(2) 对于买家来说,卖家的产品质量及服务能力对其购买决策有着至关重要的影响,特别是产品描述及评价、沟通效率、纠纷处理效率和态度等方面。买家在选择产品时通常会快速识别和选择产品和服务表现都好的卖家。

(3) 从平台资源倾斜的角度,平台会给予每日服务分持续较好的卖家更多的资源奖励,不同等级的卖家将在橱窗数量、平台活动、店铺活动等方面享有不同的资源。等级越高的卖家享受的资源奖励越多,指标表现较差的卖家将无法报名平台活动,且搜索排序上会受到不同程度的影响。

(三) 提升卖家服务等级

卖家服务等级取决于成交不卖率、纠纷提起率、货不对版仲裁提起率、货不对版仲裁有责率、好评率、DSR商品描述、DSR卖家服务、DSR物流服务这8个指标得分,下面将介绍如何从这8个方面提升卖家服务等级。

1. 避免"成交不卖"

(1) 确保上传商品的准确

跨境电商是通过线上交易的,上传商品时要特别注意产品价格、销售方式、库存情况、发货期,以及物流设置等信息是否准确无误。

(2) 及时填写发货通知

在获得订单以及发货超时前,系统会通过邮件进行提示,请关注自己注册时的手机号码里的信息和邮箱推送的订单信息,卖家必须在交货期内发货,并在系统后台管理页面填写有效的货运跟踪号。

(3) 及时联系买家

因特殊情况无法按时发货时,及时与买家积极协商,联系买家延长发货期,给予充足的时间准备。

2. 避免纠纷

避免纠纷的有效途径不是解决纠纷,而是预防纠纷。可以从以下方面避免纠纷的提起。

(1) 产品保证

① 产品描述真实全面。买家对产品的认知主要来源于产品的描述,产品描述越详细、越全面,买家的预期也会越接近实物,因此真实、全面、详细的描述是避免纠纷的关键;

② 严把质量关。在发货前,需要对产品进行充分的检测,保证产品质量;

③ 杜绝假货。全球速卖通一向致力于保护第三方知识产权,卖家销售侵权假冒产品违反有关法律法规以及违反速卖通的政策,卖家须承担全部责任。

(2) 物流选择

国际物流往往有很多不确定因素,没有跟踪信息的快递方式对于卖家的利益也缺乏保障。因此,建议选择物流信息更新准确、运输实效性更佳的商业快递公司;考虑到实际情况,如需找寻货代公司帮助发货,应优先选择正规、能同时提供发货与退货保障的货代公司,最大程度上保证自身利益不受损害。

(3) 有效沟通

交易过程中与买家不断地沟通也是非常重要的,如买家下单前应提前告知买家需要等待的大概时间;发货后,时刻关注物流状态,发现问题主动跟买家沟通;及时处理买家关于物品未收到的询问,作为卖家,积极咨询货物物流的状态,积极帮助解决问题,让买家体会到用心的服务。

3. 避免货不对版

货不对版的纠纷包括货物与描述不符、质量问题、货物破损、货物短装、销售假货等。要避免货不对版,注意以下方面。

(1) 发布产品时要做到产品与发布信息相对应,避免误导买家。

(2) 针对质量问题,卖家要严格把控,在发货前做好对产品质量的检查。

(3) 针对货物短装,在发货时尽可能检查仔细,没有的货物一定在发货前与买家沟通好。

(4) 针对货物破损,因物流公司原因是很难控制的,只能在发货时加强加固货物的包装,降低破损率。

(5) 针对销售假货的纠纷投诉,如果该店铺有授权销售,应及时上传相关文件和产品资料,证明该产品为正品。

4. 避免货不对版仲裁有责

要避免货不对版仲裁有责,只有从源头做起,严格地把控货物的品质,不要抱侥幸的心理,减少纠纷的提起。如果纠纷提起,要第一时间与客户进行沟通,避免仲裁介入。

5. 避免及解决差评

(1) 完善服务

发货后提醒卖家已经发货,订单被平台关闭的及时回复,海关扣关问题提前跟买家进行沟通,并做好客户安抚工作。

(2) 有效的沟通

有效的沟通是指交易过程中与买家不断进行沟通,保持联系。

(3) 严把产品的品质

① 产品描述真实全面。买家对产品的了解是根据产品的描述得来,产品的描述越详细、越全面,买家的预期也会越接近实物。因此,尽量在详情页上传实物图,真实全面详细的描述是避免差评的关键。

② 严把质量关。在发货之前对产品进行充分检测,保证产品的质量。

③ 杜绝假货、仿牌产品。

(4) 中差评营销

对每个好评和差评,根据内容做好评论回复。好评表示感谢或者引入一些店铺的广告;对解决不了的差评回复要全面,对产品的质量问题是否是因为卖家的操作不当所导致,对日后买家购买此产品需要注意的问题都可以写在回复里。

(5) 催评

制做催评模板,针对不同情况给买家发送不同的站内信。

(6) 修改评价

客户给以差评,要第一时间跟客户交流,了解清楚客户给以差评的原因,如果是卖家自身的问题导致客户给以差评,首先要向客户进行解释,同时给以客户一定的补偿,在争取得到客户谅解的基础上,请求客户修改差评。

6. 提升 DSR 分值

(1) 针对 DSR 商品描述。卖家为了提高店铺转化率,一般都会尽力做好图片,做最精致的动态图和详情页描述,但是往往造成实物与描述相差较大的问题。所以在上传宝贝时,标题描述和产品要一致,设置好尺码和颜色,6 张产品展示图片完整,完善详情页面,增加产品信息量,加以实物图为佳。

(2) 针对 DSR 沟通质量。客服需要在短时间内有效地回复站内信、留言,以及旺旺上的信息,对经常出现的问题建立模板,旺旺中设置快捷回复模板。在询盘中给出详细、精准的产品描述,了解买家的购物习惯,推送相关性高的产品给询盘的买家,站在买家的角度想问题,客服的服务态度、响应时间、专业知识和售后都尤为重要。

(3) 针对 DSR 物流服务。尽量选择线上发货的物流方式,有效地保证物流时效。漫长的收货等待时间也会极大地影响买家的购物体验,建议卖家在发货后,将更详细的物流信息发给客户。虽然速卖通发货后会通知客户,但那些信息不足以解决客户的问题。卖家应将发货时使用的物流公司、物流编号、跟踪网站等信息告知客户,并留下联系方式。

任务实施

一、学习询盘知识

学习并理解跨境电商询盘的含义及重要性,学习并掌握询盘的分析辨别及分类方法,学习并掌握询盘回复、提升及时回复率的技巧。

二、编制询盘处理工作说明书

结合公司运营业务具体情况,总结常见的客户询盘,编制询盘处理工作的说明书,包含以下内容。

(1) 询盘的概述。
(2) 询盘辨别及分类方法。
(3) 询盘回复的操作流程。
(4) 提高及时回复率的方法。
(5) 提高卖家客户服务等级的方法及相应的操作流程。

小提示:

进行询盘处理说明书编制时,考虑询盘处理工作内容较多,可分小组进行教学,每个小组负责编制一部分内容,编制完成后进行展示,由教师和其他小组作为观察员进行评析,结束一组训练后,小组之间进行轮流扮演。

在实际询盘辨别处理、卖家服务等级提升等工作中,还可以到速卖通大学、速卖通规则频道、外贸圈及外贸学院等有关的网站进行学习补充和经验交流,这对提升工作质量有很大帮助。

同步实训

通过网络查找一个你认为成功的询盘处理案例,对案例进行分析,说出你认为其成功的理由,同时分析还有什么不足之处,与大家一起分享。

习题

1. 分析辨别询盘的方法有哪些?
2. 询盘分哪几类,特征是什么?
3. 怎么提高及时回复率?
4. 提升卖家服务等级有哪几方面的措施?

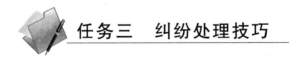

任务三 纠纷处理技巧

情境导入

通过小凌前面编制的说明书,加上客服部同事们的不断学习和经验积累,公司客户服务质量得到了大部分客户的好评,但还是存在因为物流、产品等原因产生的纠纷,解决这小部分客服纠纷,也是作为客服要完成的工作之一。为此,小凌以全球速卖通中的常见纠纷为例,与同事们一起交流学习客户纠纷处理技巧,并编写一套常见纠纷处理的参考流程和话术。

任务分析

与客户产生纠纷的原因很多,要解决好客户纠纷,需要熟知平台的纠纷规则以及对店铺的影响,掌握处理客户纠纷的一般流程,掌握常见纠纷的处理技巧,不断积累经验。

知识链接

一、熟知平台纠纷规则

(一)平台纠纷规则

全球速卖通平台交易过程中所产生的纠纷属于交易纠纷,即在交易过程中产生了误会或者一方刻意隐瞒,从而无法使交易顺利完成。为了更好地规范市场,平台制定了纠纷处罚规则。对卖家进行纠纷处罚的依据有以下三大指标,其考核与处理如表8-4所示。

表8-4 纠纷处罚表

指标	考核点	处罚措施
纠纷率	卖家被提起纠纷的情况	影响卖家的产品曝光
裁决提起率	卖家未解决的纠纷提交到全球速卖通的情况	严重影响卖家的产品曝光,比率过高,会导致卖家的产品一段时期内无法被买家搜索到
卖家责任裁决率	速卖通裁决的卖家责任纠纷订单的情况	

1. 纠纷率

卖家填写发货单号后买家提交退款申请(dispute),该订单即进入纠纷阶段。纠纷率指一定周期内买家提起退款(dispute)的订单数与发货订单数之比,计算方法如下。

纠纷率=过去30天内[买家提起退款(dispute)订单数-买家主动撤销退款的订单数]
÷过去30天内[买家确认收货+确认收货超时
+买家提起退款(dispute)的订单数]

2. 裁决提起率

买卖双方对于买家提起的退款处理无法达成一致,最终提交至速卖通进行裁决(claim),该订单即进入纠纷裁决阶段。裁决提起率指一定周期内提交至平台进行裁决的订单数与发货订单数之比同,计算方法如下。

裁决提起率=过去30天提交至平台进行裁决的纠纷订单数÷过去30天[买家确认收货
+确认收货超时+买家提起退款(dispute)并解决
+提交到速卖通进行裁决(claim)的订单数]

3. 卖家责任裁决率

纠纷订单提交至速卖通进行裁决(claim),速卖通会根据买卖双方责任进行一次性裁决。卖家责任裁决率指一定周期内提交至平台进行裁决且最终被判为卖家责任的订单数与发货订单数之比。计算方法如下。

卖家责任裁决率＝过去30天提交至平台进行裁决且最终被裁定为卖家责任的纠纷订单数
÷过去30天[买家确认收货＋确认收货超时
＋买家提起退款(dispute)并解决
＋提交到速卖通进行裁决(claim)并裁决结束的订单数]

例如，截止统计日，某卖家历史上一共发货100笔订单，其中40笔订单在30天前已经交易结束，10笔订单在统计之日仍处于"等待买家确认收货"状态，余下的订单是需要进行统计的，在过去的30天中这些订单分别为30笔买家确认收货了，11笔确认收货超时了，9笔买家提起了退款。买家提起的9笔退款订单中1笔买家取消了退款申请并确认收货，5笔与买家协商解决了，3笔提交至速卖通进行裁决，最后有2笔裁定是卖家责任，另外1笔还未裁决，则该卖家的纠纷率、裁决提起率和卖家责任裁决率分别如下。

纠纷率＝(9－1)÷(30＋11＋9)＝16％

裁决提起率＝3÷[30＋11＋(1＋5)＋3]＝6％

卖家责任裁决率＝2÷[30＋11＋(1＋5)＋2]＝4.1％

系统会每天计算三大指标的数值，根据数值及时进行处罚更新。

(二)纠纷的影响

1. 影响买家的购物体验

影响买家的购物体验主要体现在卖家收到的货物与描述不符、收到的货物质量有问题、运单号无效、长时间无货物跟踪信息等。

2. 影响买家对平台及卖家的信任

由于买家的购物体验不好，买家不仅对卖家产生怀疑，还间接地影响买家对平台的信任，因而质疑速卖通平台、平台供应商和其产品，最后产生恶性循环。

3. 影响交易的顺利进行

纠纷的产生会直接影响交易的顺利进行，首先，体现在客源流失，即买家对卖家失去信心，因而失去二次交易的机会；其次，体现在延长了资金回款周期，纠纷订单的款项将被平台暂时冻结，导致卖家无法正常放款和退款，进而影响资金流动。

(三)纠纷提交和协商流程

交易过程中买家提起退款/退货退款申请，即进入纠纷阶段，须与卖家协商解决，流程如图8-6所示。

1. 买家提起退款/退货退款申请

(1) 买家提交纠纷的原因为未收到货、收到的货物与描述不符、买家自身原因。

(2) 买家可以在卖家全部发货10天后申请退款，若卖家设置的限时达时间小于5天则买家可以在卖家全部发货后立即申请退款。

(3) 在提交纠纷页面中，买家可选择提交仅退款申请或退货退款申请。提交仅退款/退货退款申请后，买家需要描述问题与解决方案以及上传证据。买家提交纠纷后，"纠纷小二"会在7天内(包含第7天)介入处理。

2. 买卖双方交易协商

买家提起退货/退货退款申请后，需要卖家的确认。买家提起纠纷后，卖家应在5天内

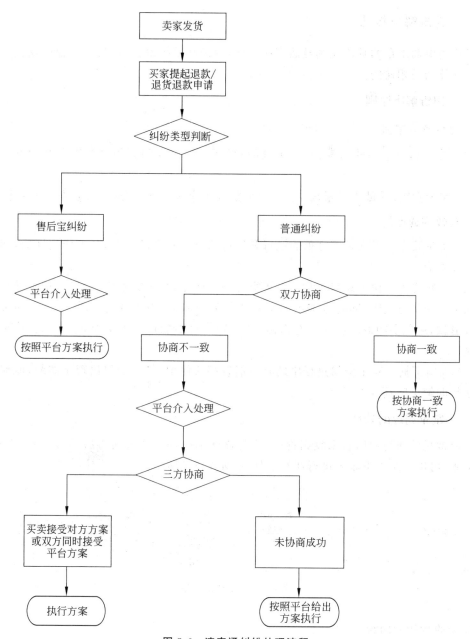

图 8-6 速卖通纠纷处理流程

接受或拒绝买家提出的纠纷,若逾期未响应,系统会自动根据买家提出的退款金额执行。

3. 平台介入协商

买家提交纠纷后,"纠纷小二"会在 7 天内(包含第 7 天)介入处理。平台会参看案件情况以及双方协商阶段提供的证明给出方案。买卖家如果接受对方或者平台给出的方案,可以单击接受此方案,此时双方对同一个方案达成一致,纠纷完成。纠纷完成赔付状态下,买卖家不能够再协商。

二、纠纷解决技巧

各跨境电商平台的具体规则虽然有所不同,但是常见纠纷、纠纷处理流程以及相应的解决原则和技巧是相通的。

(一)纠纷解决原则

1. 客户第一原则

(1)要有客户第一的精神,站在买家的角度考虑,出现问题想办法以友好的方式一起解决。

(2)作为卖家,尽量让买家减少损失、满意,让买家体会到用心服务,成为忠实买家。

2. 有效沟通原则

(1)及时回应。买家对于订单的执行和货物的质量有不满意时,马上作出回应,与买家进行友好协商。

(2)沟通技巧。和买家沟通时注意买家心理的变化,当买家不满意时,尽量引导买家朝着能保留订单的方向走,同时也满足买家一些其他的需求;当出现退款时,尽量引导买家达成部分退款,避免全额退款退货。努力做到"尽管货物不能让买家满意,态度也要让买家无可挑剔"。

(3)保留证据。对于交易过程中的有效信息都应保留下来,如果出现了纠纷,能够作为证据来帮助解决问题。

(二)常见纠纷的处理

目前常见的纠纷原因有未收到货、货物与描述不符等。产生纠纷后,要以平常心对待,不要慌张,可以参照以下步骤进行纠纷的处理,如图8-7所示。

图 8-7 纠纷处理步骤

1. 未收到货的纠纷

未收到货的原因主要有卖家未发货、延迟发货、货物在途、包裹被退回以及扣关等几种情况,纠纷处理建议如下。

(1)未发货。

及时退款给买家或者重新发货,重新发货需征得卖家的同意,避免擅自发货后,买家以延迟发货拒签。

(2)延迟发货。

安抚买家耐心等待,适当给予部分补偿。

(3) 货物在途。

发货后告诉买家正确单号、英文查询网址、大致妥投时间,安抚买家耐心等待,积极联系货运查询包裹。

(4) 包裹被退回。

及时退款,因为买家自身原因导致包裹退回,建议买家补偿发货运费。

(5) 扣关。

联系货代查询扣关原因,积极配合买家清关。

2. 货物与描述不符的纠纷

货物与描述不符则主要表现为货不对版、产品质量有问题、假货问题,针对这3种情况,处理建议如下。

(1) 货不对版。

卖家及时联系买家确认情况,要求买家提供相关证据。卖家自己排查产品的标题描述、产品图片、尺寸、包装、颜色和产品的详细描述等。若确实却在货不对版的问题,可以先与买家协商部分退款或者退货退款。协商无果,等待平台仲裁。

(2) 质量问题。

卖家及时联系买家确认情况,要求买家提供相关证据。如果是因为产品介绍不足或者可以接受的产品质量缺陷引发的问题,卖家向买家告知产品具体参数和使用情况,请求买家撤回纠纷并协商部分退款或者赠品。协商无果,等待平台仲裁。

(3) 假货问题。

卖家销售的货物的确是假(仿)货,买家也清楚购买的是假(仿)货,买家提起纠纷要求退款,卖家只能全额退款。

3. 其他原因的纠纷

(1) 买家不签收货物,要求退款。

卖家及时联系买家要求其签收货物,若买家拒收,询问拒收的原因。若因货物破损、短装、与描述不符等问题,买家有理由拒签,卖家需要承担责任。对于货物在运输途中的破损,卖家可以联系买家要求其联系物流进行包裹的破损鉴定,这样便于进入理赔程序,卖家可获得物流的赔偿,平台退款给买家。若买家只是单纯地在拍下订单后不想要货了,可以提醒买家此为无理由拒签,属于买家的责任。

(2) 买家已经收到货物,却否认收到,要求退款。

卖家及时联系买家要求其确认收货。若证实签收时间、国家、城市、邮编、签收人均一致,可以确定买家是收到货的,卖家可将该物流信息截图连同发货底单一起提供给平台。但若以上条件有一条或部分不一致,需联系物流提供相关妥投证明。

任务实施

一、学习纠纷处理知识

学习并了解运营跨境电商平台的纠纷规则,学习并理解纠纷对店铺的影响,学习并掌握常见纠纷处理的步骤和技巧。

二、总结纠纷的具体处理方法

(1) 列举常见的客户纠纷。

(2) 按照纠纷处理步骤和常见的纠纷处理建议,结合公司常见的纠纷问题,编写每种纠纷的具体处理步骤和话术。

小提示:

本书纠纷处理是以全球速卖通平台为例,其他各跨境电商平台的纠纷规则是有所不同的,可以在规则网站查询学习。虽然各平台纠纷规则不同,但纠纷的处理步骤、技巧是相通的,常见纠纷的处理建议也是可以借鉴的,只是需要根据平台的具体规则有针对性地进行修改。

同步实训

请列举你在电商平台购物时遇到过的纠纷,并回忆当时卖家客服是怎么处理的,然后通过刚学习的纠纷处理知识,分析当时客服对纠纷的处理哪里做得好,哪里做得不好。

习题

1. 纠纷对店铺的影响有哪些?
2. 纠纷的处理流程是什么?
3. 谈谈你对纠纷处理的理解,你是怎么处理纠纷的?

项目 九

跨境支付

 学习目标

知识目标

1. 了解我国跨境电子商务支付的发展;
2. 掌握跨境电子商务的支付方式及特点;
3. 熟悉跨境电子支付的外汇管理和金融监督;
4. 熟悉常规跨境电商收款工具;
5. 熟悉速卖通平台收款规则;
6. 了解第三方跨境电商平台收款及处理规则。

能力目标

1. 能对跨境电商支付有基本的认识;
2. 能及时回收货款;
3. 能及时处理退换货及跨境争议;
4. 掌握不同跨境支付方式的业务流程;
5. 能够在跨境支付平台上进行收付款的操作。

素养目标

1. 树立正确的人生观、价值观和世界观;
2. 在跨境电商领域具有一定的敏锐度;
3. 具备对跨境支付行业的发展判断素养;
4. 具备对跨境支付行业参与企业进行分析的素养。

 项目介绍

本项目包含了三个学习任务,具体如下。

任务一　认识跨境支付
任务二　跨境支付的方式
任务三　跨境支付应注意的问题及风险防范

通过本项目的学习,可以了解跨境支付的基本概念及发展状况,了解跨境支付的特点,熟悉目前国际上常用的跨境支付方式及工具,并通过不同的运营模式来选择采用不同的跨境支付方式。同时了解跨境支付对跨境电子商务发展起到的促进作用,了解个人或者企业在跨境支付过程中要注意的问题及需要规避的风险。

任务一 认识跨境支付

情境导入

小凌经过前期的努力,使自己所在的汽车周边配件产品传统商贸企业,进入了跨境电子商务的领域,在电商平台的选择、店铺的运营、跨境物流的开拓等方面,已经奠定了向海外销售的工作基础。但在跨境支付方面,他还得多了解目前跨境支付方式及不同运营模式的选择,同时还要深入了解不同平台的规则,以规避跨境支付的风险,为公司获得最大的利益。

任务分析

需要了解跨境支付的相关知识,介绍目前跨境支付的方式和规则以及操作模式,并能说明不同的主体、运营模式采用什么样的跨境支付方式,并注意其中规则及风险。

知识链接

一、跨境支付的概念

跨境支付是指两个或两个以上国家或者地区之间因国际贸易、国际投资及其他方面所发生的国际债权债务借助一定的结算工具和支付系统,实现资金跨国和跨地区转移的行为。例如,中国消费者在网上购买国外商家产品或国外消费者购买中国商家产品时,由于币种不一样,就需要一定的结算工具和支付系统实现两个国家或地区之间的资金转换,最终完成交易,具体过程如图9-1所示。

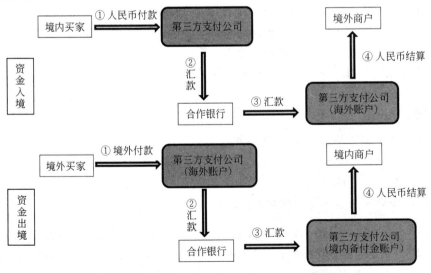

图9-1 跨境电子支付业务发生的外汇资金流动

二、跨境支付的方式

国际经济活动中使用较多的支付方式有直接支付方式和间接支付方式两种。

直接支付方式是指只由国际经济活动中的当事人即交易双方与银行发生关系的支付方式,常见的有汇付、托收、信用证。

间接支付是指支付行为除了交易双方与银行外,还有其他主体参加的方式,这种支付方式在实践中得到越来越多的使用。

目前,我国个人用户跨境支付活动主要是跨境网络消费和跨境转账汇款,而用于跨境网络消费的跨境支付网民占绝大多数,跨境电子商务的发展为跨境电子商务支付市场带来巨大活力。跨境电子商务支付结算的方式会因跨境电子商务的运营模式、业务模式不同而有所差异。我国跨境电子商务主要有 B2B 模式和 B2C 模式两个大类,根据其运营模式、市场规模、服务对象等因素又可细分成五种不同的商业模式,即 B2B 模式信息服务平台、B2B 模式交易服务平台、B2C 模式自营平台、B2C 模式开放平台、第三方服务平台模式。

跨境外汇支付业务是指支付机构通过银行为电子商务交易双方提供跨境互联网支付所涉的外汇资金集中收付及相关结售汇服务。

跨境业务生态图如图 9-2 所示。

图 9-2 跨境业务生态图

🧑‍💼 任务实施

一、拟定汇报的提纲

从项目的必要性、可行性、项目效益等方面拟定汇报的大纲。

二、着手收集资料,完善汇报内容

(一)项目的可行性

(1)跨境支付的现状分析。
(2)跨境支付的发展及相关数据分析。

(二)项目的必要性

(1)跨境支付及其特点分析。
(2)跨境支付的优势分析。

(三) 项目的效益

结合相关数据分析跨境支付对跨境电子商务发展的促进作用。

三、进行汇报，力求向老总介绍跨境支付的发展情况及现状

(1) 形成项目实施方案，并制作汇报 PPT。
(2) 进行汇报。

小提示：

在教学实施时，可分小组进行教学，实施角色扮演教学法。

各小组派 1 位同学扮演"老板"，选 1 位同学扮演"小凌"，再选 2～3 位同学扮演观察员。

"小凌"充当"说客"，劝说"老板"开展跨境支付业务；观察员分别观察"老板"和"小凌"的表现，并对他们的表现进行评析。

最后，由老师扮演"老板"，由其中的一个小组充当"说客"来劝说，其他组充当观察员，进行评析。

 同步实训

试述国际支付宝账户提现的方法。

注册国际支付宝并按照步骤截图配以说明，国际支付宝账户提现分为人民币账户提现和美元账户提现两种。美元账户提现是指将美元提款到卖家的美元账户中，人民币账户提现则是指将人民币提款到支付宝国内账户中。请在支付宝账户中进行操作。

 习题

1. 跨境支付的概念是什么？
2. 跨境支付方式主要有哪些？

任务二　跨境支付的方式

 情境导入

小凌经过前期的准备，使经营汽车周边配件产品传统商贸企业的老板，对跨境电商有了浓厚的兴趣，也希望通过跨境电商平台使公司产品和服务走向世界，扩大公司的利润空间，但在跨境收付款方面，心里不是很有底，所以他安排小凌整理不同的运营模式采用什么样的跨境支付方式对公司最有力。于是小凌认真调研，了解不同的跨境支付方式，为公司开拓国际市场做准备。

任务分析

为了向老板汇报跨境支付的情况，小凌不但需要了解跨境支付的相关知识，还要掌握目前跨境支付的方式和规则以及操作模式，并能说明不同的主体、运营模式采用什么样的跨境

支付方式,注意其中规则及风险。

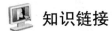
知识链接

一、跨境支付方式

(一)境内外第三方支付平台

目前,在跨境电商支付方式中,第三方支付平台占据主流地位,国外的 PayPal、国内的支付宝等支付平台倍受欢迎。2017 年 12 月,包括支付宝、易宝支付、银联电子支付、钱宝在内的 30 家第三方支付企业成为国内首批获得跨境电子商务外汇支付业务试点资格的企业。按照规定,拥有牌照的第三方支付机构即被允许通过银行为小额电子商务交易双方提供跨境互联网支付所涉及的外汇资金集中收付及相关结售汇服务。

跨境支付需求的迅速增长促使国内第三方支付的发展,跨境支付企业致力于向境内买家和海外卖家提供一站式的资金结算解决方案,解决跨境支付过程中的资金流问题,进一步提升跨境支付体验,最大受益方将是国内跨境网购用户和境外商家。未来几年,国际贸易形式也将由 B2B 迅速向 B2C、C2C 转化,跨境小额交易也将变成人人可以随时享受的服务,第三方支付机构跨境业务将得到爆发式的发展。跨境电子商务及跨境支付业务的快速增长将对我国的经济金融产生越来越大的影响。

(二)商业银行

在第三方支付公司加快拓展海外商户的同时,境内银行也行动起来。除四大国有银行外,包括招商银行、中信银行在内的多家股份行也对这块市场充满兴趣。银行正在积极与各大第三方支付机构探讨合作跨境支付业务。银行作为跨境支付的重要力量,既能支持第三方机构进行跨境人民币支付,也为自身业务创新留下了空间。国内外各大银行开展的跨境支付业务主要有以下几种。

(1)建设银行携手全球知名网购交易平台 PayPal,合力打造中国 PayPal 海购天下计划,推出建设银行 PayPal 专属海购平台。

(2)哈尔滨银行与俄罗斯 Wallet One 公司在哈尔滨签署跨境支付合作协议,协议涵盖了哈尔滨银行与 Wallet One 公司在跨境收款、在线支付、资金清结算等领域的全面合作。

(3)招商银行推出跨境特色汇款业务"智汇通"。

(4)中国平安联手台湾银行布局电商跨境支付等。

(三)专业汇款公司

在第三方支付平台和商业银行之后,专业汇款公司也是跨境支付的主要参与者。外贸交易主要以线下支付为主,金额一般较大,一般包括 T/T、L/C、西联等方式。

三种跨境支付方式的对比如表 9-1 和表 9-2 所示。

表 9-1 三种跨境支付方式的对比

序号	支付方式	速度特点	费率高低	适用情况
1	银行电汇	到账慢,2~3 天	手续费高,多项费用(电报费、中转费等),有封顶	B2B 的大额交易,传统的进出口贸易

续表

序号	支付方式	速度特点	费率高低	适用情况
2	专业汇款公司	到账快,10~15分钟	手续费高,分档计费	1万美元以下的小额支付
3	第三方支付	到账快,可以 $t+0$	费率较低	小额高频交易,跨境电子商务

表 9-2　跨境支付行业部分参与者优劣势及布局

支付方	优势	劣势	主要布局
国际支付公司	技术能力、境外网络、品牌背书	无国内支付牌照,缺乏本地化收单能力,费率较高	国际收单、汇款
互联网巨头	C端用户体量大,外延式扩展能力强	业务布局分散,重点不明确	C端钱包,外延式并购
第三方支付公司	跨境支付牌照的结售汇业务资格,国内的市场经验	缺乏境外市场资源和经验	结售汇、人民币跨境支付

二、不同类型的跨境电商模式的收款方式

(一) B2B 贸易收款

1. Western Union（西联汇款）

西联汇款是西联国际汇款公司的简称,该公司是目前世界上领先的特快汇款公司,这一支付方式可以在全球大多数国家的西联代理所在地汇款和提款,属于传统式的交易模式,收款迅速,先付款后发货,保证商家利益不受损失。

2. T/T（电汇）

电汇又称 Wire transfer,是指汇出行应汇款人申请,解付一笔款项给收款人。通过银行电汇款项,是较为传统式的交易模式,分为前 T/T 和后 T/T,前者是交货前全部款项直接汇款到银行账户（利于进口商）,后者是先装货,见到提单传真后全额汇款（利于出口商）,这是贸易中最常见的,也是被广大同行公认为最简单、中间程序最少、最直接的方式,即"一方交货,一方给钱",如图 9-3 所示。

3. L/C（信用证）

信用证是指开证行应申请人要求和指示,向第三方开立的载有一定金额的、在一定期限内符合规定的单据付款的书面保证文件。信用证是国际贸易中最复杂的付款方式,也是安全系数相对较高的一种。

(二) 平台型 B2C 收款

平台型 B2C 收款主要是指跨境电商平台,如 Amazon、eBay、Wish、Shoppe 等,业内统称为平台收款。一般平台都有自己的收款方式,第三方支付公司要做的是帮卖家把平台上挣的钱"搬"回来。

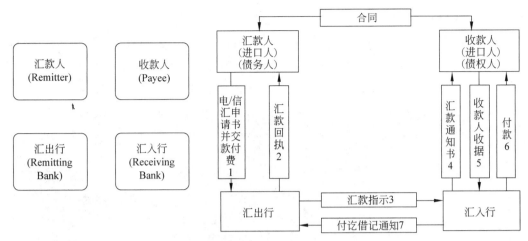

图 9-3 国际电汇示意图

2012 年后出口跨境电商平台高速发展,很多人涌入这个新市场,与之相应的收款服务,也吸引了很多第三方支付企业入局。以亚马逊收款为例子,仅深圳市就涌现了三十几家支付服务商,2018 年下半年平台收款服务商掀起的费率战一度让市场火热。无论是国际品牌如 Payoneer、World First、PayPal,还是国内本土品牌 Lianlian、Pingpong,纷纷入局开展业务。

目前市面常见的亚马逊收款方式有 Payoneer、World First、PingPong、Skyee 等。

1. Payoneer

Payoneer 成立于 2005 年,总部设在美国纽约,是万事达卡组织授权的具有发卡资格的机构,是亚马逊目前唯一官方推荐的收款方式,提供全球支付解决方案,还可以像美国公司一样接收美国 B2B 资金。Payoneer Inc.持有美国 Money Transmitter 执照,并在 FinCEN(美国金融犯罪执法局)注册为 MSB(Money Service Business,货币服务企业),是 MasterCard 国际万事达卡组织授权的服务商。如图 9-4 所示为 Payoneer 平台。

图 9-4 Payoneer 平台

2. World First

World First(https://www.worldfirst.com)，简称 WF 卡，是 2004 年在英国伦敦成立的一家外汇兑换公司。专注于为企业和个人卖家提供国际支付服务。2010 年 World First 进入中国，目前已经服务超过 20000 名中国跨境电商卖家。如图 9-5 所示为 World First 平台。

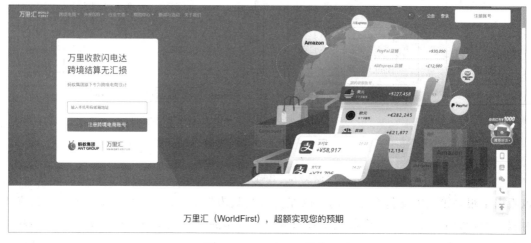

图 9-5　World First 平台

3. PingPong

PingPong(https://www.pingpongx.com)金融是国内首家跨境收款平台，于 2014 年成立，专注为中国跨境电商提供亚马逊收款服务。Ping Pong 金融拥有注册于纽约的金融服务子公司(Ping Pong Global Solutions)，接受美国金融犯罪执法局(FinCEN)的监管。如图 9-6 所示为 PingPong 平台。

图 9-6　PingPong 平台

4. Skyee

Skyee(https://www.skyee360.com/),又称收款易,由广州市高富信息科技有限公司于2016年创立,得到工商银行、中国银行和广发银行三家银行合计28亿的授信,目前提供亚马逊欧元收款。Skyee旗下关联公司分别接受美国金融犯罪执法网络(FinCEN)监管及香港海关监管,资金安全有保障。如图9-7所示为Skyee平台。

图9-7 Skyee平台

(三)自营B2C(独立站)收款

独立站,即商家自建网站,商家可以根据目标市场的偏好来选品、营销、引流,并设置支付、物流方式。与之相应的收款服务和平台也有所不同,独立站收款方式主要是PayPal、国际信用卡、海外本地支付。

1. PayPal

成立于1998年12月,是目前世界最大的在线支付提供商,全球有超过一亿个注册账户,是跨国交易中最常用的付款方式。任何人只要有一个电子邮件地址,都可以使用PayPal在线发送和接收付款。对于独立站来说,基本人人都在使用,尤其是对于新手来说,它上手十分方便。不过PayPal更倾向于保护消费者的利益,因此卖家经营一定要合规,维护账户健康安全,同时把收到的钱及时提现。

2. 国际信用卡收款

指通过第三方信用卡支付公司集成Visa、MasterCard、JCB、美国运通(American Express)等国际信用卡支付网关来收款,如图9-8所示。这种方式优点在于全球普及率高、方便、便捷、支付成功率高、体验好,缺点是有拒付,对合规风控要求很高。对于国内的第三方支付平台而言,开通国际信用卡收款服务一般都需要年费或相关费用,所以适合有独立站运营经验和基础的卖家。而且像Shopify这样的独立站SaaS(Solfware-as-a-Service,软件即服务)平台,卖家在开通信用卡收款通道时需要提供过往的交易记录,所以新手卖家可以先用PayPal收款一段时间后,再把国际信用卡收款补充进来。

图 9-8 国际信用卡

3. 海外本地支付

这种方式针对有跨境收款需求的企业和个人，一站式接入全球 300 多种本地支付，专注于为中小企业和个人提供"简单、安全、快速"的全球在线收款服务，如德国的 Sofort Banking、Giropay、荷兰的 iDeaL、波兰的 przelewy24、巴西的 Boleto、俄罗斯的 webmoney、QIWI、新加坡的 GrabPay、eNETS、Singpost 等都是目前流行的海外本地支付方式（可以理解为海外的支付宝/微信支付）。这种支付方式最大的优点是没有拒付，支付体验好，没有信用卡也能接入使用，同时可以保护商家的利益，缺点是支付成功率没有信用卡高。

跨境电商出口卖家们在选择付款方式前，应先明确自己的经营类型、服务市场、用户习惯、交易量和交易频次等信息，然后综合对比选择合适的支付方式和支付公司。支付环节是跨境电商最后一个重要的交易环节，可能有些用户在支付上遇到困难就会直接弃购或取消订单了。因此要为顾客提供多样、稳定的支付渠道，以保证交易的顺利完成。

三、不同地区跨境支付方式使用情况

最主流的 B2C 网站支付方式是以接收信用卡支付为基础的，同时消费者常用的支付工具有信用卡、借记卡、电汇等，所以面向购物网站的支付系统，基本要提供这些支付工具的支付接收方式。

此外，全球各地区的消费者在网上购物时，所使用的支付方式是有差别的，下面对全球部分地区跨境支付的使用情况进行盘点。

（一）北美：支付方式多样化，信用卡是常用支付方式

北美地区的消费者熟悉各种先进的电子支付方式，包括网上支付、电子支付、电话支付、邮件支付等。在美国，信用卡是常用的在线支付方式，一般的美国第三支付服务公司可以处理支持 158 种货币的维萨（Visa）和万事达（MasterCard）信用卡，支持 79 种货币的美国运通（American Express）卡，支持 16 种货币的大来（Diners）卡。同时 PayPal 也是美国人非常熟悉的电子支付方式。

（二）欧洲：本地支付方式备受欢迎

欧洲消费者除维萨（Visa）和万事达（MasterCard）等国际卡外，本地的如 Maestro（英国）、Solo（英国）、Laser（爱尔兰）、Carte Bleue（法国）、Dankort（丹麦）、Discover（美国）、4B

(西班牙)、CartaSi(意大利)等也非常受欢迎。

(三) 中国：第三方支付方式盛行

在中国，最主流的支付平台是以支付宝和财付通为首的第三方支付，这些支付采用充值的模式进行付款，它们都集成了大部分的网上银行功能。在国内信用卡或是借记卡也都可以用来进行网上购物，其中信用卡的使用率在逐渐攀升。

在中国香港、澳门和台湾地区，人们最习惯的电子支付方式还是 Visa 和 MasterCard，他们也习惯于用 PayPal 电子账户支付款项。

支付宝跨境收款方式方便快捷，受到人们的喜爱，具体注册及登录界面如图 9-9～图 9-12 所示。

图 9-9 支付宝平台

图 9-10 支付宝注册界面

图 9-11　支付宝个人及企业账户注册界面

图 9-12　支付宝登录界面

用户可以通过以上步骤，注册及登录支付宝平台，进行跨境支付的操作。在目前移动支付盛行的背景下，人们更多的是通过手机支付宝进行跨境收付款的操作。

个人及企业均可使用下载手机支付宝 App，使用已有的支付宝账号，进行跨境收付款的操作，如图 9-13～图 9-15 所示。

用户登录进入手机支付宝界面后，选择更多，在全部应用里边中，选择资金往来里的转账按钮，就进入到图 9-15 转账界面，单击其中的跨境汇款按钮进入到下一个界面，如图 9-16～图 9-18 所示。

图 9-13　手机支付宝汇款操作界面（一）

图 9-14　手机支付宝汇款操作界面（二）

图 9-15　手机支付宝汇款操作界面（三）

图 9-16　手机支付宝跨境收汇款操作界面（一）

图 9-17　手机支付宝跨境收汇款操作界面（二）

图 9-18　手机支付宝跨境收汇款操作界面（三）

在跨境汇款界面中，有 3 个项目分别是"我要汇款""我要收款""留学缴费"。进入"我要汇款"项目需要提交本人的证件照进行验证，还需要缴纳一定的手续费；进入"我要收款"界面后，有两个项目让客户选择，一个是汇款编号收款，如图 9-18 所示；一个是闪速收款，如图 9-19～图 9-21 所示，并提示客户选择收款银行卡，为防止收款信息错误，可一键形成收款名片以确保安全。

图 9-19　手机支付宝闪速收款操作界面（一）

图 9-20　手机支付宝闪速收款操作界面（二）

图 9-21　手机支付宝闪速收款操作界面（三）

用户进入闪速收款界面后，会出现闪速收款的介绍，同时提示用户立即体验闪速收款，进入到下一个界面后，提示用户选择绑定的银行卡，并生成收款名片，以确保收款信息正确。

（四）日本：以信用卡付款和手机付款为主

日本本地的网上支付方式以信用卡付款和手机付款为主，日本的信用卡组织为 JCB，支持20种货币,常用于网上支付。除此以外一般日本人都会有一张维萨(Visa)或万事达(MasterCard)卡。此外,在日本使用手机上网的人群数量已经超过使用个人计算机上网的人群数量,他们很习惯使用手机进行网上购物,因此手机付款也是他们常用的付款方式。

(五)韩国:支付方式封闭,国内银行支付占主流

韩国主流的购物平台大多是C2C平台,如Auction、Gmarket、11ST等。另外还有众多的B2C网上商城,如一些品牌企业的店铺和某些明星开设的商店。韩国的支付方式较为封闭,一般只提供韩国国内银行的银行卡进行网上支付,维萨(Visa)和万事达(MasterCard)的使用比较少,而且多列在海外付款方式中。PayPal在韩国也有不少人使用,但不是一种主流的支付方式。

四、不同贸易方式下的跨境支付

(一)保税区模式下的跨境支付

如果一家境外公司在中国发展跨境电商业务,在中国大陆已有注册公司,当消费者下单之后,这家公司便可采用保税区或者直邮的模式进行货品运送。相应的,跨境支付在技术上的解决方案便可转换为诸如与支付宝、微信支付等中国消费者普遍使用的电子支付方式产生对接。

在保税区模式中,外国货品先入境,保税报关后存储在中国保税区,中国消费者下单后,直接从保税区采用国内物流体系进行配送。订单产生后,要将相关"买卖信息、支付信息、物流信息"统一上报海关系统备案(即所谓三单合一),经海关核实无误后,才会放行发货。

(二)海外直邮模式下的跨境支付

在海外直邮模式中,先是中国消费者下单,外国货品到达中国海关仓储,清关后进行国内物流配送。

与保税区模式相比,海外直邮是以个人包裹形式入境,需缴纳5%~10%的税款,可以保证商品品类的丰富,但中间涉及海外仓储、收件打包、跨国运输、海关清关、国内配送等多个环节,没有极强的把控力难以在时间和运费上有优势。

(三)境外电商支付解决方案

如果一家境外公司在中国发展跨境电商业务,在中国大陆并没有注册公司,其网站没有中国域名以及ICP备案,并且服务器托管在海外,那么这种情况下的电商业务往往采用邮政的方式进行货物的寄送,在消费者下单时支付信息无须经由中国海关确认。

这种经营模式在跨境支付问题上,一种解决方案是海外公司找一家在中国有实体的中间代理商,以代理公司的名义收款,中间商收取一定比率的服务费,但由于境外电商公司的服务器不在中国,对于代理公司而言背负一定的风险。另一种解决方案是采用支付宝国际版或者微信支付海外版,但海外公司提款需缴纳2%~3.9%的手续费,并且往往到账延迟,汇率变化也会影响收益。

(四)进口跨境贸易支付解决方案

和上述3种情况不同,也有一些公司可能是在中国有注册实体,但由于种种原因没有采

用保税模式或者海外直邮,而是采用邮政的方式,即其进口贸易完全可以用中国国内的支付方式。其弊端是税率相对较高,但比起申请一个证书需要两年的时间成本,仍然具有显著收益。这一快速出货的方式即是采用邮政通关,并交付税率,然后采用国内支付方式。

任务实施

一、拟定汇报的提纲

从项目的必要性、可行性、项目效益等方面拟定汇报的大纲。

二、着手收集资料,完善汇报内容

(一)项目的可行性

(1)跨境支付的方式有哪些?

(2)如果公司采用的是 B2C 的电商平台,应该如何进行跨境支付?

(二)项目的必要性

(1)确定本公司运营模式。

(2)选择跨境支付方式。

(三)项目的效益

结合公司自身发展情况,选择跨境电商运营模式,确定适合企业的跨境支付方式。

三、进行汇报,结合企业实际情况向老板介绍适合企业的跨境支付方式

(1)形成项目实施方案,并制作汇报 PPT。

(2)进行汇报。

小提示:

在教学实施时,可进行小组教学,每个小组(5人左右)作为一个项目组选择适合企业的一种跨境运营模式,采用不同的跨境支付方式进行汇报。

各小组汇报结束,由全班陪审团对每个小组的汇报进行提问,回答完毕后进行评价,现场投票表决哪个小组的方案最适合公司的发展,并说出理由。

最后,由老师扮演"老板"的角色,进行总结和评析。

同步实训

在已注册的国际支付宝账户中,识别人民币和美元收款账户绑定的区别,并按照步骤截图配以说明。

习题

1. 跨境支付方式有哪些?
2. 不同类型的跨境电商模式的收款方式有什么不同?
3. 作为一名跨境电商从业人员,在选择跨境支付方式时应该考虑哪些问题?

任务三　跨境支付应注意的问题及风险防范

情境导入

经过公司认真的研究后,公司高层与小凌在跨境电商的业务运营、支付方式上达成了共识。为了进一步确保今后业务开展中跨境支付的顺利进行,小凌认真研究了不同模式及不同地区所采用的支付方式,了解目标市场的情况,以提前了解不同支付规则,规避风险,对未来跨境支付的发展作出预期,为公司获得利益最大化做准备。

任务分析

为了确保今后业务的顺利开展,规避支付风险,小凌需要了解跨境支付的相关规则,明确不同支付方式中应该注意的规则及风险。

知识链接

一、收款账户与结汇平台的选择

做跨境电商生意,电商网站的资金流动是一个很大的问题,DHpay、Stripe、PayPal 都是国际上常用的支付提供商。这些支付平台大幅简化境外线上付费过程,让消费者只需要填入 E-mail、信用卡、验证码就可以结账。具体介绍如下。

（一）DHpay

DHpay(https://www.dhpay.com/)是国内敦煌旗下的跨境支付服务提供商,作为本土跨境支付平台,它提供了人民币结算服务,避免客户每年 5 万美元的外汇限制。DHpay 可用于 224 个国家和地区,支持多种货币交易,消费者只要输入卡号和验证码即可完成付款,它跟 PayPal 一样需要跳转到 DHpay 页面支付,而不能直接在站内支付,如图 9-22 和图 9-23 所示。相对于其他两个支付供应商,DHpay 的手续费低,无任何开通费、年月费,提现和退款都没有额外的收费。

图 9-22　DHPAY 平台(一)

图 9-23　DHPAY 平台(二)

(二) Stripe

Stripe(https://stripe.com/)的收费方式设计简洁、容易使用,可以站内(网站或 App 皆可)付费,支持的币种也是最多的,如图 9-24 所示。Stripe 的付款方式还支持微信、支付宝,但是这个支付功能主要是针对大陆实名制用户去境外购物使用的。Stripe 的支付方式只需要消费者在第一次使用时输入 E-mail 和信用卡账号,之后就不用再填资料,可以直接付款,大幅降低消费者抛弃购物车的概率。Stripe 目前支持的国家只有 25 个,中国只支持香港地区,如果国内的商家想要使用的话,得有香港账户才能申请,或者是申请其他支持国家当地银行账户,这一点对于国内商家来说是一大麻烦。

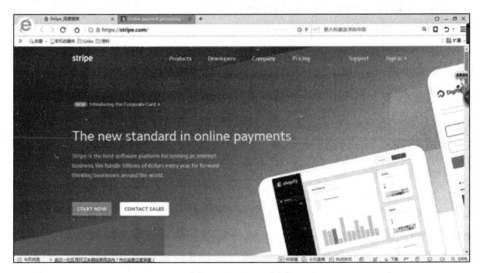

图 9-24　Stripe 平台

(三) PayPal

PayPal(https://www.paypal.com)作为老牌的第三方交易支付平台,可在很多国家使用,有中文版网页,支持国内主流银行借记卡、实名认证银行卡,对国内做跨境电商的商家来说是最容易注册申请和使用的。其缺点是 Paypal 的手续费明显比其他提供商高,还有各种复杂的附加费用,且目前 PayPal 仅支持将 PayPal 账户余额中的美元转换为人民币,其他币种要先兑换为美元再进行转换。同时,PayPal 结账时需要跳转到 PayPal 页面,不能直接在站内支付,商家可控性较低。PayPal 平台界面如图 9-25 所示。

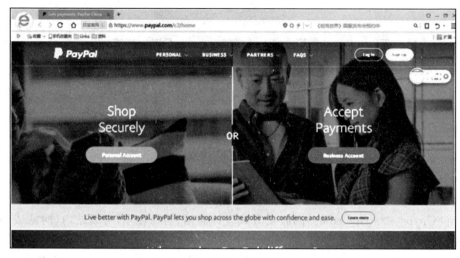

图 9-25　PayPal 平台

二、个人账户与公司账户收款的注意事项

卖家可以设置 3 个美元账户提现银行账号,分为个人账户和公司账户。

(1) 使用公司账户收款时,卖家必须办理正式报关手续,并在银行端完成相关出口收汇核查、国际收支统计申报之后,才能顺利收汇、结汇。

(2) 使用个人账户收款,卖家会受到每年 5 万美元的限制,超过 5 万美元的限制可以通过以下两种方式解决。

① 分年结汇,例如 2016 年先结 5 万美元,剩余的待下一年结汇;

② 可先用某一账户提现 5 万美元,下次提现时更改个人收款账户,分开提现。

三、开展跨境支付业务的资质

具有跨境支付牌照的机构才能从事跨境电子商务的外汇支付业务,跨境支付牌照的是国家外汇局发放给支付机构,允许其进行跨境电子商务外汇支付业务的许可证。

2013 年 3 月,外汇局曾下发《支付机构跨境电子商务外汇支付业务试点指导意见》,决定在上海、北京、重庆、浙江、深圳等地开展试点,允许参加试点的支付机构集中为电子商务客户办理跨境收付汇和结售汇业务。外汇局规定,试点支付机构为客户集中办理收付汇和结售汇业务,货物贸易单笔交易金额不得超过等值 1 万美元,留学教育、航空机票和酒店项下单笔交易金额不得超过等值 5 万美元。所谓支付机构跨境电子商务外汇支付业务,是指支付机构通过银行为小额电子商务(货物贸易或服务贸易)交易双方提供跨境互联网支付所涉的外汇资金集中收付及相关结售汇服务。

(一) 跨境支付业务申报需提供什么材料

支付机构申请试点开办跨境电子商务外汇支付业务应向所在地外汇分局提交以下材料。

（1）申请报告，载明申请人名称、住所、注册资本、组织机构设置、已开展的支付业务和拟申请开展的跨境电子商务外汇支付业务种类有关备案，以及准备情况和工作计划等。

（2）业务运营方案，包括业务办理流程详细说明资金汇兑和支付整个环节、客户实名制管理、交易真实性审核、国际收支统计申报、数据采集报送、备付金账户管理、业务风险控制等内容。

（3）《支付业务许可证》复印件。

（4）与备付金开户银行的书面合作协议，包含备付金账户管理、支付指令管理、跨境收支申报管理、系统录入管理、数据核对等内容，且明确双方责任义务。

（5）内部操作规程含，包支付机构内部各部门业务分工、操作流程和要求等。

（6）国家外汇管理局要求的其他材料。

（二）开展跨境支付业务需要的牌照

1. 支付业务许可证

非金融机构提供支付服务，应当依据取得支付业务许可证，成为支付机构。支付机构依法接受中国人民银行的监督管理。

2. 跨境外汇支付牌照

跨境外汇支付牌照是国家外汇局发放给支付机构，允许其进行跨境电子商务外汇支付业务的许可证，允许部分拥有支付业务许可证且支付业务为互联网支付的第三方支付公司开展跨境业务。另外，要从事相关的外卡收单业务需要获得国际信用卡组织的认证，取得收单资质，如 Visa 收单服务提供商（QSP）、MasterCard 支付服务商、美国运通商户集成商。

四、跨境支付的风险防范

传统的汇付、托收、信用证支付方式中，电汇是目前中小型外贸企业使用较多的一种结算方式。电汇 T/T 的业务流程相对简单，具体如下。

买方作为汇款人，要填写境外汇款申请书，同时交款付费给境内的汇出行；汇出行通过 SWIFT 系统发出汇款指示给境外的汇入行；汇入行据此向收款人发出电汇通知书；卖方作为收款人在接到通知后，即去银行兑付，银行向收款人解付；解付完毕之后，汇入行向汇出行发出借记通知书，同时汇出行给汇款人电汇回执。

电汇的特点是收汇迅速，费用适中，在汇付、托收、信用证传统的支付方式中，虽然收费比票汇高，但比信用证和托收都低。中国银行的收费是汇款金额的 1‰，另加收电信费，下限为每笔业务最低 50 元，上限最高 1000 元。

卖家在支付方式上的理性选择，不但要考虑符合地域习惯，更要懂得控制风险，二者兼顾，才是一个理性的选择。由于电汇是一种基于商业信用的支付方式，所以从风险看，T/T 风险是较大的。那么，卖家如何进行 T/T 风险控制？前面提到的，将汇款的两种方式进行组合，即前 T/T 和后 T/T 组合成 30% 预付和 70% 即期，只有买卖双方完全互信时，才使用前 T/T。但是，一些中东地区的顾客就喜欢货到付款，在沙特和阿联酋"后 T/T"的比例达 60%～70%。所以，有些公司可能也会无奈之下的冒险一试。

刚刚进入跨境出口电商行业的企业，一般有两种可能的发展路径，主流的一般是在大的电商平台上卖货，小众的则专门针对某些独特市场进行销售。不同路径在支付方式的选择上都要兼顾灵活和安全风控。所谓灵活机动,是要适应当地的风俗和要求;而所谓风险管控,则需提高卖家的资金流的回款率。

跨境卖家在做收汇结算的选择时,应该树立"风控第一、成本第二"的意识。例如,代收货款,从出现之日起,就具有第三方支付的属性。在跨境电商爆发式发展的今天,第三方支付平台,比如国外的PayPal、国内的支付宝、微信支付等,安全性和便利性都得到验证,因此,跨境出口卖家应该学会借助第三方支付这类更加安全的支付手段。

任务实施

一、拟定汇报的提纲

从项目的必要性、可行性、项目效益等方面拟定汇报的大纲。

二、着手收集资料,完善汇报内容

(一)项目的可行性

(1)跨境支付的风险有哪些?
(2)在公司进行跨境支付时应考虑哪些因素?

(二)项目的必要性

(1)跨境支付风险防范。
(2)跨境支付个人账户与公司账户的限制。

(三)项目的效益

在进行跨境支付时即要灵活机动,更要注意风险管控,提高卖家的资金流的回款率。

三、进行汇报,结合企业实际情况向老总汇报公司应该如何规避支付的风险

(1)形成项目实施方案,并制作汇报PPT。
(2)进行汇报。

小提示:

在教学实施时,可进行任务教学法,提前安排任务,分组进行任务分配,每个小组(5人左右)作为一个项目组,选择某一跨境支付的案例,向大家汇报,并进行交流讨论,经过思想碰撞后,找到一个更适合中小企业规避跨境支付风险的方法。最后,由老师扮演"老板"的角色,进行总结和评析。

同步实训

在已注册的国际支付宝账户中,结合账户操作试述美元账户收款的注意事项。

习题

1. 跨境支付有哪些风险?
2. 个人账户与公司账户在收款时有什么限制?
3. 要从事跨境支付业务需要具备什么样的资质?

项目十

知识产权

学习目标

知识目标

1. 了解跨境电子商务活动涉及知识产权保护的现状;
2. 说出跨境电子商务活动常见侵犯知识产权行为的种类;
3. 初步识别跨境电子商务活动常见侵犯知识产权的行为;
4. 阐述跨境商标注册的重要性和注意事项;
5. 说出跨境电子商务活动涉及侵犯知识产权被投诉后的应对办法及处理流程。

能力目标

1. 能够进行侵犯知识产权的防范排查;
2. 能够模拟操作跨境商标注册流程;
3. 能够模拟操作跨境侵权投诉应对处理流程。

素养目标

1. 培育和践行社会主义核心价值观;
2. 逐步树立符合社会主义主流思想的人生观、价值观和世界观;
3. 养成遵纪守法、依法办事的职业行为习惯;
4. 养成运用法律逻辑进行思维分析的职业行为习惯。

项目介绍

本项目包含了三个学习任务,具体如下。

任务一 跨境知识产权保护

任务二 跨境商标注册

任务三 跨境侵权投诉的应对技巧

通过本项目的学习,了解跨境电子商务活动涉及知识产权保护的现状、知识产权保护分类与特点,判断识别常见侵犯知识产权的行为,了解必要的防范侵犯知识产权的措施,能模拟实操跨境侵权投诉的应对办法及处理流程,强化保护知识产权的意识和规范跨境电商职业行为。

任务一　跨境知识产权保护

 情境导入

2018年年底至2019年年中，MONCHHICHI（萌趣趣/蒙奇奇，见图10-1）品牌的权利人日本关口有限公司（SEKIGUCHI CO.,LTD.）就其拥有的"Monchhichi"三项知识产权在中国发起维权诉讼，状告亚马逊、eBay、Wish和速卖通等平台多个商家侵犯其版权、商标权及外观设计专利权。小凌听说此事吓了一跳，不禁疑问：一个设计怎么会同时拥有三项知识产权呢？怎样就算跨境侵犯知识产权？怎样才能防范跨境侵犯知识产权？

图10-1　MONCHHICHI

任务分析

作为跨境电商运营人员，如果对知识产权的知识不了解，头脑中缺乏知识产权保护的意识，或者尽管意识到行为可能属于侵犯知识产权，但是为了巨大收益依然抱着侥幸心理而为之，迟早会造成问题。所以跨境电商活动中需要重视知识产权的保护，深入学习跨境知识产权保护知识，通过模拟实操防范侵犯知识产权的方法和措施，树立知识产权保护意识和观念，养成依法办事的职业行为习惯，才能有效地运用法律手段保护自己，规避风险。

 知识链接

一、跨境知识产权侵权

近年来，随着跨境电商卖家在全球市场中的突飞猛进式发展，国内多地海关在跨境电商渠道查获侵权物品数量明显呈上升趋势，涉及侵犯著作权、商标权、专利权等知识产权纠纷问题也纷纷凸显。

2019年在亚马逊、速卖通和eBay等多个平台大约4000家的电商卖家因Angle-izer和spin master twisty petz两个品牌的产品涉及侵权被起诉，这些店铺被限制，Paypal账户先后遭受冻结，经济损失巨大，一些中小型企业因此受到毁灭性的打击，同时还影响到中国电子商务海外业务的拓展以及中国电商的形象。

一些企业在国内已经获得商标注册或者国内专利权，但在知识产权保护严格的欧美市场从事跨境贸易仍然会遇到侵权投诉，因为商标、专利保护有地域时效等限制，在国内受保护不等于在国外也受保护。中国制造还经常遭遇如涉外专利申请不通过、商标被抢注等问题，被控诉侵权、勒令下架禁售，有时艰苦建立的品牌也因此遭重创。可见跨境电商活动中面临侵犯知识产权行为的风险越来越大。

要学习知识产权保护的知识,首先需要认识了解知识产权保护的各类客体对象,如图10-2所示。

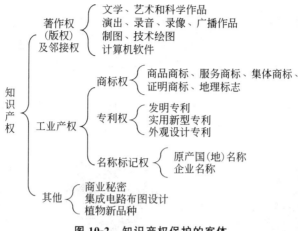

图10-2 知识产权保护的客体

(一)版权侵权

著作权(又称版权)是指作者及其他权利人对文学、艺术、科学作品享有的署名、复制、发表、发行、修改、保护作品完整性等人身及财产权利的总称。跨境电商活动中常见的版权侵权行为有以下几类。

1. 未经授权使用他人创建的文本或图像

主要涉及服装鞋帽、箱包皮具、家纺装饰用品、玩具玩偶、灯饰灯具等产品品类,常表现为从跨境电商平台其他商户的商品描述页面复制文本或图像,或从他人广告中复制文本或图像,或者在商品上使用了他人拥有版权的图案设计、卡通形象和图案。例如,私自使用美国漫威公司的动漫人物、迪士尼的卡通形象米老鼠、唐老鸭之类等,都属于未经许可使用他人版权的侵权行为。

直接复制使用他人图片的行为俗称盗图,就算销售和他人完全相同的产品,但商品描述页面上放的只要不是自己原创拍摄的产品图片,且没有获得图片所有权人许可,就会构成侵权。

2. 未经授权复制软件、绘画、影视、音乐、网络媒体用于商业用途

例如,在电商平台上销售未经授权的软件、绘画、影视、音乐、网络媒体副本、复制件等。

(二)商标侵权

侵犯商标权是指行为人未经商标权人许可,在相同或类似商品上使用与其注册商标相同或近似的商标,或者其他干涉、妨碍商标权人使用其注册商标,损害商标权人合法权益的其他行为。跨境电商活动中常见的有以下几类。

1. 在商品中使用他人注册商标名称及衍生词,或近似 Logo 图片

这类行为一般在店铺名称、店铺 banner、滚动页等店铺装潢图片,以及商品组名、产品标题、属性、描述等商品信息中比较常见。

比如,某商家因为在某种多用途锅头产品描述中用了"Air Fryer(空气炸锅)"这个关键词,被飞利浦公司投诉商标侵权,理由是商品描述的文本信息中使用他人品牌衍生词,明示/暗示这是飞利浦品牌。

再如,跨境平台很多商家销售魔术贴(HOOk&LOOP),该产品可广泛用于服装、鞋子、皮包、沙发、坐垫、窗帘、玩具、运动休闲器材、医疗器械、各类电子电线等,如图10-3所示。常用"Velcro Tape"来做推介表述,而"VELCRO®"是美国罗克劳公司的注册商标,便构成了侵犯商标权的行为。

又如,图10-4这款T恤衫上印制的这个酷炫爪印图案其实是美国monster能量饮料的注册商标,若是没有获得授权的话则会构成侵权。

图10-3 魔术贴　　　　图10-4 印有monster饮料商标的T恤衫

相似的例子还有,在阿里速卖通网站上,美国某买家拍下福建A公司展示的服装产品图片中有与国际某知名服装品牌B的商标近似的一款服装20件。A公司看到订单后立即回复美国买家说"此款无货",美国买家随后拍下另一款与此款无关的服装。然而A公司仍被服装品牌B在美国伊利诺伊地区法院提起商标侵权诉讼。

2. 销售仿制品、复制品

例如,制造商没有获得Burberry商标权利人的授权,却制造如图10-5所示印有Burberry独特格纹图案的钱包、鞋子,这就是销售仿制品、复制品的侵权行为。

图10-5 印有Burberry独特格纹图案的商品

3. 品牌名称滥用

配件类商品未采用"适用于"的正确表述。例如,国内商家专为iPhone手机生产制造的通用手机保护壳,应该使用生产商自己注册的商标,若是描述中写成iPhone case则会构成侵权。

4. 徽标滥用

例如,在休闲运动服装产品或者详情页面的图片中使用各种国外运动俱乐部特有的徽标也是侵权,如图 10-6 所示。

图 10-6　国外足球运动俱乐部徽标

又如 NFL 案例侵权案。NFL 是世界上最大的职业美式橄榄球联盟(National Football League)的简称,是由 32 支来自美国不同地区和城市的球队组成,每支球队的 Logo 均已申请商标,NFL 及 32 支球队 Logo 均为商标,比如匹兹堡钢人队。跨境平台某商家某产品的产品标题、属性、描述中有出现匹兹堡钢人队 Logo 商标的,成立侵权行为。

(三) 专利侵权

指卖家在未经允许的情况下擅自生产销售别人发明的,或是申请了专利保护的产品。专利权包括外观设计、实用新型、发明 3 种。

1. 外观设计专利侵权

外观设计专利是指产品的形状、图案或其结合以及色彩与形状、图案的结合所做出的富有美感并适于工业应用的新设计、经申请获得国家保护的专有权利。

售卖产品的外观与他人外观专利达到 60% 的相似度就会被视为侵权,这在跨境电商活动中时有发生。

例如,美国服装品牌 off-white 把图 10-7 中这种斜杠条纹申请了外观设计专利,如果未经授权在产品上使用这个图案,则属于侵权。

图 10-7　版权图案

2. 实用新型专利侵权

实用新型专利是指产品的形状、构造或者是结合起来新的技术方案,也称小发明、小专利。

例如,九牧卫厨授权福建某律师事务所起诉某商家在淘宝销售的一款花洒产品涉嫌侵犯外观专利和实用新型两项专利,要求赔偿共计 4.5 万元。

3. 发明专利

若某种产品有着发明专利,没有经过允许是不能进行擅自生产和销售的。为了识别产品是否有着专利,跨境电商商家需要在专利网上进行搜索查询,一般都能判断识别。

例如,深圳有位跨境卖家开设的网店因跟风售卖 PopSockets(可伸缩的手机气囊支架,中文昵称"泡泡骚"),收到了深圳市中级人民法院发来的诉讼开庭传票,因为 PopSockets 公司起诉并要求他对专利侵权造成的损失赔偿 20 万元人民币。

(四) 名称标记侵权

例如,一些销售汽配产品的电商店家,在没有得到整车厂商授权的情况下,使用"OE(表示汽配产品编号)""Original(原产地)""Genuine(正品)"这些词语或含"OE""Original""Genuine"等词语的图片。

出现以上侵权行为的原因各种各样,但是以下两种比较常见。

(1) 中国的中小企业做加工、代工的很多,做了某单加工或者代工后,为减少开支,于是往往在订单的生产模板上继续制造商品并在线上销售,这就导致了国内电商平台产品近似和雷同情况非常普遍,容易导致侵权。

(2) 平台销售商的知识产权保护观念薄弱,向工厂拿货、拿图后,在上传到网络店铺之前或者在售卖之前,没有做防范侵权的有效产品检索和分析,或平台销售商在跟卖他人产品时,为节省人力照搬照抄,包括产品 Listing 以及相关图片,导致侵权。

另外,在跨境电商活动中,中国商家法律意识、知识产权意识不强,又因国内外司法环境的差异、语言障碍导致不了解国外法律规范,这些是造成上述现象的内在关键因素。

二、跨境知识产权侵权的防范

(一) 跨境知识产权侵权的防范方法

1. 版权侵权防范方法

(1) 在产品上线前注意判断识别文本和图片的版权问题,避免直接复制他人的产品描述文本和可能含有版权的图案图片,决不能为了图省事方便给自己留下侵权的隐患。建议平时多关注市场上畅销的影视、文学、艺术作品相关的信息,特别那些与自己售卖商品外观图案可能有关的内容。

(2) 应该尽量避免跟卖别人的产品,即使跟卖也要注意在发布新产品的 listing 中避免使用他人的描述文本及关键词、图形、图片等。

2. 商标权侵权防范方法

(1) 产品上线前采取和以上所述版权侵权防范同样做法,应避免在详情主页面以及各种类型广告中单独使用,或用字体、颜色突出使用进口商品商标。避免使用相同或近似于他人的商标文字和图形。凡是来源不明的图形,看着美观独特的图形,建议不要轻易使用,否则侵权风险极高。

(2) 通过有关国家(地区)商标官网查询所售产品的商标在制造国家和地区是否已经被注册。常用各个国家和地区的查询网址如下。

- 中国(大陆):http://sbj.cnipa.gov.cn/sbcx/。
- 中国香港:https://www.ipd.gov.hk/sc/home.htm。
- 美国:https://www.uspto.gov/trademark。
- 欧盟:https://euipo.europaeu/esearch。
- 加拿大:http://www.ic.gc.ca/app/opic-cipo/trdmrks/srch/tmSrch.do?lang=eng。
- 澳大利亚:http://pericles.ipaustralia.gov.application.start。
- 日本:https://www.jpo.go.jp/。
- 韩国:http://www.kipo.go.kr/kpo/user.tdf?a=user.eng.main.BoardApp

- 法国：http://www.inpi.fr/fr/accueil.html。
- 印度：http:/ipindia.nic.in/。

在 https://www.sohu.com/a/306080218_100042343 网页上，大创浩域知识产权顾问伍家豪介绍了以美国为例的商标查询检索步骤和方法，对于通晓英语的人而言这些属于比较简单的操作。如果不通晓国外语言文字，虽然可以利用手机或者计算机的翻译软件来进行查询，但费时费力，建议付费给专业机构及人员来完成才更安全。

图形商标因为直接检索查询非常困难，导致其侵权比例又普遍高于文字商标侵权，同样建议付费委托专门的知识产权机构做相应的图形商标检索查询。

（3）如果产品不是由该品牌商制造或与该品牌配套或者兼容，则不得在商品详情页面使用品牌名称。若要体现产品是专门为该品牌产品设计的配套或者兼容，应该在品牌名称前使用"compatible with（配合）""fits（适合）"或者"for（为）"字样。

（4）定期检查自己店铺的在线产品，关注是否已经被人抢先注册了所用商标。

（5）不断完善自己产品的运营，合理建立自主品牌、注册自有商标。

（6）欧美对知识产权保护非常严格，平时应多关注美国 GBC、EPS、Keith、SMG 四大律师事务所负责维权的品牌，没有取得授权的前提下千万不要销售这些商品。平时应特别留意美国可疑的收货地址或卖家 ID，美国四大律所常伪装成买家来购买商品，用"钓鱼执法"的手段在各家店铺收集侵权证据，因此卖家如能通过特别关注发现有买家近段时间购买大量的同一商品的现象，就应警惕可能已经涉及侵权，应立即采取减损措施，马上将产品下架。

3. 专利权侵权防范方法

（1）可以在进货时询问供应商某产品是否有专利权。

（2）可以向同行的老卖家咨询某产品是否有专利权。

（3）可以向专利中介机构付费咨询某产品是否有专利权。

（4）若要自己识别判断产品是否有专利权，应运用有关产品的种类及特性的关键词在产品原产地的专利登记官网进行查询，但这个方法同样存在因语言文字不通造成困难的问题。常用专利查询网址如下。

中国及多国（欧洲、美国、日本、韩国）专利审查信息查询（见图 10-8）：http://cpquery.cnipa.gov.cn/。

中国香港：https://www.ipd.gov.hk/sc/home.htm。

德国、法国等国家的专利查询：http://worldwide.espacenet.com/numberSearch?locale=en_EP。

世界知识产权组织（WIPO）：http/www.wipo.int/wipogold/en。

（5）下面以查询美国专利为例说一下检索的方法，如表 10-1 所示。

单击 https://www.uspto.gov/patents→Search（patFT）进入查询界面，若需要了解详细检索操作方法，可以单击 help 查看介绍及示例讲解。

4. 名称标记权侵权防范

产品信息中，特别是汽配和一些工程机械配件产品信息中，不要轻易使用含有 OE、Original、Genuine 的文字或图片。

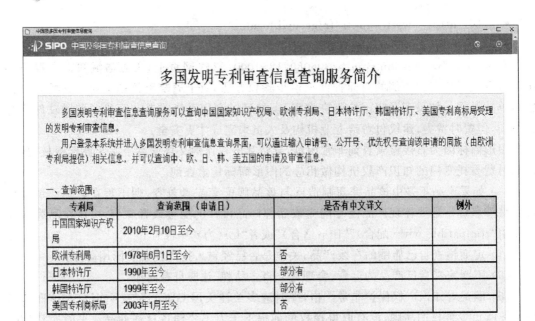

图 10-8　中国及多国专利审查信息查询服务简介

表 10-1　查询专利的检索方法（以美国为例）

序号	方法名称	任务示例	输入搜索词句（可按词组、嵌套条件、日期等）
1	Query（快速检索）	搜索专利权人为 Apple（苹果公司）的 iphone 手机	直接输入：Apple/iphone
2	Advanced（高级检索）	通过属性来搜索专利名称中包含 tennis（网球）的专利 搜索：专利申请人"Apple"，专利名称包含"display screen"（屏幕显示）	可以输入：ttl（标题的缩写代码）/tennis（关键词）。网站上都列有 field code（字段代码），查询时可以自行查找对照 an/apple and ttl/display screen
3	part number（专利号检索）	根据投诉方列举的专利详情检索	直接输入专利号进行检索

总之，侵权防范是跨境商务活动的基本要求，侵权没有发生之前感觉距离很远，一旦遇上可能会遭受灭顶之灾。所以跨境电商商家第一应强化知识产权保护意识，第二要加强知识储备，第三还要依靠网络各种查询工具进行防范，避免由于盲目自信踏入无知的陷阱。不管做什么事情都应踏实操作，规范每一步行为才做得持久。

三、跨境知识产权的保护

（一）跨境电商平台对知识产权的保护

1. 阿里知识产权保护平台

平台界面如图 10-9 所示。

图 10-9 阿里巴巴知识产权保护平台首页

(1) 阿里知识产权保护平台原则(摘录自阿里巴巴知识产权保护平台)

"阿里巴巴致力于保护知识产权,以维护健康安全的电商环境及消费者和卖家对我们的信任。通过我们先进的技术及与包括权利人、行业协会及政府部门在内的各方积极合作,我们以最佳实践来保护知识产权、进行通知删除流程、主动排查并删除存在侵权行为的商品及协助执法部门进行调查和执法行动。"

据阿里巴巴首席平台治理官郑俊芳发言,截至 2018 年年底,97%的联盟品牌权利人的线上侵权投诉在 24 小时内得到处理。

(2) 阿里打假联盟(AACA)

AACA 的成员数量已有来自 16 个国家地区的 132 位,包括中国李宁、英国戴森、美国蔻驰在内的十多个知名品牌在内,其中美洲、欧洲、中国成员均超过 30 位。

2018 年阿里打假联盟 AACA 协助执法机关破获的 154 起知识产权侵权案件,通过主动防控、鉴定合作、线下溯源打假以及公众教育等合作项目,将执法机关、全球品牌权利人、平台以及消费者等社会各方力量紧密连接成为一个共治系统,形成线上线下对制售假团伙合力围剿的打假新模式,创新了知识产权的保护模式。

(3) 阿里巴巴国际站的知识产权保护规则(见表 10-2)

表 10-2 阿里巴巴国际站的知识产权保护规则

侵权行为	触发原因	扣分计算方式
1. 在所发布的商品信息、店铺或者域名中不当使用他人商标权、著作权等权利; 2. 发布、销售商品时不当使用他人商标权、著作权等权利; 3. 所发布的商品信息或者所使用的其他信息造成用户混淆或者误认等情形	权利人投诉	首次被投诉不扣分,基于同一知识产权且发生在首次被投诉后 5 天内的投诉算一次;第 6 天开始,每次被投诉扣 6 分,一天内若被同一知识产权多次投诉扣一次分;所有时间以投诉受理时间为准
	国际站抽样检查	每次扣 2 分,一天内扣分不超过 6 分;如一般侵权行为情节严重的(包括但不仅限于交易假货纠纷),每次扣 4 分,一天内扣分不超过 12 分

续表

此处所指的"投诉"均指成立的投诉,即被投诉方被投诉,在规定期限内未发起反通知;或者虽发起反通知,但反通知不成立

严重侵权行为	累积被记振次数	处理方式
1. 未经著作权人许可复制其作品并进行发布或者销售,包括图书、音像制品、计算机软件等; 2. 发布或者销售未经商品来源国注册商标权利人或者其被许可人许可生产的商品	1次	限权7天+考试(若考试未在7天内通过最长限权30天)
	2次	限权14天+考试(若考试未在14天内通过最长限权60天)
	3次	关闭账号

1. 针对国际站上的严重侵权行为实施"三振出局"制,即每次针对用户严重侵权行为的投诉记振一次;三天内如果出现多次针对同一用户的严重侵权行为投诉,记振一次,时间以第一次投诉的受理时间开始计算。若针对同一用户记振累积达三次的,则关闭该用户账号;
2. 此处所指的"投诉"均指成立的投诉,即被投诉方被投诉,在规定期限内未发起反通知;或者虽发起反通知,但反通知不成立;
3. 除被三振关闭账号外,被记振的用户需进行知识产权学习及考试。通过考试的用户可以在限权期限届满后恢复账号正常状态。具体详见考试说明;
4. 严重侵权行为的记振次数按行为年累计计算,行为年是指每项严重侵权行为的处罚会被记录365天;
5. 当情况特别显著或极端时,国际站保留对用户单方面解除会员协议或服务合同、直接关闭用户账号以及国际站酌情判断与其相关联的所有账号及/或实施其他国际站认为合适措施的权利。"情况特别显著或极端"包括但不限于:
- 用户侵权行为的情节特别严重;
- 权利人针对国际站提起诉讼或法律要求;
- 用户因侵权行为被权利人起诉、被司法、执法或行政机关立案处理;
- 因应司法、执法或行政机关要求国际站处置账号或采取其他相关措施

(4) 全球速卖通知识产权规则

① 全球速卖通平台严禁用户未经授权发布、销售涉嫌侵犯第三方知识产权的商品。

② 若卖家发布、销售涉嫌侵犯第三方知识产权的商品,则有可能被知识产权所有人或者买家投诉,平台也会随机对商品(包含下架商品)信息、产品组名进行抽查,若涉嫌侵权,则信息会被退回或删除,并根据侵权类型执行处罚。

③ 商标、专利侵权也分为一般、严重违规两种,版权则分实物、信息两个层面和一般、严重违规。

④ 处罚标准为首次违规扣0分,其后每次重复违规扣6分,累达48分者关闭账号(严重违规情况,三次违规者关闭账号)。

⑤ 速卖通有权对卖家商品违规及侵权行为及卖家店铺采取处罚,包括但不限于退回或删除商品/信息;限制商品发布;暂时冻结账户;关闭账号。对于关闭账号的用户,速卖通有权采取措施防止该用户再次在速卖通上进行登记。

⑥ 每项违规行为由处罚之日起有效365天。

⑦ 当用户侵权情节特别显著或极端时,速卖通有权对用户单方面采取解除速卖通商户服务协议及免费会员资格协议、直接关闭用户账号及速卖通酌情判断与其相关联的所有账号及/或采取其他为保护消费者或权利人的合法权益或平台正常的经营秩序,由速卖通酌情

判断认为适当的措施。该等情况下,速卖通除有权直接关闭账号外,还有权冻结用户关联国际支付宝账户资金及速卖通账户资金,其中依据包括为确保消费者或权利人在行使投诉、举报、诉讼等救济权利时,其合法权益得以保障。

(5) 全球速卖通卖家规则

该规则第三节"商标准入及经营"第二十四条规定:为保证消费者权益,卖家申请经营商标产品,需提供系统要求的商标注册证、授权书或进货发票,审核通过后方可发布商标商品。本规则下"商标"是指已获得法定商标管理部门颁发的商标注册证或商标受理通知书的商标。

第七十一条规定:知识产权禁限售违规包括知识产权侵权一般违规、禁限售商品发布违法行为,积分累计达48分,账号将执行关闭。

第七十二条:规定知识产权严重违规包括知识产权侵权严重违规行为,侵权严重违规行为实行三次违规成立者关闭账号(侵权情节特别严重者直接关闭账号)。

第七十六条规定:速卖通四套积分体系节点处罚(见表10-3)。

表10-3 速卖通积分体系节点处罚表

违规类型	违规节点	处罚
知识产权严重违规	第一次违规	冻结(以违规记录展示为准)
	第二次违规	冻结(以违规记录展示为准)
	第三次违规	关闭
知识产权禁限售违规	2分	警告
	6分	限制商品操作3天
	12分	冻结账号7天
	24分	冻结账号14天
	36分	冻结账号30天
	48分	关闭
交易违规及其他	12分	冻结账号7天
	24分	冻结账号14天
	36分	冻结账号30天
	48分	关闭
商品信息质量违规	12分及12分倍数	冻结账号7天

(6) 阿里巴巴知识产权保护平台知识产权投诉指引

阿里巴巴知识产权保护平台为一站式投诉中心,覆盖旗下电商平台淘宝网、天猫、1688、速卖通和阿里巴巴国际交易市场。当权利人发现知识产权侵权的商品和行为(包括版权侵权、商标侵权、专利侵权等),可以通过知识产权保护平台进行投诉。

权利人注册账号并验证身份信息和知识产权证明材料后,可提交侵权商品链接发起投诉。投诉成立后,相应的电商平台的侵权商品链接将被移除。

在阿里巴巴知识产权系统中进行知识产权投诉,主要操作需分以下两步。

第一步,提交专利权基本信息,如果是实用新型专利或者外观设计专利,需要同时提交专利权评价报告。当权利人已经提交并且该专利信息已经通过审核,直接进入下一步。

第二步，选择侵权商品所在的站点，发起投诉。侵权商品所在平台为淘宝、天猫和天猫国际，当投诉链接为商品时，需要根据场景选择投诉理由。

场景一：若权利人有司法判决或行政裁决书，判定对方专利侵权，选择"不当使用他人权利－有司法判决或行政裁决"。

场景二：非权利人商品，但涉嫌侵犯专利权，选择"不当使用他人权利－无司法判决或行政裁决"，同时补充说明该专利的授权品牌（企业）及卖家产品侵犯专利情况。

举证证明中需提供该专利的授权品牌、企业或专利权利要求的技术特征和被投诉产品的技术特征的对比资料。

当投诉链接类型选择的是"店铺招牌，店铺公告等"，需要填写认为对方涉嫌侵权的理由说明，并上传相关举证证明。

侵权商品所在平台为1688/AE/SC，步骤如下。

第一步，提交新投诉，选择方式提交侵权商品链接。

第二步，待提交投诉管理，选择要投诉的商品继续提交，选择知识产权和投诉理由，上传举证证明，发起投诉。

2. 亚马逊的卖家知识产权政策

亚马逊平台跟阿里一样，也有"品牌备案"来保护产品，防止跟卖。

在表单提交页面，亚马逊再次强调该投诉渠道仅用于知识产权的所有者以及他们的代理商通知亚马逊涉嫌侵犯知识产权，如非此种情况则应采取其他方式反馈（表10-4）。以下为政策的部分内容摘录。

回复知识产权侵权通知。如果您收到侵权通知或警告，但认为权利所有者或亚马逊的处理有误，您可以提出申诉或争议。

表10-4 亚马逊知识产权侵权通知及应对措施

通知或警告的类型	您可以采取的措施
对于您从未在亚马逊上发布的商品	回复您收到的通知，并告诉我们您从未发布过所报告的商品。我们将展开调查，以确定这其中是否出现差错
如果您与权利所有者建立了关系	如果您持有的许可或其他协议允许您使用通知中指出的知识产权，请联系提交投诉的权利所有者，请求对方撤回。如果我们收到权利所有者的撤回请求，您的内容可能会被恢复
商品或包装上的商标侵权行为或假冒侵权行为	使用卖家账户中显示的账户状况控制面板提供可证明商品真伪的发票或订单编号。然后，我们将重新评估该通知，您的内容也可能会恢复
商品详情页面上的商标侵权行为或假冒侵权行为	修改商品详情页面以确保其不侵犯商标权，然后前往账户状况页面提交您的申请或如果认为您的商品被错误移除，可以前往账户状况页面提交您的申请。请提供支持文件（例如授权书、许可协议）。然后，我们将重新评估该通知，您的内容也可能会恢复
专利侵权	回复您收到的通知，并说明您认为处理有误的具体原因。您还可以提供法院命令，证明您的商品未侵权，或者声称该专利无效或无法执行

续表

通知或警告的类型	您可以采取的措施
版权侵权	您可以根据《数字千年版权法》提交反驳通知。反驳通知必须发送至版权警告中提供的电子邮件地址,其中必须包含: 您的手写签名或电子签名。您可以通过电子方式签名,具体方式为键入您的姓名,并指明其用作签名:"/s/卖家名称"。 指明已被移除或禁止访问的材料,以及材料被移除或禁止访问之前出现的具体位置。ASIN 通常可以满足要求。 一份声明,表明您确信材料由于出现错误或误识别而被移除或禁用,如所言不实,甘受伪证罪处罚。 您的姓名、地址和电话号码,以及一份表明您同意接受卖家地址所在司法辖区的联邦地方法院管辖权的声明;或者如果您位于美国境外,则声明您受美国华盛顿西区地方法院的管辖,并且您将接受举报版权侵权行为的个人或其代理人送达的法律文件

多个知识产权侵权警告。如果您收到多个知识产权侵权警告,且您认为自己销售的不是侵权商品,请通过卖家平台提交申诉,并提供以下信息。

涉嫌侵权的 ASIN 列表和以下至少一项(如适用):

a. 证明商品真伪的发票(您可以删除定价信息)。

b. 证明商品真伪的订单编号。

c. 权利所有者提供的授权书(不能是转发电子邮件)。

d. 认定您的商品未侵犯宣称的知识产权或宣称的知识产权无效或无法执行的法院命令。

账户暂停。如果您的账户因通知您的商品或内容侵权知识产权而被暂停,您可以向我们提供一份切实可行的行动计划。要了解更多信息,请参阅创建恢复销售权限的行动计划。

您应该通过账户控制面板发送行动计划,或者回复收到的账户暂停通知。我们将评估您的行动计划,并确定您的账户是否可以恢复。请注意,亚马逊会在适当的情况下终止反复侵权者的账户。

卖家应该遵守相关法律。亚马逊非常重视知识产权侵权问题。即使卖家在不知情的情况下侵犯了知识产权,我们仍然会采取措施,并且卖家账户可能会收到警告或被暂停。您应该咨询律师寻求帮助,以确保您具有适当的程序来防止知识产权侵权。

以上阿里平台及亚马逊都对知识产权的保护从多个角度采取了好些具体措施,可能不一定能完全满足跨境商家从事跨境电商活动的要求,但是就目前来说已经有了很大的进步,期待能快速出台更好的规则。

(二)跨境电商商家对知识产权的保护

1. 商家在生产销售品牌产品前,需要取得商标使用的正规授权

(1)保证货品采购渠道合法正规。选择产品供应商的时候,要事先严格考察其生产资质及生产能力,杜绝仿制品和假货。如果发现产品上贴有其他品牌商标,应要求供应商提供授权书,或者上架前先在商标检索网站上进行查询,如果发现该商标有效且另有所属权利人,建议放弃销售该产品并找供货商退货。

（2）取得商标许可使用授权。商家在代售某品牌产品前，必须要先获取品牌商标许可使用授权。

（3）在产品的生产销售过程中，要收集好所有相关的证据，包括生产销售产品图样、合同、发票、出货单、在网站上销售的相关证明等。

（4）了解美国的首次销售原则（the First Sale Doctrine）的权益保护。法令规定，只要产品与被授权卖家销售的产品没有"本质上的不同"，就不需要任何品牌许可来销售。例如卖家从经销商处采购了星巴克马克杯，但只要不对产品做任何改动，就不可能构成侵权。卖家一定要保管好从工厂获取的证明文件或者库存采购的发票。

2. 商家可以在生产销售品牌产品前后进行商标注册

（1）预算好费用，与商标设计专业机构签订商标设计协议，确保商标能注册成功、可正常使用。避免随意简单购买自由设计师网站的一个商标设计，因为可能会买到与他人甚至是知名品牌近似的商标，带来侵权隐患。

（2）现在凡是商家进驻跨境平台基本上都要进行品牌备案，所以需要先进行商标注册。可以根据商品的销售地区选择注册美国、欧盟及其他国际商标，如果销往不发达地区，一般来说美国、欧盟的注册商标含金量会高一些。

（3）若遇到商标被抢注的事情，抢注人本身不一定有这个产品来使用注册商标，只是为抢注后出售给原商家来赚一笔钱，因多数国家都规定有"商标撤三"的原则，即权利人连续三年不使用注册商标，第三方就可以申请撤销该商标的注册保护。但是被抢注的商家往往等不了这么长的时间，所以经常会以合理的价格进行回购。

3. 卖家最好发展有品质的自主品牌

（1）新研发的产品应当先行申请专利，避免上市在先、被竞争对手抢先申请专利商标，反被投诉侵权的糟糕局面。如果遇到专利抢先申请事件，首先要排查对方是否在自己申请专利前就已经在销售，若不是，卖家要马上利用合法手段争取让对方的专利被主管局宣告无效。

（2）必须保证自己拥有所售卖的产品相关专利或技术合法的权利，建议不要销售没有做过侵权检索排查的产品。

（3）如果发现自己的专利产品被侵权并确认他人的侵权行为，一是向电商平台投诉；二是通过法律咨询寻求有效的解决方式，三是可以通过专利技术找出产品的漏洞和不足，申请更完整和全面的专利权。

4. 不建议跨境电商卖家自建网站经营

虽然这样做会省去许多手续或更省钱，但是缺乏第三方平台的有效监管，更容易因疏忽而侵权，所面临的法律风险有可能高于专业跨境电商平台上的商家。

5. 维权的事情交由专业人员做

（1）尽量建立知识产权保护人员团队来实施网上平台检索监控，以排除被其他公司侵权的可能性。如果中小企业缺乏这样的实力，可以联合选择、委托专业的知识产权服务机构代为管理。

（2）当出现纠纷时，可以多个商家联合寻找更优质的境外法律服务代理机构代理和解或应诉。

6. 跨境电商平行进口商品维权的注意事项

（1）做跨境电商进口的商家应在电商主页面等显眼位置标示企业名称或商号，避免独立、突出使用该进口产品的商标，以免消费者因混淆而误认。但做跨境电商进口商家在描述跨境电商所销售商品来源或用途时使用该文字商标是被允许的。

（2）跨境电商进口商家应特别明确告知消费者其所销售商品为跨境电商零售进口商品，在质量、标准、标识以及维修、退换货等售后服务方面，与非跨境电商零售进口商品（非平行进口商品）可能存在差别。

（三）国家政府对跨境知识产权保护规定及措施

1.《中华人民共和国电子商务法》从法律层次为电子商务平台的知识产权保护订立了基本规则

概括起来，相关法条可以分为三个部分，第一部分是对电子商务平台知识产权保护义务的概括性规定（第四十一条），第二部分规定了电子商务平台的"通知—删除"义务（第四十二条至第四十四条），第三部分一般性地规定了电子商务平台的侵权判定规则。涉及具体法律条款如下。

第四十一条　电子商务平台经营者应当建立知识产权保护规则，与知识产权权利人加强合作，依法保护知识产权。

第四十二条　知识产权权利人认为其知识产权受到侵害的，有权通知电子商务平台经营者采取删除、屏蔽、断开链接、终止交易和服务等必要措施。通知应当包括构成侵权的初步证据。

电子商务平台经营者接到通知后，应当及时采取必要措施，并将该通知转送平台内经营者；未及时采取必要措施的，对损害的扩大部分与平台内经营者承担连带责任。

因通知错误造成平台内经营者损害的，依法承担民事责任。恶意发出错误通知，造成平台内经营者损失的，加倍承担赔偿责任。

第四十三条　平台内经营者接到转送的通知后，可以向电子商务平台经营者提交不存在侵权行为的声明。声明应当包括不存在侵权行为的初步证据。

电子商务平台经营者接到声明后，应当将该声明转送发出通知的知识产权权利人，并告知其可以向有关主管部门投诉或者向人民法院起诉。电子商务平台经营者在转送声明到达知识产权权利人后十五日内，未收到权利人已经投诉或者起诉通知的，应当及时终止所采取的措施。

第四十四条　电子商务平台经营者应当及时公示收到的本法第四十二条、第四十三条规定的通知、声明及处理结果。

第四十五条　电子商务平台经营者知道或者应当知道平台内经营者侵犯知识产权的，应当采取删除、屏蔽、断开链接、终止交易和服务等必要措施；未采取必要措施的，与侵权人承担连带责任。

2. 国务院印发《关于强化知识产权保护的意见》

（1）据新华社 2019 年 11 月 24 日讯，中共中央国务院办公厅印发《关于强化知识产权保护的意见》（下简称《意见》），其总体要求是：以习近平新时代中国特色社会主义思想为指导，全面贯彻党的十九大和十九届二中、三中、四中全会精神，紧紧围绕统筹推进"五位一体"

总体布局和协调推进"四个全面"战略布局,牢固树立保护知识产权就是保护创新的理念,坚持严格保护、统筹协调、重点突破、同等保护,不断改革完善知识产权保护体系,综合运用法律、行政、经济、技术、社会治理手段强化保护,促进保护能力和水平整体提升。力争到2022年,侵权易发多发现象得到有效遏制,权利人维权"举证难、周期长、成本高、赔偿低"的局面明显改观。到2025年,知识产权保护社会满意度达到并保持较高水平,保护能力有效提升,保护体系更加完善,尊重知识价值的营商环境更加优化,知识产权制度激励创新的基本保障作用得到更加有效发挥。

(2)《意见》在"强化制度约束、确立知识产权严保护政策导向"方面提出四项具体办法或措施,包括加大侵权假冒行为惩戒力度、严格规范证据标准、强化案件执行措施、完善新业态新领域保护制度,其中第四项"完善新业态新领域保护制度"指出,研究建立跨境电商知识产权保护规则,制定电商平台保护管理标准。编制发布企业知识产权保护指南,制定合同范本、维权流程等操作指引,鼓励企业加强风险防范机制建设,持续优化大众创业万众创新保护环境。

(3)《意见》在"优化协作衔接机制,突破知识产权快保护关键环节"中第四项"加强知识产权快保护机构建设"指出,在优势产业集聚区布局建设一批知识产权保护中心,建立案件快速受理和科学分流机制,提供快速审查、快速确权、快速维权"一站式"纠纷解决方案。

(4)《意见》在"加大组织实施力度,确保工作任务落实"的第五项"加强宣传引导"中要求各地区各部门要加强舆论引导,定期公开发布有社会影响力的典型案件,让强化知识产权保护的观念深入人心。加强公益宣传,开展知识产权保护进企业、进单位、进社区、进学校、进网络等活动,不断提高全社会特别是创新创业主体知识产权保护意识,推动形成新时代知识产权保护工作新局面。

3. 国务院发布《关于营造更好发展环境支持民营企业改革发展的意见》

(1) 2019年12月22日新华社讯,国务院发布《关于营造更好发展环境支持民营企业改革发展的意见》(下称《意见》),总体要求中含有:坚持以供给侧结构性改革为主线,营造市场化、法治化、国际化营商环境,保障民营企业依法平等使用资源要素、公开公平公正参与竞争、同等受到法律保护,明确要建立知识产权侵权惩罚性赔偿制度,加大对知识产权的保护力度。

(2)《意见》第四款第一项"健全平等保护的法治环境"中明确要完善知识产权侵权诉讼证据规则、证据披露以及证据妨碍排除规则。同时推动建立知识产权快速协同保护机制,健全知识产权纠纷多元化解决机制和知识产权维权援助机制。具体就是我国要加快建立惩罚性赔偿制度,大幅提高侵权成本。针对当前侵权案件多发易发的问题,要加大侵权假冒行为惩戒力度,加快在专利、著作权等领域引入侵权惩罚性赔偿制度。

北京互联网法院副院长姜颖表示,管辖和法律适用问题是跨境电商制度下的突出问题。在她看来,作为首个建立互联网法院的国家,中国应该在构建国际互联网法院方面先行一步,推动国际互联网法院的建设,帮助中国在互联网规则上争取国际话语权和扩大影响力。

此外,我国应积极推动建立和完善规制跨境电商行为的国际协调机制,尝试建立司法协助和联合执法机制。

任务实施

一、模拟跨境电商活动侵犯知识产权防范排查

（1）根据情景导入案例,各小组讨论、设计本组将要采用的一种或者多种排查方法。
（2）各小组商讨、列举排查具体任务,组长负责分配任务和协调每个组员之间的合作。
（3）小组成员在排查中简要记录实施过程。

二、任务汇报

任务完成后总结反思防范排查方法的选择、实施过程、工作效果,各组派出 1 名代表发言。

小提示：

教学过程中主要采用情景模拟教学法。学生按照每组 4～6 人组成固定学习小组进行学习,个人完成任务过程中遇到问题可找人帮忙、甚至可要求集体讨论协同解决。

各小组派 1 位同学扮演"主管",负责安排分配具体任务和指挥协调全组的工作;再选 1 位同学扮演"小凌",其他同学扮演小凌的同事,负责具体执行经过讨论列举的各项任务。

由老师扮演"老板",根据各组任务完成情况以及任务总结反思发言进行讲评打分。

同步实训

登录阿里巴巴国际站,查找任意商家的任意商品页面,采取适当的排查方法检查、识别、判断有无涉及侵犯知识产权的行为。

习题

1. 跨境电商侵犯知识产权的种类有哪些？
2. 跨境电商侵犯知识产权的防范排查方法有哪些？
3. 跨境电商活动中应如何保护知识产权？

任务二 跨境商标注册

情境导入

小凌的公司经营的汽配产品在国内电商平台的级别已经做到顶级,正在准备注册美国商标,却发现其商标在 2019 年 5 月 17 日已经被他人抢注,因此委托专业代理机构帮忙解决。代理机构联系了抢注方,抢注方愿意以一定价格将商标转让给杨某。然而,抢注方在日本也提交了商标注册申请,便询问是否要将日本商标一起入购。公司花了 20 万元人民币才把商标权买了回来。

任务分析

深入学习跨境商标注册重要性，通过模拟实操跨境商标注册的程序，强化知识产权保护意识，养成依法办事的职业行为习惯，才能更好地运用法律手段维护自己的权益。

知识链接

一、跨境商标注册的重要性

由于商标专用权有地域性限制规定，在一个国家或地区获准的商标权，仅在该国或地区有效、受保护，如果想在其他国家同样获得保护，就需要在其他国家申请注册。跨境电商面对的消费者来自全球各地，因此注册境外商标是跨境电商企业必须要做的事情。

不少卖家有着与小凌公司相同的经历，由于产品运营前期未能做好规划，等到其经营不错、想进一步在海外申请商标注册时，发现商标被人抢注了。本来商标注册只需几千元的成本，现在要花费几十倍金钱且耗时长久地走法律程序将对方的商标宣告无效再抢回来，或者如以上情景案例主人那样为图省事，直接花一大笔钱买回来，实在是足够惨痛的教训。

如果说以上理由还不足以说明跨境商标注册的重要性，还有以下理由。

（一）只有进行跨境商标注册才能有机会进入起点较高的平台

跨境电商平台为了平台管理更加顺利合规，减少和避免商标权纠纷，纷纷把注册商标列为入驻条件。亚马逊、天猫国际、速卖通几个跨境平台虽然入驻条件有所不同，但是相同的是要求必须有商标受理通知书（TM）或者商标注册证书（R），亚马逊还要求商家必须申请站点当地的商标注册。京东国际平台要求更严，必须是商标注册证书，只有商标受理通知书都不能通过。

（二）没有注册境外商标会使跨境电商企业的侵权风险大大增加

跨境电商企业若没有进行跨境注册商标，随时都面临着被告侵权的风险。很多商标抢注者会重点关注跨境平台各大站点，比如亚马逊或者阿里巴巴国际站、速卖通等，他们专门关注这些站点中销量做得不错、却没有进入其他国家（地区）站点市场的商家产品，通过抢注商标专用权赚取转让费，利润可观。跨境电商在国内是专利权人，产品卖到国外却变成了侵权人，后果很严重，收款账户可能随时被冻结甚至清零，还要被起诉和被索赔。

（三）跨境电商企业只有跨境注册商标才能在激烈竞争中走得更远

（1）随着世界经济的发展变化，以往给欧美品牌商贴牌代工、赚取微薄利润的企业阵地已逐步转移到东南亚等地区，我国传统外贸企业必须从代工逐步走向生产打造自有品牌的发展新路径，实现转型升级，才能持续发展。

（2）大部分国家商标注册的周期较长，一般要1~2年左右，有些国家甚至长达5~6年。且世界各国对商标的保护原则各不相同，有的国家采用注册在先，有的国家按使用在先，有的国家是注册兼使用在先。因此，跨境注册商标越早就受益更多，及早进行跨境商标注册有利于出口保护和抢占国际市场战略的实施。

（3）跨境商标早注册，电商企业才能更有竞争力和底气，不会轻易受到侵权投诉的干扰,在安全的竞争环境下专心努力提升产品及服务的品质,打造品牌实力,把企业做大做强。

(四)国家还出台了境外商标注册补贴政策,鼓励推进跨境商标注册

全国各省市商标补助明细都有不同的标准,力度也有差别。以国际商标注册量最大的深圳为例,其补助如下。

(1)通过马德里协定体系取得注册的资助,每指定一个国家或地区资助 2000 元/每件,最多资助 20 个国家或地区。

(2)在欧盟、非洲知识产权组织取得注册的,每件资助 10 000 元。

(3)在单一国家取得注册的,每件资助 5000 元。

(4)在中国台湾、澳门地区取得注册的,每件资助 3000 元。

(五)注册成功的跨境商标将来可以成为保值、增值的无形资产

跨境注册商标所有权人可以通过转让、许可给他人使用,或质押来转换实现其价值。注册成功的跨境商标还是公司重要财产,有助于公司在股票上市时或被收购时的资产评估升值。

(六)注册自有商标可以在跨境电商平台上获得更多便利(以"亚马逊平台"为例)

(1)防止跟卖,保护自有品牌。

(2)成功申请登记品牌后,亚马逊会给卖家一个 GCD 码,可用来代替 UPC 码,不但免去了上传 UPC 码的烦恼,还省下了购买 UPC 码的费用,不需要 UPC 就能上传 Listing。

(3)申请产品加锁,防止产品资料被改,对产品拥有更多的控制权。

二、跨境商标注册的操作流程

目前跨境商标注册目的地,如美国、欧盟、英国、日本、韩国、非洲等,商标注册操作流程与我国国内都是大同小异的,只是因各个国家的商标权法律规定不同导致具体要求有些差异。归纳起来跨境商标注册流程如下。

(1)设计一个符合注册地法律规定的商标。

(2)为了降低商标注册失败风险,申请前使用注册地专利商标局官网查询自己将要申请注册的商标是否存在与已获得商标权存在相同或近似的情形。

(3)递交申请资料及费用。

① 商标申请授权委托书(因为地域及语言文字不通,一般需要找专业代理机构代办)。

② 商标注册申请书。

③ 申请人资格证明资料。

④ 商标图样(一式若干份),有的要求纸质版,有的要求纸质版加电子版,图样大小和份数要求各不相同。

⑤ 使用商标的商品或服务范围类别名称,美国、欧盟等采用《商标注册用商品和服务国际分类尼斯协定》,日本、韩国等都是采用本国的分类。

⑥ 使用意向说明书(美国需要)。

⑦ 优先权证明(比如本国商标注册证明文件等)。

⑧ 商标使用证据(美国等"使用在先原则"国家需要)。

⑨ 注册相关费用。

美国商标注册按照三个大类收费，一是 TEAS Plus form，＄225(225 美元)，因为这类比其他两个类目多出几个限制，比如只能在目录里面选小类目名字，不能自定名，且要预先付款，还要对商标做出诸如"对商标的字体、颜色没有要求"之类的声明，所以价格最实惠；二是 TEAS Reduced Fee form，＄275(275 美元)；三是 TEAS Regular form，＄325(325 美元)。

日本商标注册费分为申请费用和注册费用，只有申请通过才可以进行注册，减少了因被驳回而注册费用无法退还的风险。

韩国商标注册套餐一般有普通注册和担保注册两种，普通注册价格约为 4000 元/类，此种注册周期较长，注册成功率约 50%，注册不成功也不退款；担保注册价格约为 9000 元/类，注册周期较短，注册成功率在 90% 以上，注册不成将全额退款。

（4）受理及通知。

注册地专利商标局收到商标注册申请资料后，会先详细检查所有申请表格和有关资料是否正确齐全，然后才给予一个申请编号(日本将这个步骤叫作形式审查)。

（5）商标审查。

审核员依法审查是否有其他商户已经注册或申请注册相同或类似的商标，同时查核有关商标是否符合商标条例条规所订的注册规定(日本把这个叫作实质审查)。如审核通过后在公告阶段确定无异议成立，注册将成功。

（6）公告。

商标会在商标周刊上登记公告，该公告日期将以函件的形式通知申请人。公告期为三个月，如无人提出异议或异议不成立，就可以核准该商标的注册。

日本是核准注册颁发证书后才开始进入公告期的，时间为 2 个月，也就是说，如果在这两个月有异议成立，那么之前拿到的日本商标证书就作废了。

（7）注册完成。

商标注册申请被核准后，该商标的详细资料将被记入注册记录册，并向申请人发放注册证明书。

例如，美国商标注册流程如图 10-10 所示。

三、跨境商标注册注意事项

（一）跨境商标注册流程中的注意事项

1. 商标在提交注册申请前应进行专业的查询

申请注册前采取查询来排除商标有近似于已经获得商标权的商标的情形，防止商标设计的重复和因公告时第三方提出异议而导致商标注册失败，查询的专业性对商标注册的成功率至关重要，申请人决不能忽视。即使现在已经有各种商标查询官方网站可以帮助商家做这件事，但由于多数外国都实行"先用原则"，导致注册申请后被质疑的风险较高，所以最好委托专业商标注册代理机构代办。

2. 商标设计构成最好要做详细的创意描述

提交商标申请后，会有多次官方审查意见。特别是设计中包含有中文和中国特有元素图形的，应当提供中文及中国特有元素图形的含义和创意描述。否则会被要求多次修改补充，延长注册时间，造成不必要的麻烦。

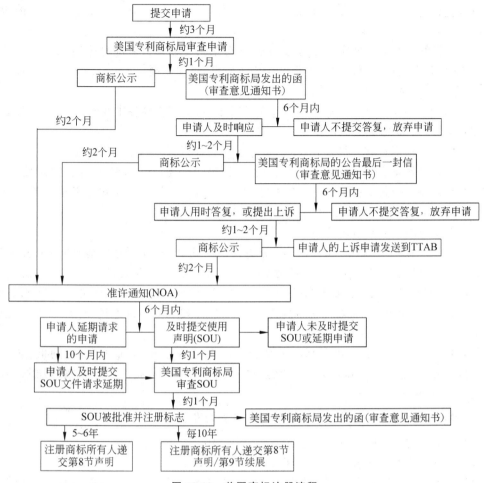

图 10-10 美国商标注册流程

3. 保持与委托代理人的联系,及时回复审查员提出的补充修改信函

所有要求递交的资料要确保规范、符合要求,提供的相应证书应真实有效。在提交商标注册申请之后,时刻保持与委托代理人的联系,并尽量配合审查员的要求,及时回复并补充修改,以尽快完成审查。

4. 商标被异议时回复应当特别谨慎

如果商标申请注册顺利,公示期一结束就能获得成功。但是由于商标注册事先虽经过查询,但由于商标的文字和图形构成复杂多样使得风险无法预测,若商标存在争议,商标局会除了要求申请人提供一些使用证据的证明材料,还会要求申请人答复,这时申请人应在专业人员指导下谨慎措辞进行答复。

(二)跨境商标注册其他的注意事项

1. 跨境商标注册地的选择

注册准备前期申请人需选择好产品将要行销的注册保护地。

(1)欧盟申请商标注册

申请人若想让产品出口德、法、意等欧洲国家,则应选择在欧盟申请商标注册。因为欧盟成员国包括 27 个国家(英国已脱欧),只需申请注册成功一次,即可在各国获准保护,费用低、时间短。

(2) 注册英国商标就只能单独进行,不过注册英国商标有它独特的优势。

① 税务手续便利、资料公开,每年维护成本较低,可信度高。

② 若不在英国当地营业,无须交税。

③ 可于中国大陆、中国香港及英国开立银行账户,可于世界各主要金融市场上市融资。

(3) 在马德里联盟成员国间申请注册商标

优势同欧盟注册一样手续简便,申请费用较低,且时间快捷,维护管理便利。

其劣势是马德里官网不支持查询,所以被驳回风险较高,且注册商标保护期限受到国内注册有效期限制;注册成功后一般除了美国、日本、韩国三国申请人可单独领取商标证书,其他国家申请人只得到一份国际局统一颁发的注册证明。

(4) 非洲知识产权成员国注册

非洲知识产权组织(简称 OAPI)是由官方语言为法语(前法国殖民地)的国家组成的保护知识产权的地区性联盟,总部设在喀麦隆首都雅温得。由于各成员国没有各自独立的商标制度,所以若要进行商标注册只能在非洲知识产权组织统一申请。注册费用分为查询和注册两部分,分两次缴费,如果在注册流程中未通过,注册费用可以返还,与日本商标注册费用规定相像。

非洲知识产权组织成员国包括喀麦隆、贝宁、布基纳法索、中非共和国、刚果、乍得、加蓬、几内亚、几内亚比绍、科特迪瓦(象牙海岸)、马里、毛里塔尼亚、尼日尔、塞内加尔、多哥、赤道几内亚、科摩罗。

2. 跨境商标注册用时较长,事前需要做好规划和准备

(1) 如果申请美国商标注册顺利的话,需用时 16~24 个月。

(2) 在欧盟注册商标若是申请顺利,需用时 12~15 个月。

(3) 日本注册时间如果全程顺利的话,通常需要 8~15 个月,期间如若有审查意见,则时间会更长。

3. 跨境商标权有效期届满和续展

跨境商标权有效期届满和续展见表 10-5。

表 10-5 世界各国商标保护期限及续展期限

序号	国 家 名 称	保护期限	续展期限
1	英国、澳大利亚、文莱、巴巴多斯、塞浦路斯、加纳、圭亚那、爱尔兰、牙买加、约旦、肯尼亚、马拉维、马来西亚、毛里求斯、新西兰、巴基斯坦、新加坡、乌干达、赞比亚	7 年	14 年
2	中华人民共和国、阿富汗、阿尔巴尼亚、阿尔及利亚、阿根廷、奥地利、比利时、荷兰、卢森堡、玻利维亚、巴西、保加利亚、智利、哥伦比亚、哥斯达黎加、丹麦、埃及、芬兰、德国、希腊、危地马拉、海地、洪都拉斯、匈牙利、冰岛、印度尼西亚、伊朗、科威特、利比亚、蒙古、荷属安的列斯群岛、尼加拉瓜、挪威、巴拿马、巴拉圭、波兰、葡萄牙、波多黎各、罗马尼亚、沙特阿拉伯、西南非、苏丹、瑞典、泰国、多哥、土耳其、乌拉圭、原苏联解体后的一些国家	10 年	10 年

续表

序号	国家名称	保护期限	续展期限
3	安提瓜、巴哈马、英属维尔京群岛、古巴、多米尼亚、斐济、冈比亚、几内亚、老挝、利比里亚、马耳他、摩纳哥、塞拉利昂、斯里兰卡、坦桑尼亚、特立尼达多巴哥等	15年	15年
4	美国、瑞士、西班牙、萨尔瓦多、意大利、列支敦士堡、非洲知识产权联盟国家、摩洛哥、菲律宾、索马里、苏里南、厄瓜多尔等	20年	20年
5	日本	可选5年或者10年	可选5年或者10年
6	多米尼加、南斯拉夫	5年、10年、15年、20年	5年、10年、15年、20年
7	黎巴嫩、叙利亚	15年、30年、45年、60年	15年、30年、45年、60年
8	缅甸、尼泊尔	所有人同意他人使用该商标为止	

世界上各国对注册商标保护期限期规定各有不同,但是保护期10年、续展期10年的占多数。有效期届满前6个月或者期满后6个月还可以申请续展,一般不限次数,每次申请续展的期限也是10年。

日本的商标有效期为5年或10年,在申请注册商标时可以根据需要选择这两种保护期限,所需的维护费用也不同。日本商标有效期的续展也相应地分为5年或10年,续展申请可以在期满前6个月或者期满后6个月提出,均需要缴纳额外的费用。

任务实施

一、模拟操作跨境商标注册流程

（1）根据情景导入案例,各小组讨论、设计本组将要选择哪个目的地进行跨境商标注册。

（2）学习小组成员共同商讨列举跨境商标注册流程、个人具体任务及分工。

（3）各小组成员共同协作,按照跨境商标注册流程模拟实施操作。

（4）教师及小组代表共同组成"模拟商标审查组",模仿商标审查,协助各小组完成本次任务。

二、任务完成后各小组派代表总结汇报操作全过程、遇到的问题和应对办法

小提示：

教学过程中主要采用情景模拟教学法。学生按照每组4～6人组成固定学习小组进行学习,个人完成任务过程中遇到问题可找人帮忙,甚至可要求集体讨论协同解决。

各小组派1位同学扮演"公司老板",1位同学扮演"小凌",1位同学扮演"公司委托代理

人",其余学生扮演"小凌的同事",教师扮演"商标审查官员",全员参与,模仿从商标申请一直到公告阶段的操作流程,共同协作完成模拟操作流程任务。

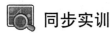 同步实训

各学习小组登录任意网站,搜索跨境商标注册案例,识别判断申请人的操作流程是否正确,发现问题并找出解决办法,并形成文档上交。

习题

1. 跨境商标注册的流程是什么?
2. 跨境商标注册应注意哪几个方面的问题?

任务三 跨境侵权投诉的应对技巧

情境导入

小凌所在集团旗下的服装公司因售卖印有如图10-11所示的这款SLINKY彩虹螺旋弹簧玩具图案及文字的T恤,收到了原告POOF-SLINKY.LLC.的起诉,起诉的理由是侵犯SLINKY和RAINBOW SLINKY的文字及彩虹图形商标,因为权利人在金属钥匙扣(6类)、可下载音频(9类)、笔记本(16类)、服装(25类)、玩具(28类)、糖果(30类)等多个类别商品都申请了包含SLINKY文字和图形的商标注册,甚至还就这个彩虹弹簧玩具形状进行了商标注册,如图10-12所示。小凌想不通:这些服装是生产商帮国外代工时为防备检验不过关而多生产的部分,明明已经剪去了服装商标才拿来销售的,怎么就算侵权呢?现在小凌的公司应该怎么办?

图 10-11 彩虹螺旋弹簧   图 10-12 彩虹图形商标

任务分析

作为跨境电商运营人员,无论在活动中如何注意防范侵犯知识产权,也有可能百密一疏,或者碰到为了利益专门以恶意投诉为业的人。所以需要学习跨境知识产权保护中被投诉后的处理流程和应对办法,并通过模拟实操训练,强化知识产权保护意识,养成依法办事

的职业行为习惯,维护自身合法权益。

知识链接

一、跨境侵权投诉的处理流程

(一)跨境电商平台对侵犯知识产权投诉的处理流程

多数跨境电商平台的处理流程大同小异,以阿里巴巴国际站和速卖通平台为例,它们的知识产权投诉的处理流程如图 10-13 所示。

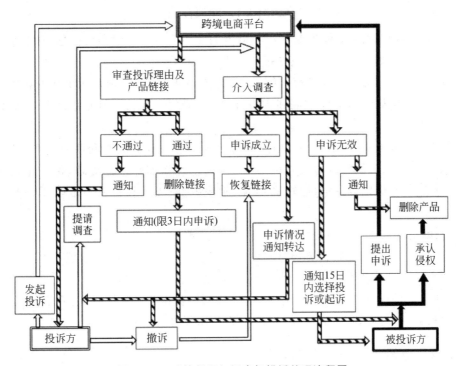

图 10-13 跨境侵犯知识产权投诉处理流程图

知识产权投诉的处理流程简要说明如下。

(1)投诉方(权利人或权利人授权代表)上传有关材料及举证在平台发起投诉。

(2)工作人员审核投诉理由及投诉方提交的涉嫌侵权产品链接。

(3)负责审核的工作人员认为侵权可能性很大,投诉审核获得通过,工作人员立即删除侵权产品链接。

(4)随后工作人员将投诉侵权的站内邮件发给被投诉方,告知被投诉方可以有两个选择,一是承认侵权并删除产品页面;二是可以在 3 个工作日内提出申诉。

(5)被投诉方必须从以上选项中二者选一,若选择第二项提出申诉则应在 3 日内递交申诉材料。

(6)电商平台将被投诉方提出申诉的情况转达投诉方。

(7)投诉方接到对方申诉情况通知后,有两种选择,第一是撤诉,一旦投诉方撤诉,已经作删除链接处理的涉嫌侵权产品由平台工作人员恢复链接,原处罚撤销;第二是投诉方可以提请平台介入调查。

(8)如果平台同意投诉方提出的请求而介入侵权调查,可能会有两种结果,第一是申诉材料证据充分、申诉成立,工作人员即删除侵权产品链接,原处罚撤销,第二是被投诉方提供的申诉材料(比如授权证书、进货单等)证据不足、申诉无效,处罚继续执行。若被投诉方可以对申诉结果不服,平台还将告知被投诉方可以在15日内向国家有关部门提出投诉或到法院走诉讼程序维权。

(9)不管最后是哪种处理结果,平台都会将结果告知投诉方。

(二)被投诉方应对侵犯知识产权投诉的处理流程

(1)了解侵权投诉的具体情况,包括投诉方的知识产权所有权利的信息、对方举出的证据信息、被投诉产品的所有信息。具体措施有以下三种。

① 根据投诉方主张的知识产权的编号、关键词、图片等,通过前面所讲述的各国知识产权官网网址进行查询比对,其中发明和实用新型专利技术特征的比对专业性太强,建议委托专业律师处理。

② 向平台咨询,并与客服人员沟通,主动为自己给平台造成的麻烦而道歉,若涉嫌产品已经被删除链接,表明将认真处理的态度(例如已经作删除产品处理,保证不会再上架等),顺便表述自己店铺以往的绩效(品质优、质服务好、无差评等),争取获得平台的宽大处理。

(2)判断选择被投诉产品是否侵权,决定申诉策略。

选择承认侵权,尝试与投诉方通过邮件、信函沟通,将知识产权对比情况说明、图片发给对方,与对方协商合理的解决办法;看能否让对方撤诉。

选择认为不侵权,应在平台系统中发起反通知,寻找相关材料证明,说明不侵权理由,也可同时与投诉方进行联系,协商撤诉,节约时间。

二、被投诉跨境侵权的应对建议

被投诉跨境侵权的应对方法有不少,应根据具体情况而定。

(一)可从下列几方面收集证据做详细分析发起反通知

可从下列几方面收集证据做详细分析发起反通知见表10-6。

表10-6 发起反通知需要收集和分析的证据表

投诉类型	需要收集的证据	具体证据内容
版权侵权投诉	被投诉作品本身享有版权	早于权利人的著作权登记证书/合法出版物,或者早于权利人作品完成日之前的产品目录或者商品销售记录等
	被投诉产品购自著作权人处或其授权代理商处	被投诉产品相关进货凭证,如合同、发票等。如采购自版权人的代理商处,需要一并提供进货凭证以及版权人授权该代理商进行销售的授权书

续表

投诉类型	需要收集的证据	具体证据内容
商标侵权投诉	被投诉产品的合法来源	进货凭证,如合同、发票等。如采购自商标权人的授权代理商处,需要一并提供进货凭证及商标权人授权该代理商进行销售的有效授权书
	投诉人具有合法销售授权	标权人授权被投诉人进行销售的有效授权书
	不在适用保护范围内	被投诉商品未涵盖在注册商标专用权保护范围或该注册商标不在驰名商标跨类保护范围
	其他不侵权的情况	被投诉商品与注册商标的不相同/近似
专利侵权投诉	被投诉产品与专利存在差异的各种证据	若是外观设计专利侵权投诉,可以分析比对被投诉产品与外观专利在视觉上明显差异,而实用新型专利或发明专利侵权投诉,最好找出被投诉产品与投诉人主张专利权一半以上的技术特征不相同
	线上公开资料早于专利权申请日	(1) 已发布在阿里巴巴国际站上的产品链接(产品最后一次修改时间要在专利申请日之前)、后台交易截图以及订单编号; (2) 申请日前已在国内外公开的专利资料信息的截图
	线下公开资料	(1) 销售该产品的交易凭证,如买卖合同、发票,如果是外贸产品,还要收集报关单;如果被投诉产品在专利申请日之前做过 GE、UL 等认证,收集认证报告; (2) 国内外产品展销会上展出的相关资料; (3) 报刊、书籍和杂志相关页面的照片; (4) 影视、广告等公众及自媒体上出现产品的画面; (5) 若属于申请日前未公开的专利资料,请提供专利信息以及专利权人的合法授权证明
	合法来源如授权、购买渠道证据	进货凭证,如合同、发票等,如果采购自专利权人的代理商处,需要一并提供进货凭证以及专利权人授权该代理商进行销售的授权书
	其他不侵权的证据	(1) 无效宣告请求审查决定书、确认不侵权诉讼的判决书或者行政机关出具的是否侵权认定书; (2) 收集《专利权评价报告》证明涉案专利不具备授予专利权的新颖性、创造性和实用性三个条件

(二)应对跨境侵权投诉时的注意事项(以亚马逊平台为例)

1. 被作为侵权处理后删除产品,仍有再次被投诉侵权的风险

亚马逊平台保存着商品 listing 的记录,即使商家不再出售这些产品,在一定时限内仍然会存在收到曾经出售过侵犯知识产权商品的通知的风险。只要和之前店铺存在关联的信息,都会面临再次被追诉的风险。注册新店铺是一个解决办法,务必注意使用全新的资料。

亚马逊 Performance Team 的 Account Health 一览表中只重点关注 180 天时效内的知识产权投诉,如果不在其中就不会有影响。

2. "首次销售原则或权利穷竭原则"的适用

《美国法典》第 17 编第 109 条"首次销售原则"规定,无论版权所有者的利益如何,在知情的情况下从版权所有者处购买受版权保护的作品的复制件的个人,有权出售、展示或以其他方式处置该特定复制件。但是未经授权就复制受版权保护的作品不在保护之列。

比如,从欧洲经济区的出版商买或者从欧洲经济区出版商的授权经销商处购买了某本书籍复制版,使用过后又再在亚马逊上进行销售,会受到权利穷竭原则的保护。

亚马逊卖家若要使用这一规则来对抗版权侵权投诉,除非卖方出示可接受的发票而且版权所有者撤回索赔,否则亚马逊将拒绝删除知识产权投诉。

3. 注意某些含知识产权产品会明确标注限定销售的国家和地区

同一款含知识产权的产品,因为销售国家和地区不同,价格可能也不同,但一般不得从某个国家购买商品销往另外的国家,这很可能会侵权。

4. 注意避开销售受限制的产品

一些受限制销售的物品很可能导致侵犯知识产权,例如,销售他人已经获得独家代理权的商品,支付少量的费用从供应商那里获得受限制的物品清单是排除风险的好办法。

5. 竞争对手做出虚假指控需区别对待

竞争对手也可能发出含糊不清的终止信函,提出虚假的侵权索赔,需要与真正侵权投诉用不同的处理方法对待。

6. 以真诚态度获取投诉人信息,以便深入沟通努力达成和解

亚马逊在发送被投诉通知时不会附带投诉人的联系方式,但是被投诉人可以根据数字千年版权法(DMCA)的索赔规则和亚马逊政策的要求,联系请求 Notice Dispute 提供投诉人信息,一定表明此举意图是真诚的、不会故意骚扰。

7. 注意防止投诉方代理人阻挠投诉方和解的行为

因双方达成和解后投诉方代理人利益减少,所以他们更愿意诉讼,但是权利人反而经常愿意为了减少麻烦同意和解。因此最好确保联系信件能够到达权利人手里,而不是通过代理人转达。

8. 理性应对"钓鱼方式"的侵权投诉,权衡选择和解或应诉

原告方已经收集足够的证据证明被告的侵权行为,应诉也会被判定侵权,得不偿失。但若账户被冻结资金非常大,同时实际侵权情节轻微或者存在错误的指控,可由委托律师帮助评估两者的损失大小,然后再做选择。

任务实施

一、跨境电商活动侵犯知识产权防范排查

(1)按照本节的情景导入案例,各小组讨论列举、模拟演示侵犯知识产权被投诉后的处理流程的具体任务及分工。

(2)各小组讨论、设计本组将要采用的一种或者多种应对侵犯知识产权投诉的方法。

(3)各成员按照分工写好模拟演示讲稿并进行练习。

(4)小组成员共同协作,通过角色扮演模拟侵犯知识产权被投诉后的处理流程。

二、任务汇报

任务完成后各小组进行总结反思,并派代表发言汇报。

小提示:

教学过程中主要采用情景模拟教学法。学生按照每组 4~6 人组成固定学习小组进行学习,个人完成任务过程中遇到问题可找人帮忙、甚至可要求集体讨论协同解决。

各小组派选 1 位同学扮演"小凌",1 位同学扮演"小凌公司的委托代理人",1 位同学扮演"投诉方",1 位同学扮演"投诉方代理人",余下 1~2 人与教师共同组成"模拟审判团",共同协作参加模拟演示处理流程。

 同步实训

登录阿里巴巴国际站,查找真实的侵权案例,假设本小组是当事人,模拟演示处理流程和应对办法。

 习题

1. 跨境电商侵犯知识产权被投诉的处理流程是怎样的?
2. 跨境电商侵犯知识产权被投诉的应对方法有哪些?
3. 跨境电商侵犯知识产权被投诉,应对时应注意的问题有哪些?

参 考 文 献

[1] 陈江生.跨境电商理论与实务[M].北京:中国商业出版社,2016.
[2] 汤兵勇,熊励.中国跨境电子商务发展报告(2014—2015)[M].北京:化学工业出版社,2015.
[3] 马述忠,卢传胜,丁红朝,等.跨境电商理论与实务[M].杭州:浙江大学出版社,2018.
[4] 肖亮,佘福茂.中国跨境电商综合试验区试点实践与创新经验[M].杭州:浙江工商大学出版社,2018.
[5] 胡丽霞,韩雪,安晓倩,等.基于企业招聘信息的跨境电商人才需求情况调查分析[J].电子商务,2018(2).
[6] 胡丽霞.基于CNKI文献分析跨境电商综合试验区发展经验与困境问题[J].电子商务,2020(2).
[7] 阿里研究院.阿里商业评论[M].北京:机械工业出版社,2016.
[8] 周任慧.跨境电子商务实务[M].北京:化学工业出版社,2018.
[9] 阿里巴巴商学院,跨境电商运营实务:跨境营销、物流与多平台实践[M].北京:电子工业出版社,2019.
[10] 陈战胜,卢伟,邹益民.跨境电子商务多平台操作实务[M].北京:人民邮电出版社,2018.
[11] 钟雄,祁雪.跨境电商操作实务[M].长春:东北师范大学出版社,2018.
[12] 阿里巴巴(中国)网络技术有限公司.从0开始跨境电商实训[M].北京:电子工业出版社,2016.
[13] 江义火,袁晓建,吴昌钱.中小零售企业B2C跨境电商平台选择策略[J].商业经济研究,2019(19).
[14] 陈战胜,卢伟,邹益民.跨境电子商务多平台操作实务[M].北京:人民邮电出版社,2018.
[15] 杨雪雁.跨境电子商务实践[M].浙江:电子工业出版社,2019.
[16] 杨舸霁.亚马逊跨境电商运营实操手册[M].北京:电子工业出版社,2019.
[17] 曲亮.跨境电商亚马逊开店实战宝典[M].北京:电子工业出版社,2019.
[18] 于霏.跨境电商:亚马逊运营实战宝典[M].北京:电子工业出版社,2018.
[19] 纵雨果.亚马逊跨境电商运营从入门到精通[M].北京:电子工业出版社,2018.
[20] 老魏.亚马逊跨境电子商务运营宝典[M].北京:电子工业出版社,2018.
[21] 邓志新.跨境电商理论、操作于实物[M].北京:人民邮电出版社,2018.
[22] 邓志超,崔慧勇.跨境电商基础与实务[M].北京:人民邮电出版社,2017.
[23] 易传识网络科技.跨境电商多平台实战基础[M].北京:电子工业出版社,2017.
[24] 谈璐,刘红.跨境电子商务实操教程[M].北京:人民邮电出版社,2018.
[25] 刘敏,高田歌.跨境电子商务沟通与客服[M].北京:电子商业出版社,2017.
[26] 韩雪.跨境电商客服[M].北京:中国人民大学出版社,2018.
[27] 速卖通大学.跨境电商客服[M].北京:电子工业出版社,2016.
[28] 韩小蕊.跨境电子商务[M].北京:机械工业出版社,2018.
[29] 黄军明.跨境电商实务——速卖通平台运营实战[M].电子工业出版社,2018.
[30] 肖旭.跨境电子商务[M].北京:高等教育出版社,2017.